数字解读
中国通史
图文版

徐晋书 著

中国出版集团 现代出版社

图书在版编目（CIP）数据

数字解读中国通史 / 徐晋书著. -- 北京：现代出版社, 2017.8

ISBN 978-7-5143-6367-8

Ⅰ. ①数… Ⅱ. ①徐… Ⅲ. ①中国历史 – 研究 Ⅳ. ①K207

中国版本图书馆CIP数据核字（2017）第197285号

著　　者	徐晋书
责任编辑	杨学庆
出版发行	现代出版社
地　　址	北京市安定门外安华里504号
邮政编码	100011
电　　话	010-64267325 64245264（传真）
网　　址	www.1980xd.com
电子邮箱	xiandai@cnpitc.com.cn
印　　刷	三河市金泰源印务有限公司
开　　本	710mm × 1000mm　1/16
印　　张	17
字　　数	225千字
版次印次	2017年11月第1版　2018年2月第2次印刷
标准书号	ISBN 978-7-5143-6367-8
定　　价	39.80元

序　言

历史是过往，更是漫漫黄沙覆盖下的珍贵记忆。当我们抖落铺盖其上的尘埃时，跃然于眼前的除了生动的故事、鲜活的人物，更有精确记录时代印记的数字。粗略地看上去，这些并不带有任何感情色彩的数字的确缺少人性的温暖，但仔细品读它们，我们却不难发现，看似枯燥的数字背后所隐藏的其实是灵动与鲜活。

书简、绢帛与器皿上数以万计的文字成为理解古人思想最直接的方式；已然荒芜的城市留下的距离成为丈量历史的珍贵手段；工艺品上丝丝入扣的尺寸记录成就了古人智慧的超越；历史事件里的人员数量让“重大”二字有了量化的标准。

875千克带来的是最真实的重量，40万被活埋的赵军体现的是战争的残酷；10000亿税收体现的是辉煌国力终究难敌3万斤茶叶的妥协。

6000里明长城穿梭于崇山峻岭，1500处驿站却再无觅处；元大都城的50间作坊早已化作尘埃，长安城220里的街道却依然清晰可见。

沿用至今的十二气历让古人的生活与今人完美重叠；10000张药方的延续更是中国智慧的传承；每日200篇的奏章里不知讲述了何种国家大事；但60部元杂剧剧本却深切地记载了古人生活的点点滴滴。

如果说绘画让人看到场面，那么数字带给人们的却是对历史最直观的感受。尽管它们只是10个阿拉伯数字的组合，但只要将它们放置到应有的历史坐标中，它们就能成为中国历史的精确注解和详细阐述。

而这，正是数字带给我们的关于历史最细致入微也最独特的刻画。

目　录

第四章 隋唐：繁花似锦的盛世

第五章 辽宋夏金元：连绵战火里的对峙

第一章
先秦：悠悠历史的开篇

第一节 4086年前的夏王朝

这是一个由传说和史书记载共同构建的朝代。因此，它的历史始终充满着神秘的色彩。

“夏”字最初是由夏族的图腾演变而来，意为“中国之人”。虽然至今仍没有确切的文字来证实夏朝的存在，关于它的众多说法也并不确切，但它早已被人们公认为是中国历史第一朝，也是王位世袭制的开端。

在夏朝建立之前，人们以部落为单位，过着茹毛饮血的艰苦生活。他们不仅要忍受饥饿和寒冷，还要抵抗大自然带给他们的各种考验。公元前21世纪，华夏大地发生了一次前所未有的洪灾。从当时的生产力水平来看，这简直是一场浩劫。凶猛的洪水如猛兽一般吞噬了人们的家园，破坏了他们赖以生存的土地。

当时的部族首领尧任命鲧去治理洪水。可是直到下一任首领舜继位，鲧也没能找到合适的方法来阻止这场灾难。他只晓得，哪里发了水灾，就建造堤坝。可是当时人们筑起的堤坝根本不堪一击，没多久就会被洪水冲垮。

靠着这种“头痛医头，脚痛医脚”的粗笨方法，鲧努力了9年，还是以失败告终。舜一气之下将鲧杀死。

之后，鲧的儿子禹接替了父亲的这个任务。他想，想要用单薄的人力抵抗洪水，不能靠蛮力，而是要用巧劲。他亲自带领百姓挖渠排水、疏通河道，将洪水引到了大海中去。经过13年的努力，洪水不再凶猛，土地也终于恢复生机，百姓又可以耕种作物，继续在这片土地上繁衍生息。

禹为了完成这一任务，多次经过家门未入。就连他的儿子启出生后在家中啼哭，他都狠下心没有进去探望。

当时部落首领的更换尚属禅让制，以推举贤能为主要途径。在舜年老以后，他开始物色能够接替他位置的人。治水有功的禹自然被众人推举。就这样，禹成为了新一任部落首领。

大禹治水图

继位后，禹将都城建于阳城（今河南登封告成镇），后又迁都至阳翟（今河南禹州市）。这两处都城的选址都顾及到了联系周围部落的作用。如果说之前禹在治水过程中展现了个人的勇气和智慧，作为部落首领的他，更是表现出了非凡的领导能力。

与之前相比，此时的部落首领已经开始向国君过渡。禹成为首领后，不仅着力于带领他的子民建设家园，同时他还特别注重提高自己的威望。

传说禹曾在淮水中游的涂山（今安徽蚌埠市）召集众部落首领会面。而众人都被禹治水的声望所折服，纷纷拿着玉锦前往。更有传说，禹为了纪念自己治理洪水的功劳，特命人用当时9个州所产的铜矿石铸造了9只铜鼎，代表他对九州的控制。后来这9个鼎也成了统治权力的象征。

禹当之无愧是一位贤能的首领。他最后死在了巡视会稽的途中。他的继承人顿时成了问题。在禹晚年之时，曾指定皋陶接替自己的位置。可惜皋陶还未继位就死了。大家又推荐皋陶的儿子伯益，认为他的能力完全可以胜任。

可是当禹死后，伯益没能顺利上任。禹的儿子启十分想得到父亲留下的这个位置。为了达到目的，他不惜用武力威胁，赶走了伯益。

约公元前2070年，禹的儿子启结束了禅让制，直接接替了父亲的位置，建立了夏朝，拉开了父子相传、兄终弟及的“家天下”的序幕。

夏朝是在极其艰苦的环境下建立起来的王朝，它开创了中华文明的先河。如同废墟上绽放的花朵一般，娇小却夺目。

然而，历史上任何一种改变或者是进步，最初都会遭遇阻碍。启的继位引起了众人的不满。首先站出来反对的是一位叫作有扈氏的部族首领。他公开反对启，提议启将位置还给伯益，并沿用禅让制的传统。甚至当启在钧台大宴众部落首领时，有扈氏坚决拒绝出席。

有扈氏的公开反对，令刚刚做了首领的启相当懊恼。位置还没有坐稳，就有人前来挑衅。于是双方在甘泽（又称甘）这个地方展开了激烈的战斗。

启这个新上任的首领，自然是满腔的雄心壮志。首次率兵出战，还是为了自己的地位而战，启自然是拼尽全力。

令启没有预料到的是，有扈氏的部队英勇善战，动作迅速，不费吹灰之力就将启的队伍打垮。

兵败令启大受打击。他心里清楚，此次作战失败的原因，最主要的原因还是自己威望不够。在众人眼中，自己只是凭借父亲的权力得到这个位置的，而不是人心所向。特别是对于父死子继这件事，多数人还没有接受。因此当身边臣子建议赶快扩充人员再次出战时，启拒绝了。与其用武力硬拼，不如从根本上解决这个问题。否则今天打败了有扈氏，明天也会有其他部落来反他。

这之后，启将注意力放在了自身上。他努力做一个贤明的君王，与百姓同吃同住，体恤将士，关心臣子。他对待自己的子民如同亲人一样。在他的带领下，人们的生活条件确实得到了改善，启的贤能也在百姓之间流传开来，他的声望不断地提升。所有人都觉得，启是一位值得信任和依靠的君王。

直到有一天，启觉得时机成熟了。他又一次发动了对有扈氏的战争。

出战之前，启搬出了一篇动员令，用以激发将士的斗志。这篇动员令名为《甘誓》，它充分显示了启对于这场战争的重视。

《甘誓》是一篇申明纪律约戒的誓师词。启在其中直指有扈氏上不敬天象，下不敬大臣，引起天怒人怨，现在自己是在替天行道讨伐他们。另一方面，启在誓师词中鼓励将士拼力厮杀，忠于自己，同时严明纪律，明确赏罚。

在《甘誓》中我们不难看到，这一时期首领的权力和地位已经达到了全新的高度。同时，他们较前人更懂得如何用品德来收服人心。

这一仗，启率领的队伍取得了空前的胜利，有扈氏被打得落花流水。启将有扈氏贬为牧奴，以示惩罚。从此，再也没有人对启的能力产生质疑，大家都越发信服他。启所领导的夏部族势力也逐渐扩大。

据史料记载，夏王朝从公元前21世纪到公元前16世纪，总共14代，17

帝。这期间曾多次遭遇其他部落侵犯，甚至丢失了统治权；也在有扈氏的帮助下出现“少康中兴”。最后，夏灭于桀手中。

桀在刚刚继位时，夏朝就已经日渐衰落，处于内忧外患之中。周围的部落不像之前那样殷勤地进贡，反而不断地借机会挑起事端。可是这位君王思考的不是如何扭转危机四伏的局势，而是变着法地享乐。

历史上对于夏桀的恶劣行径可谓是罄竹难书。传说他荒淫无度，嗜杀成性。他不顾当时已经民不聊生的现状，抓来苦力为他建造宫殿，供他享受。他还命人四处搜寻美女，日夜与她们饮酒作乐，不思进取。

一些大臣看到这种状况，痛心疾首，便向夏桀觐见，劝他用心国事。可是夏桀不仅听不进去，反而将这些忠诚的大臣杀死。夏桀狂妄地说：“百姓同我的关系，就像太阳与月亮。月亮没有灭亡，太阳会灭亡吗？”这句话传到夏部族百姓耳中，百姓竟愤恨地诅咒到：“若太阳有一日灭亡，我这个月亮宁愿与他同归于尽！”可见此时的夏桀，已经是众叛亲离，再无威信可言。反而是那些趋炎附势的奸臣，受到了夏桀的重用。他们为了讨好君王，无所不用其极。夏部族的权力，就是掌握在这些人手中。

渐渐地，有能力有远见的大臣们纷纷投奔别处。当时夏朝方国商国的君主汤看到此等情形，果断率兵攻夏。

突如其来的进攻，令夏桀猝不及防。结果可想而知，夏军在战场上溃败不堪。一向狂妄的夏桀被流放到南巢。再也没有美酒和美女陪伴，再也不能打猎赏舞，夏桀最后郁郁而终。

中国历史上第一个朝代，在经历了400多年的风风雨雨之后，宣告终结。

第二节　6次迁都后的安定

汤亲手灭掉了夏，建立了新的政权，即商朝。商朝共经历17代，30帝。

据《史记》记载，商族是高辛氏的后裔。舜在位时，商族中出现了一位勇猛的首领，名为契，他便是商人的始祖。商族的势力逐渐扩大，到契的第十四代，也就是汤出生的时候，夏朝的统治已经摇摇欲坠。此时商族已经在东边形成一个实力雄厚的方国，于是汤才得以灭掉夏朝，自立为王。

每一个新的开始，都代表着希望和变革。汤在建立商朝之初，吸取了夏朝灭亡的教训，勤于政事，体恤百姓。在这一时期，青铜器文化发展迅速，政治、经济等方面也有了较大进步。

汤灭夏建商，有一个人功不可没，那就是他的得力助手伊尹。此人后来成为了商朝政治家、思想家。据传伊尹厨艺超凡，中原菜系正是由他创制。甚至在甲骨文中有他和汤并祀的记载。他也是中国第一个在甲骨文中有记载的教师。

伊尹原是汤家里的奴隶，在后厨帮忙。可是年纪轻轻的他，却有着远大的抱负。对于国家，包括政治、经济等诸多方面，他都有自己独到的见解。他迫切需要一个施展自己的平台。

为了引起汤的注意，他故意将饭做得一顿咸，一顿淡。如他所愿，汤将他找来问话。面对汤愠怒和不解的眼神，伊尹毫无惧色，神色坦然。他早已想好了如何回答汤的询问。他语速平缓地用做菜打比方：治理国家就像做菜一样，要掌握好分寸。既不能过于忧心，亦不能萎靡松懈。

伊尹这一番类似老子的“治大国若烹小鲜”的理论，让汤眼前一亮。他没有想到自家后厨竟有这样一位高人，于是立刻免了他的奴隶身份，任命伊尹为右相。

伊尹在位期间，辅佐汤专心治理商部落，并抓住绝佳时机灭夏。在汤死后，伊尹又经历了两任君王，最后成为了汤的长孙太甲的师保。

此时的伊尹是商朝重臣，就算是太甲在位，也动不得他分毫，只得听从他的训诫。传说太甲上任之初，不遵循汤在位时定下的治国策略，总是一意孤行。伊尹一气之下将太甲赶到了汤桐宫。在这里，太甲每日面对的是汤的葬墓。他没有想到，曾经灭夏建商的一代骄子，葬墓竟然如此简陋。

太甲在这个狭窄低矮的地方住了3年。这期间是伊尹和其他大臣“共和执政”。太甲也终于在这段时间里，理解了伊尹对他的良苦用心。之后，伊尹将太甲迎回，并助他继续勤政治国。太甲也的确没有辜负伊尹的教诲，终成为有所作为的君主。

商朝是迁都频率很高的朝代。汤最初定都于亳，在王位传给盘庚之前，商朝就已经迁都5次。至于迁都的确切原因众说纷纭。一种说法是为了躲避水灾。从当时人们治水的能力来看，根本无法阻挡黄河的多次泛滥。因此每次发生水灾，百姓只能转移到安全的地方继续生活。

另外一种说法是，多次迁都是由于商朝王位争夺现象比较严重。对于王位世袭的问题，有人赞成父死子继，有人认为应该兄终弟及。因此弑君、篡位等事件时有发生。每当一个君王被杀死，新的君王就要考虑迁都的问题。

王位频繁易主，都城一再更换。这种不稳定的政局，对商朝的发展产生了极大的影响。

而到了盘庚执政时期，更是内忧外患，纷争不断。由于天灾严重，百姓能利用的土地越来越少，粮食供给不足成为了统治者的巨大隐患。百姓民不聊生，怨声载道。除此之外，统治阶级各集团之间的关系亦是错综复杂，每个人都只顾及自身利益而不顾国家安危。

为了摆脱这场危机，盘庚毅然选择再次迁都。

一方面是安逸享乐的贵族；一方面是果腹都成问题的百姓。想要动员这些人迁都，是一项大工程。好在盘庚有足够的威信，并且事事考虑周详。他向子民搬出“天命”和“先王”两种说法，强调自己是为了子民的生存才做此决定。而对于那些煽动百姓反对迁都的贵族，盘庚更是顶住了压力，软硬兼施，甚至以武力相威胁。最后终于在公元前1300年成功迁都至殷。

至于为何要大规模地越过黄河到殷这个地方，盘庚定是经过深思熟虑的。

首先，迁都后百废待兴，一切事务等待盘庚主持，他自然有诸多理由抑制贵族势力。如此，之前统治阶级的内部矛盾就可化解。

盘庚迁殷图

其次，殷地地势和气候都是建都的最佳选择，既躲避了外族入侵，又避免了水灾侵扰。土壤肥沃，适宜发展农业生产。百姓肚子填饱了，社会自然稳定。

盘庚迁殷在中国历史上被看作是历史性的事件。他这个一举多得的决定，迅速解决了商朝的内外矛盾，稳定了局势，将人们的注意力转移到发展生产中来。百姓逐渐看到了迁都的益处，知道盘庚的确是睿智的君王。自此盘庚的威信得到进一步的加强。

此次迁都，盘庚对贵族的打击不言而喻。此后很长一段时间，贵族势力都不再成为他的心患。盘庚的王权得到有效的稳固，他将更多的精力用来治理地方，发展经济和文化。因此盘庚迁殷这一举措，对商朝的发展乃至整个奴隶社会的进步，都产生了巨大影响。甚至很多人认为，后来的商朝中兴，也是此次迁都为其奠定了基础。

迁都至殷以后，商朝平稳地度过了200多年，没有再出现迁都事件。因此商朝又被称为“殷商”。

可以说，盘庚之后的商朝君王都是幸运的。他们承接了盘庚留给他们稳定的社会局面以及兴旺发展的经济体系。最重要的是，一个成功的君王，会作为后代效仿的标杆。榜样的力量是无穷的。盘庚的人格、品行乃至聪明才智，都对后人有着深远的影响。

到了商朝的第二十三任君王，也就是盘庚的侄子武丁的朝代，商朝出现了空前的盛世。

武丁从小受父亲小乙的悉心教诲，勤奋好学。由于儿时曾跟随父亲做劳役，接触的都是穷苦的百姓。武丁自小就明白底层百姓的不易，理解他们生活的困苦。因此在他继位之后，将解救子民于劳苦之中作为最大己任。

可是武丁在继位之初，并没有得力的大臣来辅佐他。他深知自己的能力有限，如果贸然执掌政事，恐怕会遭人夺权。或许是遗传了长辈的智慧，武丁机智地将政事交给冢宰掌控，自己则在后方观察形势。

武丁整整三年不语。这个少年老成的君王，暗自分析国家统治阶层的种种矛盾，并且记下哪些大臣是他日后可用的。

直到三年后武丁重掌朝政，并意外地起用了刑徒出身的傅说作为宰相，“接天下之政而治天下之民”。

为了堵住悠悠之口，提高傅说的声望，武丁称自己梦到先帝将傅说赐予他，辅佐他治理国家。他的良苦用心感动了傅说。傅说任要职期间，日夜劳心，全力助武丁处理政事。

与其说武丁对傅说有知遇之恩，不如说是他们二人相互成就更为恰当。武丁想尽办法提高傅说在统治阶层的地位，傅说也帮助武丁加强了中央集权。

武丁在位期间，商朝的社会形态如同一只紧握的拳头，集中、有力，又不失灵活。

首先他强调了君臣秩序。天、君、臣、民，身份不可逾越。上级对下级有统治和支配的权力，下级对上级必须完全服从。并且他将这种统治与被统治的关系解释为“天命”。

在奴隶社会，人们对自然现象的认知度是极低的，他们将一切现象都解释为“注定”。而对于统治阶级搬出的“天命“之说，他们更是深信不疑。因为君王对于他们来说，本身就是高高在上的存在，君王所说的话，会被他们当作人生信条一样去遵守和履行。武丁正是利用了这一点，彻底统治了他子民的大脑，也就等于统治了他们的躯体。这样不仅不会遭到百姓的反对，反而会令他们越发臣服于统治阶级。

其次，武丁深知人才是国家发展的动力。他大胆否定了盘庚时期擅用旧臣的习惯。他提出“以能唯用，以贤唯用”。意思就是，无论你的官位多高，权力多大，任职时间多长，只要你不能给国家带来利益，不能在统治过程中发挥作用，都要被免掉。相反，如果你有学识有能力，哪怕你是罪犯，也有可能受到重用。

武丁的这项举措，不仅有效地疏通了人才推荐制度这条同道，更沉重地打击了贵族势力的嚣张气焰。那些曾经不可一世、嚣张跋扈的官吏们，在武丁的压制之下逐渐被削弱了权力。在此消彼长的过程中，武丁成功地加强了手中的王权。

最后，武丁还改革了祭祀传统。为何要对这一方面进行改革呢？

武丁意识到，商朝的王权很长时间以来受到神权的影响。而这神权，之前始终掌握在贵族手中。当时的神权以祭祀权为主。可祭祀权根本不是掌握在武丁手中，时常有贵族势力不顾商王的地位，擅自进行祭祀活动的现象。甚至有些人直接祭祀武丁的祖先，这是武丁不能允许的。因此在这一番改革过程中，武丁完全掌握了祭祀的权力，不允许他人擅自组织类似活动。

武丁的这一系列措施，看似是在整顿社会风气，改革不合理的制度，实则是在巩固自己的王位。无论是推举人才，收回祭祀权，还是用各种虚无的说法来令百姓臣服，无一不是在加强中央集权。

事实证明，他的这一步棋走得既平稳又凶狠。看似软绵绵的一掌，却给了敌对势力重重一击。

总之最后，他的目的达到了。

也是因为武丁过人的谋略和胆识，商朝国力在他的手中渐入佳境，出现了一派盛世景象。

在如今的河南省安阳市，有一片商朝晚期的都城遗址。在古代，这里被称为“北蒙”，如今被称为“殷墟”。

这片遗址自1928年被发掘以来，已经出土了约15万片有字甲骨。除了甲骨文的发现，这里还保存着商代的青铜器物品。种种珍贵的历史文物，确定了商朝的信史地位。很多人认为商朝才是中国历史上的第一朝，就是这个原因。

第三节　875千克大方鼎

在殷墟遗址，曾挖掘到一件巨大的青铜器，这件宝物有人叫它“司母戊鼎”，也有人叫它“后母戊鼎”。

说起商代的青铜器，就像宋代的瓷器一样，被人们所熟知。商人用一件件冰冷的青铜艺术品，为我们讲述着那个热血时代。由于社会环境稳定，经济发展迅速，商代的青铜器工艺发展迅猛，最后成为了一个朝代的标志。

所谓青铜器指的是，由青铜合金所制成的器具。中国虽不是最早出现青铜器的国家，但中国青铜器的做工之精美，花样之丰富，以及技术之高超，都是其他国家无法比及的。多年来，中国青铜器在世界青铜器中始终有着极高的艺术价值，被世界各国专家和爱好者所称颂。

欣赏一件青铜制品，你可以赞叹它的工艺精湛，可以感慨它的设计巧妙，还可以震惊它的技术娴熟。总之，商代的青铜器，每一件都值得你花时间去品玩。你会从它坚硬冰冷的轮廓中，还有它精雕细琢的花纹中，想象匠人在制造之时的心思。当你真正读懂了一件青铜器，会被真真切切地感动。

在中国，青铜器出现于4000多年前，直到秦汉时代，一直是古人生活中必不可少的器具。而商代的青铜器以其独特的造型和精美的工艺，成为了中国青铜器发展史上精彩绝伦的一部分。

历史上很长一段时间，人们的生活中充斥着青铜器。直到后来青铜器被铁器所取代。

商人将青铜铸成我们所能想到的各种器物。早晨起床，人们用青铜饪食器。接着，用青铜铸成的工具劳作。例如铜铲、铜鱼钩、铜钻等等。到了晚上，劳作了一天的商人，将酒倒入青铜造的容器中，还有在青铜的盘子中也备好了丰富的食物。众人把酒言欢，直至深夜。

青铜器就似他们身体的一部分，有温度，有生命。

除了日常所使用的器具，青铜器还有着其他很多作用。在祭祀方面，商代有专用的青铜祭祀器具，还有青铜做的兵器，例如戈等。

这些工具和之前以石器为主的工具相比，简直是再好用不过了。随着时间的推移，商代青铜器在铸造时会提高其坚固性。因此商代后期的青铜器较初期更为厚重，体积也更大一些。

对于青铜器的花纹，商代的匠人也是别出心裁。他们很少以人物为主题，而是多用粗犷的兽面作为纹饰。同时，商代青铜器上面的花纹也从简单的平雕，演变成为更有难度的浮雕。

在商人的生活中，一刻都离不开青铜器。因此在铸造过程中，他们用尽心思，将自己所能想象到的、所能做到的，一并贡献给面前这个物件。每一个青铜器都是不折不扣的艺术品，因为他们承载着匠人的心血和感情。

司母戊鼎（又称后母戊大方鼎或后母戊方鼎）是商朝青铜器的代表作。此鼎的内壁上刻有“司母戊”，3个字，因此得名。整个鼎重达875千克，连耳高133厘米，鼎口长112厘米，口宽79.2厘米，鼎壁厚度6厘米。单单按体积和重量来看，司母戊鼎也是商代首屈一指的青铜名器。

关于这个鼎的名字，直到现在也没有确切的说法。原因在于，中国早期的文字，一个字既可以正着写，也可以反着写。而在鼎的内壁上刻的“后母戊”完全可以读作“司母戊”。在金文和甲骨文中，“后”和“司”是可以通用的。因此，一个鼎出现了诸多名字。

除了名字上面的争议，司母戊鼎还因为出处的不确定更增添了其神秘的色彩。

有人说司母戊鼎是商代君王武丁为了纪念他的母亲命人铸造的。也有人说是祖庚或者祖甲为了纪念他们的母亲而铸。总之，这个鼎是表达一位商代的君王对母亲的思念之情。因为商代君王的名字多以“甲、乙、丙、丁”命名。而这个“戊”则代表这位母亲的名字。通过制造者在铸造司母戊鼎时的用心程度，我们不难看出这种思母的情感是相当深厚的。

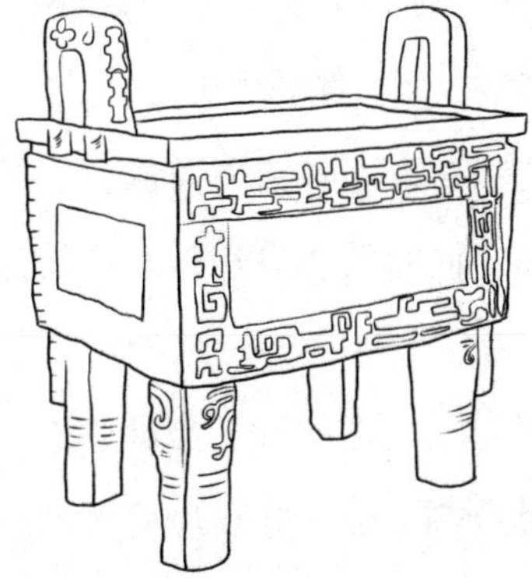

司母戊鼎图

司母戊鼎形状方正，鼎壁上雕刻出盘龙和饕餮的图案，十分精美。同时，要铸造如此巨大的青铜器，需要1000公斤以上的原料，和两三百名匠人配合工作才能完成。因此司母戊鼎当之无愧是商代也是中国历史上的宝鼎。

美好的事物总是令人们趋之若鹜。然而这个巨大的中华瑰宝能完好无损地留在今天的中国国家博物馆中，也是经历了种种坎坷与磨难。

1939年春，河南安阳武官村村民吴希增在野地里寻宝时，探杆碰到了地下13米左右的一个硬物。他用随身带的工具挖开硬物上方的泥土，露出来的是带着铜锈的金属器物。吴希增一个人的力量无法将这个神秘的器物挖出，不知它埋得有多深，体积有多大。他悄悄地返回村子，找了十几个帮手一起挖。

当时的武官村还处于被日本人占领的时期。担心这个宝物被日本人夺了去，村民们只得晚上偷偷赶工挖洞，天亮时再用泥土封住洞口。

吴希增在野地里发现宝物的消息不胫而走。村民们都迫不及待想知道这地下究竟埋着什么样的物件，于是纷纷在天黑以后赶过来帮忙。直到第3天晚上，众人费力地抬出来一个锈迹斑斑的大物件，这就是国宝级商代青铜器司母戊鼎。

刚刚挖出大鼎的村民们有些手足无措。如此巨大的一个物件，要藏在哪里才能不被日本人发现？众人商议后决定，先埋在吴希增的弟弟吴培文家的院子里。接着，他们找来北平的大古董商肖寅卿来做鉴定。肖寅卿提出用20万大洋来换这个大鼎。同时他还要求村民们将大鼎分割成几块，以便装箱运走。

单纯的村民们哪里见过这么多的钱，当即答应了对方的条件。他们趁着夜色，准备使用各种工具分割大鼎。好在最后村民们及时醒悟，他们虽然不懂这古董有多大的价值，但他们相信老祖宗留下的宝物是不能这样去损坏。

打发走了商人，众人又合计着如何瞒过日本人的眼睛。此时，有文物出土的消息早已传到了日本人的耳中。他们猜测这文物会价值连城，赶紧派军队带着武器到村子里搜查。

在吴培文与日军的几次周旋之下，大鼎竟然奇迹般地躲过了他们的搜查。最后，机智的吴培文弄来了一个青铜器赝品，假装宝贝一般藏进自家的炕洞里。而日军自然是如获至宝一般将这个赝品当作古董劫走了。

历经险阻之后才得以将大鼎完好保存，吴培文越发觉得责任重大。

等到日本人的搜查过去之后，吴培文又将大鼎送到了自家兄弟家中藏起来。这样来回转移了几次，知道大鼎下落的人也越来越少。之后吴培文为了躲避日本人的追查，离开了家乡，直到抗日战争胜利才回去。

一个淳朴的农民，用最笨拙却异常坚定的方式，保护了这件国宝级的大鼎。

在1946年7月的《民生报》上面刊登了一则报道："7月11日夜派队并商得驻军部之协助，至该村掘至终夜，于天明12日早晨将古炉用大马车运县存放古委会内。"

这里所说的"古炉"即指司母戊鼎。直到这一刻，封存了千年的商代青铜宝物终于真真正正地重见天日。司母戊鼎再也不用担心落到外国侵略者手中。

据记载，蒋介石对司母戊鼎钟爱至极。1949年国民党撤往台湾时他曾打算将大鼎运到台湾，无奈大鼎体积过大，搬运起来实在困难，司母戊鼎才躲过了继续漂泊的命运，被留在南京博物院。几年后，司母戊鼎被运往它最后的安身之地北京，成为了中国国家博物馆的镇馆之宝。

或许在绝大多数人眼中，司母戊鼎只是一只冰冷的、陌生的青铜器而已。但它记载了中华千年前一个朝代的兴盛衰亡，记载了华夏千年的文化传承，它不仅仅是一个宝物，更是中华文明的象征者和记录者。

第四节　周公七年摄政

商朝虽然创造了许多成就，但终究没能逃过覆灭的命运。武丁所创下的盛世没能一直延续，后期出现的几位无能的君王使得商朝国力每况愈下。特别是商朝的最后一位君王纣，是出了名的暴君。“纣”这个字在谥法上表示“残义损善”。而实际上人们对他的评价是褒贬不一。

传说商纣王儿时天资聪颖、力大如牛。他学习知识总是比同龄的其他孩子快，又能言善辩，深得父亲帝乙的宠爱。可是纣王从小就恃宠而骄，找各种机会展示自己的口才与能力，仿佛这世间谁都不如他。

带着一点天赋，再加上帝乙的骄纵，纣王就更加有恃无恐。

事实证明，越是聪明的人，做起坏事来越是肆无忌惮。

帝乙去世后，纣王继位，成为了商朝新一代的君王。而他也是商朝的最后一任君王。纣王每日不理朝政，他的生活全部在享乐中度过。他喜欢饮酒食肉，命人做出“酒池肉林”供他享用。他宠幸爱妃妲己，听信她的谗言，宠信阿谀奉承的大臣。若是谁违抗了他的命令，或对他有丝毫的反对，他会立刻用最严厉的刑罚去惩罚他。

炮烙之刑图

纣王的智慧总是用在意想不到的地方。他某天别出心裁，发明了“炮烙”之刑。这是一种令人闻风丧胆的酷刑。行刑人让犯人在涂满油的铜柱上爬，下面点燃炭火。在这种情况下，犯人在滚烫的铜柱上犹如被烙烤，但离开铜柱就会掉入炭火中，无论上下，均是惨死。纣王发明的这一酷刑，不仅震慑了很多犯人，也残害了不少忠心的大臣。可在他眼中，这只是一项有趣的游戏而已。

纣王还大兴土木，穷奢极欲，导致国库空虚。除此之外，他残害百姓，杀害他们就像踩死一只蚂蚁一般轻松，最后导致人心尽失。最致命的，是他常年出兵打仗，不断征讨东南夷，导致兵力严重不足。

此时，周武王了解到商朝的情况，看到其统治有着巨大的缺口，觉得推翻商纣王的时候到了。他联合了几个与商朝有过节的部族，共同出兵伐商。

商纣王见大敌当前，为了填补兵力空缺，竟仓皇中将奴隶武装成士兵到战场上去作战。这些人长期受到压迫和虐待，哪里肯拼命迎战。于是，商军瞬间溃败于周军的战马之下。他们倒下的这个地方，距离当时商朝国都朝歌四十里，叫作牧野。后人将这场战争称为“牧野之战”，也称“武王伐纣”。

周兵在“牧野之战”取得胜利后，一鼓作气直奔朝歌城外。此时的纣王已心灰意冷，平日里那些阿谀奉承的大臣们如今都抱头鼠窜。此时的纣王，回想起曾经的指点江山，数不尽的美酒、美人，看不完的歌舞、景色，如今都已灰飞烟灭。他现在只想以不太难看的方式结束自己的生命。这样，总比被活捉了受辱要体面。

绝望的纣王最后一次登上他醉过、笑过、疯狂过的鹿台，亲手理了理自己的头发，将平日里最钟爱的饰品都穿在身上，自焚而死。

曾经的美好，如一道光亮，刺眼又让人贪恋。

周武王带着军队到了这里，看到商纣王的尸体，只恨不能亲手杀了他。最后，他在众人面前砍掉了纣王的头颅。而那个美貌无双，将纣王哄得七荤八素的妲己，也被周武王杀死。

很多人都将商朝的灭亡归因在商纣王身上，因此纣王暴虐的人设长久以来被人们口口相传大加诟病。后人将他的谥号取为“纣”，可见他生前果真是罪大恶极。

可是，真实的纣王，确有那么恶劣吗？

客观地说，一个朝代的灭亡，完全怪罪于一个君王的个人品行是没有道理的。只有多种矛盾长期的相互作用，才会导致最后的分崩离析。商朝的衰落，早在多年前就已经出现，只是到了纣王这一代，商朝的社会矛盾等方面都到达了崩溃的界限。换作其他君王，也未必能够挽救商朝的命运。只不过纣王恰巧做了亡国之君而已。

郭沫若早就在诗中为纣王“平反”。他认为，纣王在牧野之战中的失利是各种客观原因造成的，并且肯定了纣王在位时期的贡献。他认为，我国南方地区之所以很早就被开发，与纣王在位时的开拓和经营有关。直至后来，越来越多的现代人意识到对纣王的认识有偏颇之处。一代暴君商纣王，正慢慢地被“平反”。

“牧野之战”中成功讨伐纣王的周武王，是周朝的开国君主，同很多朝代的开国之君一样，算得上是一位贤君。

周武王建立周朝以后，第一件事就是奖赏和分封。他将父亲姬昌追封为周文王，对在牧野之战中立功的将士和大臣进行奖赏。其中，封管叔鲜、蔡叔度、霍叔处为“三监”。其作用是监督商朝留下来的子民，防止他们造反。

周武王在取得了对商人的绝对控制之后，充分尊重了商人的祭祀传统，并且将纣王的儿子武庚封在商朝故地。可是武庚始终心怀亡国之恨，却苦于找不到反周复商的机会。然而在他对“三监”的3个周朝大臣仔细观察，并且联系到他们的身份以后，他发现了其中的微妙关系。

周武王因病去世后，周成王继位。由于成王尚年幼，由周公代理政事。周公掌权后极力弱化诸侯的势力，对他们的权力也逐渐加以限制。本就对王位觊觎已久的管叔鲜对此最为不满。加上“三监”其余二人的推波助澜，两方矛盾越来越大。

武庚见此，迅速联合“三监”以及另外几个方国联合发动叛乱，打算趁乱复国。周公果断亲自率军平定这场叛乱。这场仗打了3年之久，总算彻底消灭了殷商的残留势力。同时在平定叛乱的过程中，周公还扩大了周朝的势力范围，加强了在东方地区的统治，在整个过程中展现出非凡的智与勇。

一个面临内外夹击的国家，能有如此得力的大臣拼死庇护，实属万幸之事。同时，社会局面的稳定，也是百姓的幸事。他们能够安定地进行农业劳作，不必忍受饥饿和寒冷，不必遭受战乱的困扰，不必东躲西藏，这对于最普通最底层的百姓来说，实属最安稳最难得的好日子。

对于殷商遗留的部分居民，周公也想到了两全其美的办法来管束他们。他下令在商人之中选出一部分贵族，作为主要劳动力去修建周朝的东都洛邑。这样既让这些人脱离了故土，逐渐淡化他们的故国思想，同时又可以对他们严加看管，以免这些人生事。

对于商人的管理，周公很有一套心得。他知道，单单靠武力监管，并不是长久之计。若想要他们顺从，必须从思想上改变他们。罪要罚，功要奖，关键在于“度”。

拿商人好酒这件事来说。周人本也是不禁酒的，但是商人对酒的喜好程度，所饮用的量之大，是周人无法接受的。毕竟，酿酒需要大量的粮食，酒后也多发是非。于是，周公针对商人饮酒之事，特颁布了《酒诰》。文中包括耐心地劝诫，也严明了立法。周公就是在这一轻一重之间，巧妙地完成了对商人的治理。

安定了殷商旧人，又稳定了周朝内部，周公每一项治国安邦的举措都使得周朝更趋于稳定。虽然在他统治时期，算不上是周朝历史上最繁荣的一段。但就像是一棵大树，在参天之前，总要有一些日子是要等待树根在泥土里延伸。虽表面上看不出成就，却是十分必要的过程。

做完这些必要的事情之后，在周公统治了周朝7年之时，他将王位还给了周成王。这位开国老臣，在国家最危难的时候挺身而出，甘为国家命运舍生忘死，将全部时间与精力都放在如何稳定国家局面上；而当国家转危为安，日渐兴盛之时，他反而功成身退。他的这种无畏和无私，深深地影响着周人。正是他在位时对周朝各方面的精心治理，为周朝后期的发展奠定了坚实的基础。

人的一生有很多个7年，但很少有人能像周公这般，在7年之内将一个开国不久的王朝治理到如此稳定。好似一艘船从沙滩出发，总要经历搁浅的风险。而如今这艘船已经被周公推送到了海中央，平稳地前行了。

第五节　497个文字

在故宫博物院的藏品中，大量的稀世珍品令人目不暇接。这些承载了古人智慧的艺术品，记载着悠悠过往的同时，也记录着历史长河深处那些关于国家和民族的意识与品质。而这其中，出土于陕西岐山的毛公鼎及其上所刻的497个文字则毫无疑问地成为理解古人思想最直接的方式。

作为晚清四大国宝，毛公鼎在所有青铜器中并不算是最大、最重的，但就是这样一个仅有54厘米的圆鼎却成为世人研究西周后期政治历史的重要史料。

从书法造诣上来说，毛公鼎上的文字苍劲修长、不促不懈，看上去仿佛拥有年轻人身上的朝气与活力一般。而巧合的是，这些文字形状上透露出来的精神面貌正与毛公鼎上篆刻的那篇文章不谋而合。

“父歆，丕显文武，皇天引厌劂德，配我有周，膺受大命，率怀不廷方亡不觐于文武耿光。”文章的开篇，毛公便直入主题，他满怀虔诚地向周宣王描述自己对周文王与周武王立国的钦佩，也以此抒发了迎接周边各国朝贡的骄傲与自豪。在中国文学史上，“抒情先写景，评今先讲史”的习惯延续了上千年，在我们一致以为“拐弯抹角”的表达方式更符合中国文人“含蓄”口味的时候，毛公鼎上的文字却像一阵清新的风吹开了文言世界里的又一扇门。

在他的表达里，周朝立国与殷商覆灭都是符合天道民心的，而当“上天”将殷商的权利赋予周王朝的同时，也开始了新一轮的监督与守护。客观来说，毛公引用上天的旨意说服君王多少有些愚昧的味道，但在君臣之道有着严格界限的西周末年，敢于动用神旨表达对王朝的期盼却是一种勇气。

奴隶制时代的周王朝，虽然已经继承了夏商两朝“家天下”的政治风格，但和之后以行政机构为基础的郡县制度相比，西周统治者利用血缘关系的亲疏来维护政治关系和贵贱秩序的分封制却给了参政者更多的话语权。鼎上铭文的主人毛公作为周宣王的叔父虽然没有掌握国家重权，但姬姓家族的长幼有别却让这位天子的“长辈”拥有了教导后辈的威望和权力。

作为先王嘱托的老臣，毛公坦然地用“命”的字眼向周宣王提出了要求，希望他管理国家内外大小政事，协调上下各级关系，在捍卫王位不动摇的同时谨慎毫无对错地发号施令可能给国家带来的灭亡。（余唯肇经先王命，命汝辥我邦，我家内外，惷于小大政，甹朕立，虩许上下若否；无唯正闻，引其唯王智，廼唯是丧我国。）

在经历了残暴的商朝后，周王朝的诸侯制度看上去颇有些“民主共和”的味道。毛公希望周朝天子能够秉承前辈传承下来的勇敢和智慧来延续这个王朝的伟大。

周宣王在毛公的劝解下重新找回了姬姓王朝的荣耀和使命，但可惜的是，周宣王之子周幽王却昏庸荒淫，为了爱妃褒姒而戏弄诸侯，使得周王朝从此陷入万劫不复的境地。

烽火戏诸侯图

褒姒有多美？远古的画像早已不复存在，但从《东周列国志》中“目秀眉清，唇红齿白，发挽乌云，指排削玉，有如花如月之容，倾国倾城之貌”的描述里我们依然能够感受到这位冰美人的诱人。

从此，周幽王不早朝；原配申后所生的宜臼太子之位也被废了；无端的烽火从骊山上燃起，换来的只是褒姒的抚掌大笑和虢石父的千金赏银。

颜面扫地之余，诸侯们对周幽王的态度从憧憬变成了愤怒，一场关于天子的讨伐在愤愤不平中成为必然。寡不敌众的周幽王被迫藏入骊山，抛弃了王室尊严的求饶换来的依然是身首异处的命运。山野丛林，巨石猛兽，无人问津之地，曾经的天下共主以落魄的下场结束了自己的一生。

史书感叹，世人唏嘘，摇头轻叹之余，终究难消作茧自缚的感慨。值得一提的是，尽管“烽火戏诸侯，一笑失天下”的故事已经家喻户晓，但近几年清华大学有关专家学者却提出在清理战国竹简时并未发现对这个故事的相关记载。

历史本就是尘埃里的记忆，尽管有时会有失真的可能，但从中总结出来的经验教训却难能可贵。司马迁在《周本纪》中“数欺诸侯”的记载或许是史实，学者们最新提出的“幽王先行发兵申侯”的观点也有正确的依据，然而，不管事实如何，周幽王统治上的昏庸和已然激化的社会矛盾是其被斩杀于骊山之下毋庸置疑的理由。即便诸侯没有被戏弄，即便申侯真的是被逼起兵，这些事件终究只是诱发历史走向相同结局的导火索。

血雨腥风后，曾经的太子周平王顺理成章地继位。巍巍宫墙，寻常巷陌，刚刚在战争的惊恐中脱离出来的镐京百姓迎来了废墟上的又一轮歌舞升平。只是，风景旧曾谙，已然落魄的周王朝却再也兴不起半点波澜。曾经的繁荣随着周朝天子威望的凋零而磨灭，诸侯的崛起和频频“问鼎”的举动慢慢瓦解着姬姓王朝的权威和统一。持续百年的混战就此拉开帷幕，“溥天之下，莫非王土”的箴言在诸侯彼此的较量中一去不复返。

第六节 800诸侯分天下

公元前770年，周平王率亲眷、大臣浩浩荡荡地迁往东都洛邑。历史上将迁都之前的周朝历史称为西周；之后称为东周。

而这“东周”历史，却已不是“周”的历史。

迁都没能挽救周王朝的命运。就像刚刚走过山顶，余下的皆是下坡路。周王朝的势力急转直下，逐渐失去了对众诸侯的控制力。虽然在诸侯眼中，周王室仍然是权力的象征，但根本无法阻止诸侯扩张的脚步。东周的开始，亦是春秋时期的开始。

之所以我们称这段历史为“春秋”，源于鲁国一本史书的名字。这部编年体史书记载了鲁国从公元前722年至公元前479年的情况，同时也包括对同一时期其他诸侯国发展情况的叙述。因此，这被看作是一部极具意义的史书，而这期间的历史就以这本书的名字命名为“春秋”。

到了春秋时期，众诸侯虽在身份上臣服于周王室，实际上已经纷纷崛起，各自为政。而周天子对自己手中每况愈下的控制力也是无计可施。这种名誉上的“主”，实际上已经成为了“奴”。

可怕的是，普天之下无人能做得了这个“主”，各诸侯国四处招兵买马，对外连年征战，扩张势力范围。势力弱小的诸侯国每天生活在恐惧当中，因为不知道哪一天就会被哪个诸侯国吞掉。势力强大的诸侯国则无心发展经济，肆意滥用武力向外扩张。整个春秋时期，甚至到后来的战国时期，华夏大地就是在这种吞并与被吞并、驱赶与被驱赶的你来我往的状态下发展的。

在西周时期，虽不能说每一位君王都励精图治，保障社会稳定，但至少权力归一，没有诸侯胆敢擅自动用武力。稳定的社会环境成就了经济、文化等方面的发展。反之，在春秋战国这段时期，原本由周王朝一手统治的土地，实则成为了800个大小诸侯国上演厮杀好戏的战场。种种的不稳定因素，势必会对社会发展产生消极影响。

每一场战争开始，敌对双方国家都要将注意力投入到这场你死我活的争斗中来，而搁置了农业等方面的发展。为了争夺更多的土地、人口，更为了争取对其他诸侯国的支配权，人们在兼并战争中用尽各种手段。统治者会将现有的资源用作战争补给，导致百姓流离失所，无家可归，衣食更是无法保障。

一场战争的胜或负，牺牲的永远是百姓。

春秋时期诸侯国数量众多，各国实力亦是参差不齐。随着一段时间的武力吞并，很多小诸侯国惨遭灭国，从此消失在历史中。逐渐强盛起来的国家，开始蠢蠢欲动，想要做独一无二的霸主。当时先后争当霸主的有：齐桓公、宋襄公、晋文公、秦穆公、楚庄王。这几位或是雄才大略或是机智果敢的诸侯，让春秋时期的历史变得万分精彩，他们也被后人称为“春秋五霸”。

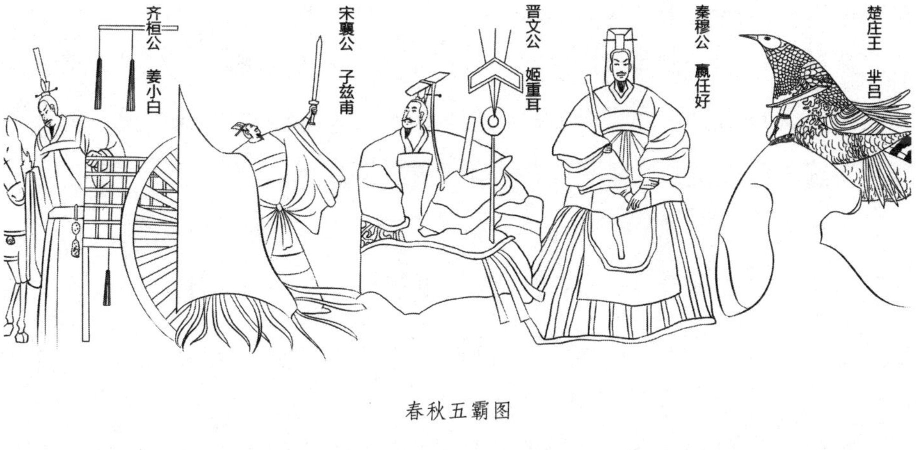

春秋五霸图

齐桓公是春秋时期齐国的第十五位君王。他在与公子纠争夺王位胜出后，听从了鲍叔牙的建议，任用管仲为相。这一君一臣从齐国各方面着手，由下至上进行了彻底的改革。齐国迅速达到“富国强兵”的目的，国力猛增，遂成为诸侯国之首。

由于长久以来周王朝的衰弱不堪，华夏大地纷扰不断。除了诸侯间的征战，更有戎狄等游牧部族趁机不断骚扰。这些落后的少数民族部落，他们生产力低下，所生活的土地也十分贫瘠。因此他们只能不断地在中原土地上以抢和夺的方式得到一些好处。他们的入侵成为了华夏文明的灾难。

想在这乱世中得到好处的，不只是这些落后的部落。在诸侯之间初露锋芒的齐桓公，迫不及待地想要巩固自己的霸权地位，他想将齐国推向更高的位置上。

可是如何成为名正言顺的霸主?

在春秋时期，做任何事都要遵从礼法讲究规则。即便当时周王朝的统治已是摇摇欲坠的状态，任谁敢打着霸主的旗号横行，定会遭到众诸侯的围攻。眼看着齐国如今兵精粮足，齐桓公实在不想再等下去。

于是，两全其美的办法出现了。齐桓公打出“尊王攘夷”的旗号，号召众诸侯共同抵抗外敌入侵。

所谓“尊王”，即承认并维护周天子的绝对统治地位，同时以诸侯长的身份联合众诸侯共同抵御外敌入侵。此时的诸侯国，形成了统一阵线联盟，而周天子已经退下神坛，齐国成为真正的霸主。

齐桓公“尊王攘夷”的口号所产生的作用，远远超乎了他的预料。他不仅顺理成章地得到了霸主之位，更获得了众诸侯甚至是周天子的认可。齐桓公更是当仁不让地连续九次会盟诸侯，奠定了自己春秋第一霸主之位。

可惜，一代霸主齐桓公的结局十分悲惨。在他病重之际，他的五个儿子为了争王位将齐国弄得混乱不堪。此时谁还有空去管当年那个“春秋第一霸主”，病恹恹的齐桓公最后被活活饿死。他的五个儿子对父王的死没有丝毫愧疚，直到齐桓公的尸体在床上放了几十日，尸虫从里面爬了出来，都没有人去管。

齐桓公故去时，宋襄公已继位数年。他当年曾接受齐桓公的委托，答应照顾齐国的太子昭。如今齐国内乱，太子昭逃到宋国来寻求庇佑。宋襄公虽知宋国国力尚弱，却竭力帮助太子昭回到齐国继位。他向各诸侯国发出消息，请他们共同护送公子昭回齐国。可是他的号召力实在有限，最后只有卫国、曹国等几个小国响应他。

好在最后公子昭顺利继位，是为齐孝公，而宋襄公也因这件事声名鹊起。

可是宋襄公为人也有盲目自大的一面。当时宋国虽内部稳定，发展也较为迅速，但其土地和资源各方面都只算是小国标准，并不具备称霸的实力。或许是被继位以来诸事的顺遂冲昏了头脑，也可能是急于接替齐桓公成为中原的新霸主，他完全忽略了宋国的实际情况。

宋襄公先是同卫、邾、曹、滑等几个小国结盟。与此同时，陈、蔡、楚、齐等国已结为同盟。这使得诸侯大致分为了两大集团。而宋襄公这一方明显处于弱势。

接着，宋襄公擅作主张要与齐国和楚国会盟。同时约定均不带军队。为了争当霸主的问题，宋襄公与楚成王发生了矛盾，楚成王一气之下竟派人囚禁了宋襄公。宋襄公万万没有想到，楚人竟然如此不讲信用。后来在他人调停之下，楚成王才将其放回。

可是楚成王这一举动，竟还是没能令宋襄公清醒。

宋襄公听说郑国一直明里暗里支持楚成王称霸，恼怒至极，遂率军攻打郑国。郑国赶紧向楚国求救。楚军军队与宋军在泓水一带相遇。

宋国大将提议趁楚军渡河时进行攻击，如此楚军定无招架之力。可是宋襄公断然拒绝。他认为，宋军号称仁义之师，决不能乘人之危。就这样一直等到楚军渡河布阵之后，双方才开始激战。来自南方的楚军作战勇猛，毫不费力就将宋军打垮，宋襄公也在此战中身受重伤。

即便这样，宋襄公还是未认识到自己的错误。他宁愿战败，哪怕宋国因此遭遇被灭国的厄运，他也毫不后悔。就算是在血肉横飞的战场上，他也要做一个有霸气的君子。

结果，此战后宋襄公久伤未愈，郁郁而终。

很多人嘲笑宋襄公的“愚”，其实，在春秋时期，人们十分注重战争的规则和礼节。例如：头发花白的人不攻；受了伤的人不攻；还有宋襄公坚持的，对方没有摆好阵形不攻等等。这些规则如今看来或许很可笑，但在当时，却是真君子们愿意用生命去捍卫的道德标准。

古时的战事，其实更像是一场道德比赛。对战双方在战场上不仅要分出胜负，更要赢得光彩。胜之不武的事情要比打了败仗难堪一万倍。而且那时打仗持续时间都比较短，伤亡也没有那么惨烈。人们真的能做到“先礼后兵”。前提是，对手也要遵守游戏规则。

可惜，宋襄公遇到的对手，是被称为“蛮夷”的楚国。

除了齐国和宋国，当时的另一个中原强国是晋国。晋国是姬姓诸侯国，最初的国君是周成王之弟唐叔虞。

春秋初期，晋国内部争夺王位的事件时有发生，王室与贵族之间的矛盾日益加重。为了躲避陷害，公子重耳带着他的几位才能出众的朋友，开始了逃亡生涯。

重耳一行人分别到了卫国、齐国、宋国、楚国等。由于各种复杂原因，诸侯们对待重耳的态度也千差万别。只是每到一个地方，重耳都会留心观察此地的情况，包括君王如何治理，大臣的能力，百姓的生活状态等等。因为他知道，若将来有一天自己成为晋国的君王，这些诸侯国会是自己潜在的敌人。这里可以看到重耳此人的阴暗面，当别人与他为善的同时，他却已经准备置对方于死地。

最后在秦国的帮助下，重耳顺利回到晋国成为了新一代的君王，是为晋文公。

晋文公继位后，南方崛起的楚国成为他最强劲的对手。在城濮之战中，晋军用计大败楚军，成为晋文公在军事方面最绚烂的一笔。特别是在公元前632年，晋文公在践土举行会盟，体现了当时晋国的霸主地位。

强盛时期的晋国，成为各诸侯国争相拉拢的对象。特别是秦国国君秦穆公，他深知想要成就自己的霸业，必须先向强晋低头。于是秦穆公看准形势，帮助晋国公子重耳夺得了国君的宝座，以此成就了“秦晋之好”。他将自己的女儿嫁给了重耳，促成了亲上加亲的关系。

可是，诸侯之间哪里会有稳定的关系，利益才是主导一切的唯一因素。在重耳过世之后，秦穆公借机打败晋国，一跃成为“春秋五霸”之一。

就在晋国与秦国周旋的过程中，楚国楚庄王继位，他“一鸣惊人”，扭转了中原当时由晋国一家独大的局势。

发展于南方土地的楚国，一心想要回到中原，想要中原人承认他们的身份。可是他们一直以来都被看作“蛮夷”。楚国在掌握了铜录山的资源以后，韬光养晦，任贤用能，终在邲城之战中打败晋军，成为新一任的中原霸主。

晋国败于楚国以后，其他诸侯国更是无法招架楚国的进攻，纷纷臣服。楚庄王扩张的脚步一刻也没有停歇，铁蹄踏遍了中原的每一寸土地。他实现了楚人几百年来梦寐以求的夙愿。而楚庄王的功业，最后终在他咽气的那一刻灰飞烟灭。在他过世之后，楚国内部矛盾加剧，对外更是威慑不再。从此，楚国再没有出现楚庄王这等雄才大略之人，也就彻底失去了称霸中原的机会。

第七节　40万赵军被坑杀

持续了近300年的春秋历史，在一片厮杀声中起起伏伏。小诸侯国逐渐被吞并，实力强大的诸侯国地域逐渐扩张，兵力、国力不断增强。春秋中期各诸侯达成了“弭兵协议”，暂时得到了休养生息的机会，经济也有了短时间的迅速发展。直到吴、楚、越三国的争权战争爆发，中原地区又一次陷入混战。新兴的诸侯国也开始跃跃欲试，加入了争夺霸主的战争中。诸侯国之间你来我往，明争暗斗，却始终没有谁能够称霸群雄。

时间到了春秋末年，一些诸侯国被强行瓜分，逐渐退出了历史舞台；另一些则越战越勇，在争夺土地的同时，文化、经济等各方面发展也在稳定发展。最后，七个诸侯国成为新一阶段的统治者，分别是：齐、楚、燕、韩、赵、魏、秦。此时诸侯国的总数量较春秋时期已大大减少。至于其他的例如卫国这样的弱小诸侯国，只能在夹缝中苟全性命。

这七个诸侯国的初步形成，引领者历史进入战国时代。

历史仿佛进入了一个新的轮回。

七雄割据，强者为胜。与春秋时代的战争相比，战国时期的战场更为惨烈，持续时间更长。并且，在春秋时期我们还能看到像宋襄公这种以

“礼”为重的君子，到了战国时期，却再不会看到这种“愚”。相反，战场上斩杀敌军的人数，双方对峙中使用的计谋，都成为了诸侯炫耀的资本。

战国时期伤亡最惨重的，是秦与赵之间的长平之战。这场战争也被视为中国古代军事史上最早、规模最大、最彻底的大型歼灭战。

40万条生命，在这场战争中灰飞烟灭。

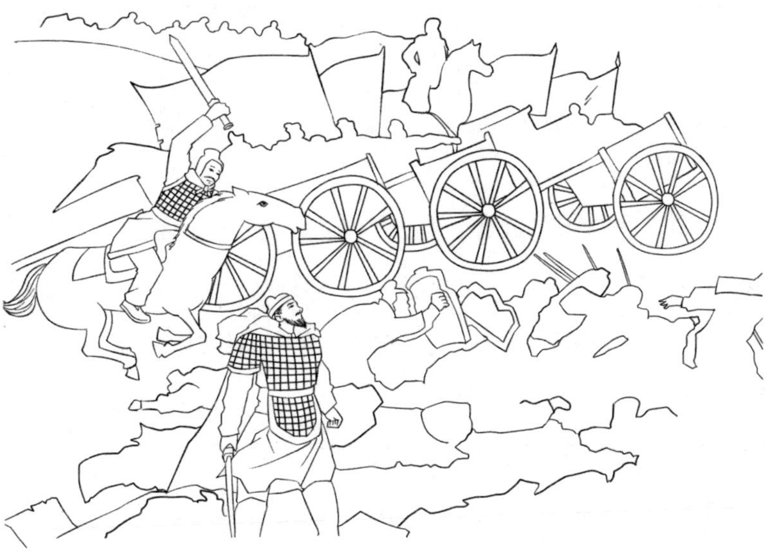

白起坑杀40万赵军图

赵国是战国时期华夏族在北方建立的诸侯国。赵武灵王继位后，在赵国进行了深入的军事改革，称为“胡服骑射”。这一举措大大加强了赵国的国力，特别是军事力量，在当时的战国七雄当中也算是首屈一指。

赵国与秦国多年来关系紧张，大小战争不断。公元前262年，秦赵两诸侯国为了争夺韩国的上党郡产生矛盾。秦国遂决定进攻赵国。

秦国军队先是武力占领了上党郡。上党百姓无家可归，纷纷逃入赵国境内。赵国的军队便在长平做接应。

大战势在必行，赵孝成王开始考虑派谁去迎战。

此次率军前来进攻的是秦国的白起。当时的白起已是秦国名将，多年来在秦昭襄王的重用下，屡获战功，为秦国攻下众多城池。尤其是在与楚国的常年对战中，白起成为了令楚军闻风丧胆的“杀神”。

为何被称为“杀神”？白起嗜杀成性，在战场上不仅以战胜为目标，更要尽可能多地斩杀敌军将士。

在伊阙之战中斩杀韩卫联军24万人；三次攻楚共计灭楚军35万人……据统计他的一生共杀人165万！他杀伐决断，智勇双全，被誉为继孙武、吴起之后又一个杰出的军事家，与廉颇、李牧、王翦合称为战国四大名将。

而战国四大名将中的廉颇，就被赵孝成王派去与白起对抗。

廉颇虽是老将，遇到白起这种对手也不敢轻敌。这位经验丰富的老将，在充分分析了两军的现状后，制定了严密的作战政策：布置三道防线以阻挡秦军的攻势。

第一道防线是空仓岭防线；第二道是丹河防线；第三道是百里石长城。这三道防线遥相呼应，固若金汤。如此周密的准备之后，只等秦军来投。

不料秦军的作战能力远超出廉颇的预想，顷刻间便冲破了第一道防线。赵军虽在第一时间做出补救措施，却难挽局面，只能眼看着秦军突破空仓岭。

面对虎狼一般的秦军，身经百战的廉颇不禁汗颜。如今战争刚刚开始，赵军就已损伤惨重，这样打下去定是以惨败收场。

廉颇冷静地重新分析形势，他发现：秦军虽作战勇猛，但补给线比赵军长，算是一个短板。这种情况下可以采取长期作战方式，任他秦军有天大的能耐，不能果腹，也无法作战。

在廉颇的指挥下，赵军全部撤回丹河防线以东。廉颇的这个决定十分明智。赵军以退为进的做法反而取得了主动权。秦军用尽浑身解数，都没能突破赵军的防守。而这一攻一守，就持续了3年之久。

这3年中，赵军和秦军都有一定的损伤，消耗不少。到了这时候，事情没能再按照廉颇的预想发展下去。长久的消耗战，使得赵国经济方面的弱点暴露无遗。秦国虽补给线较长，但粮食充足。赵国的粮食产量只有秦国的三分之一，根本无法供应战场上巨大的粮食需求量。

赵国曾试图向齐国借粮，遭到齐国拒绝。面对前方将士无粮可食的尴尬局面，赵国开始期盼战争赶快结束。

另一方面，赵人想到大将赵奢曾大败秦军，因此产生了侥幸心理：若是和秦军殊死一战，或许还有胜的可能。

压力、期望、求胜心理，种种因素令赵王失去了理智。他看到廉颇出战三年都没能击退秦军，干脆换赵括前往主持战斗。

临阵换将，廉颇明白赵王的意图，但赵括上阵，这一仗凶多吉少。

只会“纸上谈兵”的赵括，根本没有认识到秦赵两军的差距在哪里，也没有准确地分析战争形势，只是一味地想要去“拼”。可是，他拿什么去和秦军拼呢?

赵括的到来，让白起看到了胜利的曙光。他深知赵括无论是勇是谋都在自己之下，只要稍加用计，就可将这场耗时的战斗彻底结束。

从赵括上战场的那一刻起，赵国的结局就已注定。白起在之后的对峙中完全掌握了主动权。他利用赵括轻敌的特点，准备采取诱敌深入的办法。

秦军在白起的指示下，假装抵挡不住赵军进攻的样子连连后退。赵括却以为自己天生神勇，令向来不可一世的秦军成了惊弓之鸟。狂妄的他命将士乘胜追击，争取短时间内歼灭敌人。

结果赵军就这样进入了秦军的包围圈。白起派出25000人的轻兵绕至赵军背后，袭击了赵军的最后一道防线。

就在赵军主力在秦军布置的陷阱中挣扎的时候，秦军更是出兵将赵军与后方彻底隔断。原本就粮草不足的赵军，此时被秦军团团包围，如困兽一般动弹不得。赵括再无他法，只得守在原地等待救兵。

如此有利的局面，秦军怎会不乘胜追击？秦昭襄王下令征集秦国15岁以上男子参战，并承诺全部应征者加封爵位一级。

在赵军的防守已完全陷入瘫痪的状态下，秦军反而士气大增，最终的结局也是毫无悬念。在断粮几十天之后，赵军以突围失败宣告投降。

此时赵军还剩下40万士兵。如何处置他们成了棘手的问题。白起始终担心数量如此庞大的赵军，若不能妥善处理，将来必成祸患。向来以杀人为乐的白起最后决定将这40万赵军全部坑杀。

为了防止赵军拼死一搏，白起假意对赵军许诺，将其中身强体壮的带回秦国，其余的老弱病残放回赵国。赵军将士信以为真，放下武器等待安排。哪知秦国士兵竟将这些手无寸铁的人全部坑杀。

所谓“坑杀”是古代战场上对战败一方阵亡者尸体的处理方式。战胜的一方将对方的尸体堆积在道路两侧，将土厚厚地盖在尸体上面，形成一个大型的塔形土堆，称为“京观”。这是最直接的尸体处理办法，更是一种炫耀军功的方式。司马迁最早用“阬”字来形容这一做法，后往往写作“坑”。

足足40万人，若数量属实，要杀死40万人，也需要耗费相当长的时间。最后赵军只剩下240名年幼的士兵被放回赵国报信。这些人回到赵国，噩耗传遍赵国的每一处角落，一时间“子哭其父，父哭其子，兄哭其弟，弟哭其兄，祖哭其孙，妻哭其夫，沿街遍市，号痛之声不绝”。

这一仗之后，“纸上谈兵”的赵括成为了千古笑柄，后人常用他来引以为戒。可是和被坑杀的40万赵军比起来，他一个人的荣辱实在微不足道。人们将白起称之为“杀神”，其中既有对他有勇有谋的称赞，恐怕更多的是对他惨无人道的处事方式的质疑。

古时战事不分对错，将士各为其主。而白起能用奸计使赵军40万人全部被杀，堪称骇人听闻。要知道，史学界普遍估计的战国时期人口数量，赵国当时总人口不过300万，能够出兵作战的都是壮年男性，因此这一事件对赵国的打击的确是毁灭性的。

长平之战后，赵国一蹶不振，从此再无力与秦国抗衡。此战也是秦国对其他诸侯国的一次巨大震慑。一个中央集权的大帝国就要崛起。

第八节　百年变法

秦国为何会在短时间内迅速强大？为何一个西部小国有能力染指中原土地，并将强有力的诸侯国一一战败？

在战国时期，各诸侯国在经济上都处于不断发展之中，旧的政治制度和治理方式逐渐暴露出弊端，不能迎合生产力的发展。这种情况之下，阶级矛盾会日趋严重。在众诸侯国意识到这个问题之后，一系列的改革应运而生。在秦国实现大一统的过程中，除了对其他诸侯国的吞并，对外领土的扩张，其内部也进行了深度且彻底的改革。

公元前359年，秦孝公在位。他意识到，老旧的统治方式已经严重阻碍了秦国的发展。他开始考虑要给秦国这棵小树修剪枝叶了。

要改革，重中之重是人才。这时，一个顺应时代发展的人物出现在秦孝公的眼前。

商鞅，卫国人。年轻时受变法先行者李悝、吴起的影响，一心想要做一番大事业。

最初，商鞅在魏国辅佐魏惠王，但是始终不得志。此时，他听闻秦孝公力排众议，决心改革，便投奔秦国。在这里，商鞅用最快的速度了解了秦国的现状。幸运的是，他不仅受到了秦孝公的重用，更掀起了一场图强的改革，改变了秦国的命运。

史载，在商鞅最初见到秦孝公时，大谈尧舜的贤德，谈论如何治理国家。秦孝公竟被他唠叨得昏昏欲睡。第二次见面，商鞅又开始论述周公的治国之道，还是没能引起秦孝公的兴趣。第三次见面，商鞅用“霸道”二字，彻底将秦孝公说服。秦孝公毫不犹豫地将变法的重任交于商鞅。

对于守旧派来说，任何形式的变革都是割肉般的疼痛。秦孝公和商鞅深知此次变法不可急于求成。若是初期工作没有做好，定会导致变法夭折。变法的“法”固然重要，但更要将基础工作做好。因此在变法的具体法令确定之后，他们没有急于颁布，而是采取“徒木为信”。

他们的第一步，便是服民心。

商鞅命人在人头攒动的街头张贴告示：谁能将一根木条搬到集市北门，就赏他十两黄金。百姓见这一件不太困难的事就有重赏，都将信将疑。大家面面相觑，不知这其中是否藏着陷阱。告示贴出几日，始终不见有人前来。商鞅见此情景，命人将十两黄金增加为五十两。如此，为着这笔银两，终于有人敢来挑战。

当挑战者真的拿到真金白银以后，商鞅说一不二的形象也流传开来。这为变法的实施奠定了基础。

在变法正式开始之前，秦孝公命商鞅在秦国颁布了《垦草令》作为预热。此法令主要是重农抑商，削弱贵族、官吏的特权等。

《垦草令》虽然在一定程度上改变了秦国的固有制度，但还没有刺到最痛处。因此在《垦草令》颁布后不久，商鞅被秦孝公任命为左庶长。当时在秦国有四种庶长：大庶长、右庶长、左庶长、驷车庶长。这四种既是爵位，也是官职。而左庶长的职位，是其中唯一一个非王族大臣担任的官职，也是最有实权的职务。

大权在握，商鞅终于开始了大刀阔斧的变法。

商鞅变法图

在第一波改革中，商鞅注重奖罚的合理性以及对农业商业两者之间关系的调整。其主要内容为：

颁布实行魏国李悝的《法经》，增加连坐法法律，轻罪用重刑；

废除旧世卿世禄制，奖励军功，禁止私斗，颁布按军功赏赐的二十等爵制度；

重农抑商，奖励耕织，特别奖励垦荒；规定，生产粮食和布帛多的，可免除本人劳役和赋税，以农业为“本业”，以商业为“末业”，并且限制商人经营的范围，重征商税。

焚烧儒家经典，禁止游宦之民。

强制推行个体小家庭制度。扩大了国家赋税和兵徭役来源，为秦国经济实力和军事实力的壮大奠定了坚实的基础。

在以上变法条例中，“连坐法”成为第一项，也是最重要的一项。商鞅认为，想要保持社会稳定，防止犯罪行为发生，就要控制包庇行为。无论是夫妻之间，朋友之间，哪怕是父子之间，也不能相互包庇。百姓应该做的，就是在看到犯罪行为之后第一时间揭发，使罪恶无处遁形。

而所说的“连坐”，即指人们因与犯罪者有某种关系而受牵连入罪。连坐法除了在百姓中实行，在军队中也同样严格被执行。人与人之间相互监督，相互揭发。但凡一人有罪，其他人必须迅速做出反应，绝不可帮助其藏匿。若监督失职被发现，犯罪者身边最亲近的5个人将会同样受到惩罚。

连坐法犹如一条绳子，将人们的脚牢牢地绑在一起。一人有罪，五人获刑。这种制度将“监督”和“举报”两者结合起来，让每一个普通百姓都发挥作用。

在连坐法的基础上，商鞅主张加重刑罚。即所谓的“轻罪用重刑”。过去打几鞭子的罪，现在要关几年大牢；而之前要坐牢的罪行，现在很可能就是杀头之罪。

关于刑罚的改革，使得秦国上下人心惶惶。仿佛每个人都在时刻监视着周围人的一举一动，担心稍不留神就被他人所连累。

在农业方面，此次变法大大提高了农业在秦国的地位。在自给自足的自然经济为主导的封建社会，农业是国家发展的基础。无论是缓解内部矛盾，还是抵抗外来侵扰，农业都是最基本的保障。

商鞅看到了农业对秦国发展的重要性。他采取措施抑制土地兼并，限制人口流动，同时限制商业活动，在税收等诸多方面对商业进行限制。

法规、农业，这是一国之本，是统治者最重视的两大方面。可是秦孝公为何大费周章地在文化上动手脚？“焚书坑儒”究竟焚了什么又坑了什么？

秦孝公认为，想要使秦国强大，并加强自己的统治地位，必须从文化上对百姓加以管制和灌输。作为一个统治者，他不允许出现有着先进思想的分子对他的统治加以指责和批判。因此干脆粗暴地焚烧儒家经典著作，抑制进步思想的萌芽。

总之，只要能对他的统治起到巩固作用，任何措施在他看起来都是合理的。

第一次变法的顺利进行给秦孝公犹如打了一针强心剂。他在公元前350年命商鞅主持修建位于咸阳的新都，并于次年迁入。在这里，商鞅进行了第二次改革，其主要内容有：

废除贵族的井田制，开阡陌封疆；废除奴隶制土地国有制，实行土地私有制，国家承认土地私有，允许自由买卖。

普遍推行县制，设置县一级官僚机构；“集小都乡邑聚为县”，以县为地方行政单位，废除分封制，“凡三十一县”，县设县令以主县政，设县丞以辅佐县令，设县尉以掌管军事。县下辖若干都、乡、邑、聚。

迁都咸阳，修建宫殿；

统一度量衡之，颁布度量衡的标准器；

编订户口，五家为伍，十家为什，规定居民要登记各人户籍，开始按户按人口征收军赋；

革除残留的戎狄风俗，禁止父子、兄弟同室居住，推行小家庭政策。规定凡一户之中有两个以上儿子到立户年龄而不分居的，加倍征收户口税。这是对第一次变法中“异子之科”法令的补充，也是对社会风俗的规范。

商鞅的变法在秦国取得了巨大成功，其举措对秦国的发展起到了积极的推动作用，更为秦国日后统一中国奠定了坚实的基础。

变法废除了奴隶制经济，确立了封建经济的基础；促进了经济的发展，使秦国经济发展环境更活跃；通过奖励军工提高军队战斗力，大大增强了秦国的军事实力；加强了对户籍的管理，从而便于管理收税和征兵；加强惩罚力度，有效地减少了社会不安定因素；统一度量衡，更要统一思想；最重要的是，重重打击了贵族势力，免除了其不合理特权。

所有的变法举措，总结起来只有一个目的——加强中央集权。

此次变法因有了秦孝公的全力支持，得以顺利进行，并取得了不小的成绩。可是到了公元前338年秦孝公去世，商鞅失去了头上的这顶保护伞。

正是由于商鞅的举措严重影响了贵族势力的利益，这些人蛊惑刚刚继位的秦惠文王，将一些莫须有的罪名强加于商鞅。最后，这个改变了秦国历史的功臣，落得个车裂的下场。

年轻的秦惠文王不会想到，这个被他下令派兵追杀，最后处死的商鞅，对于秦国来说有着多么深远的影响。所幸，商鞅虽然惨死，他的变法却能得以继续施行。

商鞅变法是一次进步的改革。它顺应了生产力发展的趋势，有效地推动了奴隶制社会向封建社会的过渡。是一次有历史意义的大跨步。这一次跨步的影响力一直延续到后来秦王嬴政统一中国。

然而，这次伟大的尝试在后期逐渐体现出了弊端。商鞅本人也为后人所诟病。他对于中央集权的过度强化，导致统治阶级与百姓之间矛盾不断扩大。秦国统治者迷信暴力的作用，不去从根本上解决矛盾，导致了秦最后的灭亡。

第九节　5:1的对峙

长平之战以后，赵国国力严重受损。虽然秦国也兵力大损，但秦昭襄王想要乘胜追击，一举将赵国击垮，此时秦国大将白起也主动请缨，提出围攻赵国国都邯郸。赵国深知已无力抵抗秦国，准备割地给秦国，以求免战。

不费一兵一卒就可得到土地，秦昭襄王自然同意。

本来赵孝成王已经确认割地，但他又算起一笔账来：割地给秦，秦更强，赵更弱。可悲的是秦未必会因这六城就放弃攻打赵国。因为秦国想要争霸主之位，赵很可能是其第一个目标。同样数量的土地，若是用来贿赂齐国，联合齐国共同抵抗秦国，将会由被动转为主动。秦国与齐国素来恩怨颇深，想必齐国也愿意借此机会痛击秦国。

赵孝成王用此法不仅成功拉拢了齐国，也同楚国和魏国结为联盟。结盟的原因是他们有着共同的敌人——强秦。

秦昭襄王听说赵王不仅改了主意，还联合其他诸侯国共同抵制自己，一怒之下决定出兵攻赵。敬酒不吃吃罚酒，不给赵王点颜色看看，他还不知道如今天下谁说了算。

公元前259年，秦军直奔邯郸而来。

赵国大将廉颇以命相抵，率10万大军准备迎战。赵相平原君更是拿出私人财产补给士兵，将家人都征收入伍，以此表示对国家的忠诚。

或许是在长平一战中，赵国人遭遇了太多苦难，反而更渴望和平。他们痛恨战争，痛恨企图夺走他们生存家园的那些人，因此，这一战赵人十分勇猛。秦军的攻与赵军的守，一直进行到第二年，秦军经历了多次增兵、换将，仍没有将赵国击败。可是秦军的长期围困，使得邯郸城内粮食耗尽。在这种情况下，赵国向魏国和楚国求助。

公元前257年，魏国军队到达邯郸，与赵军共同抵抗秦军。楚军也随后抵达。这下子秦军四面受敌，无法继续作战，只得投降。

三军抗秦图

邯郸之战不只是赵国抵抗秦国的战争，也是东方诸侯国联合抗秦的第一次大胜仗。秦国正是从这次战争的失败中意识到，想要同时击破六个诸侯国是不可能的，而后改为远交近攻、逐一瓦解的方式，多年征战后终于取得了最后的胜利。

在与秦国的常年交战中，赵国还抽空跟燕国打了一仗。

赵国的东北和东胡与燕国接壤。多年来，两国战争不断。打打停停，断断续续之间，燕赵矛盾也是逐渐加深。特别是在赵武灵王施行胡服骑射改革成功之后，赵国军事实力大增，更是对燕国不断侵扰，也抢夺了不少燕国土地。在赵国经历了一系列大型战争，一蹶不振之时，燕国第一个向赵国动手。

燕王喜打算趁赵国无力翻身的时候发起进攻。他派丞相栗腹出使赵国，以给赵王祝寿为名，到赵国探听虚实。栗腹回到燕国后，向燕王喜禀报说：赵国如今破败不堪，身强力壮的都已被白起坑杀，剩下的都是些老弱病残，根本无法对燕国构成威胁。如若能在此时出兵，燕国将大获全胜。燕王喜听后有些激动，多年来被赵国压着打，如今终于等到复仇的机会了。他就像抓住敌人的尾巴一般，恨不得赶快出兵将赵国灭掉。

出兵前，燕王喜询问大将乐间的建议。

乐间是燕国将领乐毅的儿子，因为其父亲被封为昌国君。他为人谨慎，思维敏锐。他建议先不要出兵。因为赵国是老牌强国，不是那么容易垮掉的。况且多年来战争不断，赵国百姓早已习惯了作战，别看现在剩下很多妇孺，依然有着很强的作战能力。这样贸然出兵，恐怕不会达到预想的目的。

燕王喜没有想到乐间会阻止这件事。在他看来，这场仗的输赢毫无悬念，而且机会难得，不可错过。于是燕王有些狂妄地说："我用5个人，去打赵国的1个人，岂有战败的道理？"乐间依然坚持不要出兵。

燕王喜虽平日里对乐间很看重，特别是乐间在军事方面的才能，其超过了很多燕国的老臣。可是这一次，燕王觉得乐间过于小心，若听了他的建议，很可能要错过这次良机。加上燕国其他大臣都极力赞成出兵，燕王喜便坚持自己的想法，出兵伐赵。

乐间对于不听劝阻的燕王极为不满，却也只能听之任之。燕王喜派2000辆战车，分为两路，向赵国进发。他知道乐间对此次出兵并不积极，便任用了栗腹进攻鄗邑，并由卿秦率军进攻代邑。

赵孝成王派出他最信任的老将廉颇在鄗邑与栗腹的军队开战。廉颇分析了当前的局势。燕军虽人数众多，也是准备好了要置赵国于死地。但毕竟将士长途跋涉，车马劳顿。最致命的问题是，燕军料定赵国如今根本无力反抗他们的进攻。战场上最忌讳的就是轻敌。廉颇就是利用这个弊端，对燕军逐个击破的。

燕军确实如廉颇所料，狂妄轻敌。而赵军也果然如乐间所说，赵军虽人数不多，但个个骁勇善战。燕军转眼间已溃不成军。廉颇不仅在鄗邑擒获了栗腹，还将进攻代邑的燕军击退。

燕军连连败退。廉颇却没有就此罢手。燕国在赵国最弱的时候，乘人之危发起进攻，让这位老将心生愤恨。他率军继续追击燕军，直到包围了燕国国都。

燕王喜这下子傻了眼。本来还在国都等待着胜利的消息，怎么现在竟被包围啦？这个结果是他无论如何也没有想到的。

前来围城的赵军虽人数不多，但气势逼人。燕王喜只好放低姿态，派人向赵孝成王求和，赵王不允。燕军明明奔着灭国来的，怎能轻饶了他们？赵王提出，要让燕国将渠前来议和。燕王只好封将渠为相国，派其前往议和，并承诺割让燕国五座城池给赵国，方解决了这场危机。

燕王的一意孤行和对自己的不信任，令乐间十分灰心。他在这场战争中看到了燕国的弊端，也看到了赵国的强大。与其随着燕国一起灭亡，还不如转而投奔赵国。

就这样，乐间离开了燕国，成为了赵国将领。

这场战争中，燕王派出60万军队，想要以五敌一，踏平赵国。没想到5：1的人数比例非但没能换来胜利，反而令自己失去了五座城池。鄗邑之战也成为了中国历史上以少胜多的著名战役之一。

在古代战场上，人数未必是决定战争胜负的最主要因素。战术、环境等都可以改变战争的局势，而战争中最重要的，无非是人心。

第二章

秦汉："为我独尊"的神话

第一节 2000万人口的秦国

东方六诸侯国之间的战争纷繁而惨烈，迅猛发展的秦国却在观虎斗。或许每一个诸侯国急于扩张，都是为了增强国力，避免被秦国灭国。殊不知，如今的秦国，已经不是随便一个诸侯国凭借一己之力就可以抵抗得了的。

公元前247年，13岁的秦庄襄王之子嬴政继位。他就是中国历史上第一位称皇帝的君主秦始皇。

嬴政刚刚上位之时，秦国相邦吕不韦独揽大权。此时的秦国内部也是矛盾重重。起初吕不韦与太后赵姬私通，他看嬴政年纪渐长，担心他终有一日会发现。于是将门客嫪毐伪装成宦官献于太后，供其淫乐。太后赵姬与嫪毐不仅一拍即合，甚至生下了两个私生子。嫪毐更是以秦王的假父自居，对他人颐指气使，很是嚣张。嬴政得知后怒不可遏，誓要严惩嫪毐。

嫪毐知道嬴政不会轻饶了他，为了保住性命，一不做，二不休，决定叛乱。他因背后有太后撑腰，在秦国有官有地，更私结党羽，成为当时除吕不韦之外势力最庞大的人。

公元前238年，嫪毐趁嬴政举行冠礼之时率兵发动叛乱。没想到嬴政早有准备，轻而易举就将他捉拿并处以车裂之刑。愤怒的嬴政将母亲赵姬关起来，并摔死她与嫪毐所生的两个私生子。

这件事之后，嬴政逐渐表现出了政治才能和果断的性格。次年，嬴政免除了功高震主的吕不韦的职务，打算将他发配到巴蜀。吕不韦遂饮毒酒身亡。

秦始皇像图

嬴政执政以后，秦国国力仍不断上升。战国晚期的些许年间，其他六个诸侯国只能生存于秦国的阴影之下。他们不断委曲求全地将土地献于秦国，以求保全。

这是一个恶性循环。秦国国力已经处于绝对优势，其他诸侯国还要割让土地，使得秦国发展更为迅速。因此，东方六国最后无一能逃过秦国进发的车轮。10年间，屹立于华夏土地上的6个诸侯国，或抵抗或投降，或早或晚，最后纷纷灭亡。

秦国第一个下手的是韩国。由于韩国势力最弱，它很快就被秦国灭掉。接着是赵国。秦国大将王翦在公元前228年击败赵军，活捉了赵王迁。赵国公子嘉逃到代国称王。直到公元前222年，代被秦所灭，赵国终灭亡。

魏国一直是让秦很头疼的对手。最主要的原因在于魏国都城大梁城墙高大，周围还有纵横交错的护城河。这种易守难攻的地形令秦军一筹莫展。不过既然都城攻不进，何不试试周围的地区？秦军一点点地将魏国的其他地区吞噬掉，最后使大梁变成了一座孤城。这之后，秦军掌控了大梁的护城河，利用这些水攻击魏国都城。最后，魏国孤军只好驾着小船出来投降。

楚国在当时的几个诸侯国当中算是军事实力最强的一个。这个曾被视为“蛮夷”的南方小国也曾在华夏土地上辉煌过。在秦国逐一灭国的步伐中，楚国总是让秦国尝尽苦头。楚国大将项燕智勇双全，不止一次击败过勇猛的秦军。终于在公元前224年，秦将王翦和蒙武率60万大军对楚国发动总攻。可是出乎楚军的预料，秦军始终不肯正面作战。等到楚军斗志松懈之时，秦军一举将楚军击败，夺去了楚国都城。次年，再夺取楚国寿春，俘虏了楚王，楚国灭。

燕国为了躲避被灭国的厄运，联合代国抵抗秦国。可最后还是在公元前223年，被王翦的儿子王贲所率秦军所灭。

秦国最后一个灭掉的，是齐国。至于将齐国留在最后的原因，不是齐国太强，论实力他远远不如善战的楚国。只是齐国距离秦国较远。秦国一直采取“远交近攻”的策略，因此与齐国多年交好。多年来靠着对齐国的小恩小惠，促使齐国始终保持着中立。当然，齐国也从来不想冒犯秦国这只动不动就发威的猛虎。

齐国丞相后胜被秦国所收买。他在秦灭齐的过程中起到了相当重要的作用。齐王更是目光短浅，毫无主意。秦国曾许诺在灭掉其他诸侯国之后，与齐国平分天下。而齐王竟真的将这些话当真，面对其他诸侯国的求救置之不理，等着秦国将他们一一灭掉。当齐王得知最后只剩下自己与秦国对立时，才如梦初醒。

此时再想集结兵力抵抗秦国，却为时已晚。齐国始终做着与秦国平分天下的美梦，这一梦梦了40余年。40多年没有动兵。这导致，齐国的军队人数虽不少，但常年休养后的结果是战斗力为零。最后，齐国只能不战而降。等着做万户侯的齐王，最后被扔在树林中活活地饿死了。

如此，秦国用了10年的时间，将与他为敌的诸侯国纷纷兼并，实现了天下的大一统。秦国国军嬴政建立了中国历史上第一个封建王朝——秦朝。而他自认为“德兼三皇、功过五帝”，因此自称“皇帝”。这就是中国历史上第一个皇帝，秦始皇。

秦始皇希望自己建立的千秋霸业能够世世代代传给自己的子孙，他做“始皇帝”，他的子孙们用数字排列，二世，三世，千秋万代，万古长存。

秦朝的建立，打破了几百年来的割据局面。社会稳定了，经济自然得到恢复与发展。饱受战争折磨的百姓，哪怕是被灭了国的，终于也过上了相对安定的生活。

据记载，秦朝建立之初，疆域北起长城，东至大海，南到南海，西达陇西，约400万平方公里。秦国的人口更为惊人，竟达到2000多万。在当时世界上来说都是十分庞大的国家。

第二节　460个被活埋的生命

秦始皇灭六国后，想做的第一件事就是将他打下来的天下进一步地“统一”。他很清楚，地域上的统一只是基础，思想和文化上的统一才是根本。种种措施都朝着一个目标——加强中央集权。

关于官制：

皇帝的权力无论多么至高无上，总还需要有人来帮他管理这400多万平方公里的疆域。秦始皇所设置的从中央到地方的官制，叫作三公九卿郡县制度。

首先，皇帝有着对国家的绝对统治权，有对官员的任免权和对法律的制定权以及对军队的管理权。并且，皇位的继承依然延续“家天下”的传统。

对于“三公九卿”，“三公”指丞相、御史大夫、太尉；“九卿”是位于三公之下的官职。这些官职之间互不从属，却又相互牵涉。或者说，他们既相互合作，又相互监督，但无一不是受皇帝直接管理。

关于郡县制：

郡受中央直接管辖，中央在地方设立郡守、郡尉、监御史等多等级官职。县从属于郡。但无论是郡还是县，但凡有官职有权力的，都由皇帝直接任命。

三公九卿郡县制度完全体现了皇帝的最高权力，有效地加强了中央集权。这是对统治者统治权的巩固，也将官员职责更进一步地细化。

但是，这种制度太过于依赖于统治者的能力，而忽略了人才的作用。统治一个国家，岂是皇帝一个人就可以完成的事情？

在秦朝，官员的工资以“年”计算，称为“岁俸”。而俸禄的主要形式是粟米，单位是“石”。例如，左庶长的岁俸为500石粟米。在货币还没有完全流通之前，粮食是主要的支付方式。除此之外，皇帝也会赏给官员一些钱币、黄金、布匹等，但数量不多。而大官与小官之间的岁俸差距也是相当大的。若是谁家的儿子做了高官，全家人衣食无忧；可有些小官的俸禄，甚至只勉强够自己吃饱。

在经济方面，秦朝统一了度量衡。在商鞅变法之前，只秦国之内的度量衡就不是统一的。为了方便收取赋税，商鞅规定了标准的度量衡器，如：1标准尺等于现在的0.23公尺，1标准升约为现在的0.2公升。同时，商鞅还统一了丈、斗、桶等常用的计量单位。秦始皇统一六国后，将秦国的度量衡制度沿用至全国，并下令严格执行，不得有偏差。

秦始皇还统一了货币制度。在战国时期，各诸侯国使用的货币较杂，刀、贝币，等等。这些货币不仅大小、形制不一，价值也不同。秦始皇将货币统一为半两钱。古时一两为24铢，而秦朝制造的这种圆形方孔的货币，重12铢，因此被称为半两钱。货币上方孔的两侧，右侧为"半"，左侧为"两"。这种货币在全国广泛地使用开来。

下一个统一的是车轨。先统一了车轮间的距离，再规定一条路可以并行几辆马车。之后再修驰道。

经济方面的最后一项规定就是承认土地私有。在商鞅执行变法时期，就废除了井田制。当时的目的是瓦解秦国贵族势力对土地的过度掌控。商鞅被处死之后，变法依旧延续了下去。秦始皇在变法成果的基础上，承认土地私有，更支持土地自由买卖和转让。但是土地私有之后，赋税同样要上交。不同的是，之前的赋税交给贵族，现在的赋税直接交给皇帝。这种做法一方面瓦解了贵族在土地方面的控制力和特权，也断掉了他们最主要的经济来源，从根本上削弱其势力。而从反面来说，土地私有不等于土地归属权旁落，最后土地和赋税还是由中央控制。

在文化方面，秦始皇做出了被后世颇为称赞的变革，即"书同文"。战国时期不同地区使用的文字差别很大，到了秦朝统一规定为小篆和隶书。文字的统一，和车轨的统一一样，都是国家统一的象征。

秦始皇统一六国，结束了长期战乱的局面，使经济、文化得到了迅速发展，百姓生活趋于稳定。在对待匈奴的问题上，同样杀伐决断，北逐匈奴3000里。他的一系列改革措施，将中国历史推向了一个崭新的阶段。

然而，这位中国历史上第一位皇帝，在改革的同时也做了一些被后世唾骂的错误决定。

起因是一场“法”与“儒”的争辩。

在统一大业完成之初，秦始皇一改分封制的老路，而实行郡县制。实际上在之后的几年内，谁也没有看出来这种改变的优缺点在哪里。可道理是：凡是改变，总会遇到阻碍。当初制定郡县制时，秦朝统治阶级内部，就对这个问题形成了两个对立的集团。这两个集团的这场争辩一直持续到公元前213年的一次宫廷宴会上。

觥筹交错之间，大臣们仍不忘在皇帝面前展示自己的崇敬之情。他们称赞秦始皇的功德远超三皇五帝，将秦国这样一个西方小国发展壮大，并在横扫六国之后，将国家治理得井井有条。

夸赞的话早已听得太多，已经有些醉意的秦始皇只顾着洋洋自得，没有注意到身旁的一个人的脸上竟出现了怒意。

这个人就是秦朝的博士淳于越。他在众人浮夸的赞扬声中听到了，他们认为实行郡县制是十分明智的决定。这些言辞激怒了他。他来到秦始皇面前，借着酒劲说出自己的想法。淳于越认为，秦朝应该沿用老祖宗的制度，搞分封。郡县制的弊端在于，土地都分给了外姓，而皇帝的亲戚都成了平民。将来遇到战乱，你的亲戚没有土地没有军队，如何帮你？难道指望外姓人帮你打仗？“事不师古而能长久者，非所闻也。”

淳于越的观点是典型的儒家观点。他主张“法先王”，认为治国应参照古代的治理经验，不能破坏规矩。他在秦始皇面前说了许多，总结起来就是反对郡县制，反对变革。

淳于越的观点并没有引起皇帝的太大反应，却令一旁的李斯愤怒至极。

李斯是秦朝丞相，他一向支持法家思想。当初也是他极力推行郡县制。他义正词严地向秦始皇表达自己的观点：社会在不断变化，我们不能始终用老规章制度办事。商鞅变法的成果使秦国强大，促成了如今的统一大业。本朝建立之后诸多措施也都取得了较大成果。变革能推动社会进步，巩固统治，这已经是毫无疑问的。而现在总是有一批读书人，抱着古书上面看来的死教条，来批判秦王的统治，否定您的政绩，这是绝对不能允许的。

李斯越说越气愤，否定变革，就等于否定他本人。他对秦王建议到：古书中的内容会阻碍社会进步，也阻碍这些读书人思维的发展，不如将秦国历史以外的书全部焚毁，以及私人收藏的典籍全部烧掉，让这些落后的思想彻底消失。

有时候，对错只在一瞬间。

秦始皇的内心，天生带着高傲的自信，他也最听不得别人否定他的能力。淳于越的话的确令他有些不悦。而李斯更是将本没那么严重的事情说得如临大敌一般。没有经过再三考虑，秦王决定：焚书！

焚书坑儒图

在秦王的授意下，焚书的命令出炉并迅速开始执行：除了关于医学、卜筮、农业一类的书籍，但凡不是秦国史官所记载的史书，以及民间私人收藏的《诗经》《尚书》，特别是诸子百家的经典书籍，都要在命令下达的30天之内上交至官方统一烧毁。逾期不上交者，受鲸刑，外加做苦役四年。若有人公开谈论《诗经》等书内容者受灭族罪。除了焚烧经典书籍，秦始皇还下令禁止私人办学。想要学习知识，只能跟着官吏学，这样更加严格地限制进步思想。

焚书的命令下达到地方之后，各郡县官员不敢有丝毫拖延。对于秦王的指令，他们只会更加严格，不会有所松懈。官员们派士兵到百姓家中，挨家挨户地搜查。士兵们将百姓私藏的书籍统统收走，甚至包括法令中没有禁止的书籍，也都随着付诸一炬。

熊熊烈火烧毁了无数古籍经典，给中国文化带来了一场永远无法弥补的浩劫。在这场大火中，许多秦朝之前的文化经典、学术思想和历史史实化为灰烬，就此失传。人们热爱文化、渴望进步的热情也随之泯灭。

一场大火过后，许多读书人都表现出对此强烈的抵触情绪。他们嗜书如命，无法忍受秦王竟用如此残暴的手段对待这些珍贵的甚至有着灵魂的书籍。秦王焚书的行径不仅引起了过去反对变革的守旧派的反对，同时也令很多先进的读书人开始暗地议论，颇有微词。

秦始皇平生最恨他人在背后的诋毁。在他心里，自己是这世界上最明智之人，他的决定都是对的。无论是大臣还是百姓，谁都没有资格否定他。他的这种自信，或许在他建功立业之时成为了弥足珍贵的动力，可是在他统治期间，却成为了阻碍他进步的绊脚石。

就像耳朵里塞进的一团软棉花，他不觉得痛，因为痛都在别人身上。

秦始皇听到别人对他的否定，更加生气。想要堵住悠悠之口，看来只烧书是不够的，还要杀人！

于是嬴政又下了一道命令：将那些在背后诽谤他的人，统统抓起来查办。

可问题是，语言这种无形的东西，你要如何在没有证据的情况下去定罪？最后的记过就是，被抓来审问的人，禁不住酷刑，只好牵涉出其他人。这样一个咬出另一个，最后竟有460多个方士和儒生被定了罪。这些人大多数都是无辜的。而他们就在这莫须有的罪名中，全部被秦始皇活埋。

第三节　900戍卒抗暴秦

除了焚书坑儒这一极端事件，秦始皇在位时期还大兴土木工程，征集数十万劳力，严重阻碍了生产力的发展。在蒙恬将军从匈奴手中收回了河套地区，并在那里建立了44个县之后，秦始皇下令加固北部边防，将原燕、赵、秦三国的长城连接起来。

在当时极低的技术水平之下，修建长城是一项巨大的工程。从石材的开采，建窑烧砖，再到对原有长城的加固以及修建新的城墙，每一步都相当艰难。而抵抗这些艰难的，只能是贫苦的劳力们。他们不仅要流汗，还要流血。不少人直接死在了长城脚下。

最后，一双双血肉模糊的双手竟真的成功修筑出了长城。它保卫了长城以南的汉人百姓不再受匈奴骚扰。然而，在修建长城的过程中，又有多少个家庭失去了他们的儿子、丈夫、父亲、兄弟。

公元前210年，秦始皇携李斯、胡亥、赵高一同出巡。不料车队返回到沙丘时，秦始皇突发重病。这位遍寻长生不老药的皇帝，向来忌讳谈到

"死"，因此随行的人看到秦王病重，没有人敢为其准备丧事。

人之将死，秦始皇也感觉到自己撑不了太久了。他将掌管符玺事务的赵高叫到跟前，命他写诏书给长子扶苏说，要其负责处理丧事，灵柩运到咸阳后为自己安葬。可是原本应由使者送出的诏书和玉玺，却被赵高压了下来。这位手握大权的臣子，正密谋一场篡权之乱。

七月，秦始皇驾崩。但得知皇帝过世的人只有赵高、胡亥、李斯以及皇帝身边的几位贴身宦官。他们隐瞒了这个消息，将秦王的棺材放在能调节温度的凉车上。之后的每一站都与之前一样，假装君王还在。几人做得天衣无缝，并未引起任何人的怀疑。直等到秦王尸体腐烂发臭，几人将大量的咸鱼放于车上，以混淆尸体发出的臭味。

中国历史上第一位皇帝，在其死后竟然还有这样一段不堪的经历。

为何赵高要拦下诏书？因为秦始皇驾崩的消息传回国都，即便没有诏书，也理应是长子扶苏继位。何况，扶苏从小师从蒙恬，智勇双全，是所有人心目中最理想的国君人选。可赵高与蒙恬向来有嫌隙，若是扶苏做了皇帝，蒙恬定会扶摇直上。到那时，自己也就没好日子过了。

赵高首先找到胡亥，说服他与自己共同篡改诏书，谎称秦始皇认为长子扶苏不孝，命其自尽。年纪尚小的胡亥被赵高用权力和享乐诱惑了，同意与他一起篡位。

之后，两人找到李斯。在赵高的威逼利诱下，李斯也没能坚持自己的原则。李斯心里清楚，若是扶苏继位，倒不如让胡亥做皇帝对自己更有利。

就这样，三人一拍即合，一场惊天的阴谋变成了现实。他们不仅想害死扶苏，更想借此机会处死蒙恬这个眼中钉。

于是，李斯伪造了秦始皇临终前的诏书，诏书中先是斥责长子扶苏，多年来只顾着享受太子的特权，既没有给国家打下一寸疆土，也未能替父皇分担一丝忧愁。多年来只是不断上书诽谤父皇，一心想着返回咸阳做太子。而其师蒙恬亦没有及时纠正扶苏的错误，任由其肆意妄为。同时指出这二人图谋太子之位。因此勒令二人即刻自尽，兵权交由副将王离手中。

诏书传到扶苏手中，这位对父王忠心耿耿的长子，哪里会怀疑这诏书的真假。父王要儿死，儿岂能不死？于是，本该继承皇位的扶苏，含着眼泪，怀着悲痛的心情结束了自己的生命。

可是，蒙恬对这诏书却有怀疑。毕竟秦王派他率30万军队镇守边陲，又命扶苏担任监军，这些都是最要紧的职务。秦王是如此谨慎多疑的人，若是对他们二人不信任，怎么可能委以重任呢？若是秦王要他死，他蒙恬死一百次都心甘情愿。如今，单凭这样一张可疑的诏书，就让他了结自己的性命，那是绝不可能的。

在送诏书的使者面前，蒙恬坚决不肯就死。使者奈何不得，只能将其交给官吏治罪，囚禁起来。

做了亏心事的人，免不得整日担惊受怕。赵高和李斯在得知扶苏已死后，仍觉得蒙恬会对他们形成威胁。于是几人又将蒙恬的兄弟蒙毅关了起来。

消除了这些隐患，李斯、赵高和胡亥带着运送秦始皇尸体的车队赶回了咸阳。秦始皇驾崩的公告发出后，胡亥顺利即位。

年轻的胡亥没有想到，夺取皇位这件事竟然轻而易举地成功了。他甚至在梦里都不敢梦见的事，如今竟成了现实。可是他不懂得，手中的江山是父王如何打下来的，多年来国家的发展是多少人的血肉换来的。因为一切都来得太容易了。

胡亥将父王厚葬在骊山皇陵。为了消除异己，他很快就下令将蒙氏兄弟处死。

自己的皇位本就是使诈得来的，胡亥整日惴惴不安，生怕他的兄弟姐妹将来对他下手。为了彻底消除威胁，胡亥开始了对他的亲人的残害。先是在咸阳将他的12个兄弟处死。接着，又在杜邮将6个兄弟和10个姐妹残忍碾死。将榈三人被逼得挥剑自刎。最后剩下公子高。他自知难逃一死，于是上书给胡亥，表示愿到骊山皇陵为父王殉葬。胡亥听后很满意，还赏了公子高10万钱。

残杀无辜的行为，不是说明胡亥多么英勇，反而体现了他内心的恐惧。他得到了不该得到的东西，就只能终生活在恐惧之中。

胡亥虽心狠手辣，但经验尚浅，完全听从于赵高。对于他来说，夺取皇位的目的就是享尽世间荣华富贵，至于治国之事，由赵高代理就好。而赵高更乐于见到胡亥这种状态，便于对其控制。他想尽一切办法讨好胡亥，让胡亥每日都沉浸在美酒和美人中。

李斯虽参与了这场政变，但他在胡亥心中的地位，远远不及赵高。李斯也清楚，以赵高的为人，定会想办法除掉自己。为了自保，李斯制定出一套极为专制的治国之法献给胡亥以讨其欢心。可是胡亥哪里会想到，李斯这套极端的法家治国之法，最终导致了秦王朝的灭亡。

在赵高的离间之下，李斯最后还是被胡亥用当时最残忍的方式处死：先是在脸上刺字，这在秦朝属于侮辱类的刑罚。接着被割掉了鼻子。然后是砍断左右脚。再被人拦腰斩断。最后，尸体被剁成肉酱。

之后胡亥继续大兴土木，除了修建阿房宫、秦皇陵，筑长城，百姓还要忍受其他的劳役。土地荒芜，百姓食不果腹，一时间民怨沸腾。

极端统治的结果，只能是官逼民反。

公元前209年7月，两名地方的军官押解着一行苦力行走在炙热的太阳下。这些人要被送到渔阳去戍边。由于人数过多，管理困难，军官在这900多人中选出两名身形高大、做事精明的人当屯长，帮助管理。这两个人的名字是：陈胜、吴广。

陈胜吴广起义图

吴广是阳夏人，自幼生在贫苦家庭，以种田为生。陈胜身材壮硕，浑身力气，一直给别人做长工。但他是一个胸怀大志的年轻人，渴望着有一天能靠自己的能力改变命运。

900多人的队伍还没赶到渔阳，却遇到大雨，无法前行。眼看规定的期限就快到了，若逾期到达，这些人都是要被砍头的。

陈胜和吴广也算是这些劳苦大众的头头，他们实在不甘心这么多无辜的生命死得不明不白。二人商量，与其等着被人砍头，不如和他们拼了。百姓长期活在秦二世的残暴统治之下，过着饔飧不继的日子。若此时号召众人一起推翻暴秦的统治，势必会得到响应。

随后，队伍中发生了"鱼腹丹书，篝火狐鸣"两件怪事。紧接着，陈胜和吴广提出，耽误工期当斩，造反亦当斩。与其等死，不如揭竿而起。众人推举陈胜和吴广做起义领袖，带领他们起兵反秦。

陈胜、吴广带领农民起义的消息传到各郡县，得到反秦力量的纷纷响应。人们受够了暴秦的统治，恨不得一夜之间推翻他们的统治。很多地方的百姓将当地的官吏杀死，以此作为响应。起义不到三个月，齐、燕、赵等地方都有人打着恢复六国的旗号，自立为王。刘邦、萧何等人在丰、沛起义。项羽项梁在新阳起义。一时间，秦王朝的统治摇摇欲坠。

秦二世如梦初醒般，赶快下令将骊山做苦役的奴隶放出来，编成一支军队抵抗起义。此时，各地的反秦力量都只顾着占据自己的地盘，谁都不愿出兵支援陈胜、吴广的起义军。起义军孤军奋战，最终无法抵抗秦军的攻势，起义失败，陈胜、吴广被杀。

陈胜、吴广起义只持续了短短6个月的时间，由最初的900人发展成为全国性的农民起义。虽然最后这场起义以失败告终，但却深深地撼动了秦王朝的统治，也为后来项羽和刘邦的灭秦创造了有利条件。更重要的是，人们从这场起义中明白，生而为人，谁都有权利捍卫自己的生命，也有权利推翻残暴的统治。不愿被压垮，就只有站起来反抗。

第四节　四年争霸，花落刘家

陈胜、吴广起义虽然失败，但这场农民运动的余震并未就此平息。

楚国名将项燕之子项梁也参与了起义。他带着亲手抚养长大的侄子项羽，征集八千子弟兵，成为了起义军中势力扩充最快的一支。刘邦曾被编入项梁的军中。后项梁在定陶的大战中被秦军所杀，起义军锐气大挫。

秦军杀死项梁后，渡过黄河，将称王的赵歇困于钜鹿，赵歇只好向其他起义军求救。

项梁生前所立的楚王派宋义和项羽北上救赵。可是作为主将的宋义临阵退缩，止兵不前。这惹急了副将项羽。当年秦将王翦杀死了项燕，因此项羽一直视秦国为仇人。急于报仇的项羽果断杀死了宋义，率起义军渡过黄河。他命军中将士破釜沉舟，只准备三日的干粮，表明不破秦军，誓不苟活的决心。起义军将士被项羽视死如归的气势所震撼，无不舍命追随。

果然，在与20万秦军的交战中，起义军越战越勇，连胜九战，秦军大败。

钜鹿一战之后，项羽名声大振，许多反秦势力纷纷前来投靠。这些以农民为主的起义军规模逐渐庞大，作战也越来越规范化。秦军开始出现无法招架的态势。

项羽大战告捷，率军直奔咸阳。楚王曾与众将有约在先：先破秦入咸阳者王之。项羽本以为这个王位他坐定了。因为所有反秦势力中，他所率的这一支实力最强，在起义中所做贡献最大。可是当他带着军队赶到咸阳，眼前的事实令他怒不可遏。

刘邦，竟趁着项羽和秦军拼杀之际，率先赶到了咸阳。此时的咸阳城内，再无可战之兵，自然是不战而降。刘邦不费吹灰之力，就将咸阳城攻下，彻底推翻了秦王朝的统治。

项羽在战场上杀敌，刘邦却坐享渔翁之利。愤怒的项羽率军准备攻入咸阳，找刘邦问罪。

刘邦当然预料得到项羽会因此大怒。他并不想与项羽产生正面冲突，若说对战，他定是处于下风。于是他委托项羽的叔父项伯从中调解，以作缓兵之计。

次日，刘邦带领张良、樊哙等百名将士来到鸿门，向项羽请罪。他在项羽面前低声下气，反复承诺并无称王之心。性格直率的项羽竟信以为真，错失了这次杀死刘邦的好时机。刘邦最后趁乱逃走。这场"鸿门宴"

标志着项羽悲剧命运的开始。

之后，刘邦的军队退至霸上，项羽的大军进驻咸阳。项羽自立为王，即“西楚霸王”。从这名字不难看出，此时的项羽已经目空一切。他开始用凌驾于万物的气势统治这片土地。

项羽的军队在咸阳城内滥杀无辜，劫掠钱财，无恶不作。项羽更是下令焚烧秦朝宫殿，仿佛这熊熊大火，才能融化他心中的恨意。

至于刘邦，项羽也一直十分防备，他采用谋事范增的建议，将刘邦封为汉王，将巴、蜀、汉中等地封于他。因巴蜀地区道路崎岖，与关中之间隔着崇山峻岭，若刘邦真要与自己争天下，也不是那么容易。不仅如此，项羽还将刘邦统帅的10万大军缩减至3万人。

项羽称王后，将秦朝的土地分封于诸侯，共封十八诸侯王。得江山易，守江山难。为王的项羽肆意妄为，他没有改掉滥杀无辜的毛病，反而变本加厉。除了残害百姓，连亲自分封的诸侯也要谋害。

他的肆意分封，引起了众诸侯的强烈不满。首先是原齐国贵族田荣，他因在反秦战争中出战有功，却未受到赏封，对项羽怀恨在心，遂起兵反之。然而田荣的讨伐并不是个例，反而受到多股势力的响应。一时间，项羽腹背受敌。他没有想到刚刚建立起来的功绩，会受到多方征讨。

此时，远在巴蜀的刘邦，也悄悄动兵。楚汉战争一触即发。

刘邦自入驻巴蜀，就一直伺机而动。如今看到项羽忙于作战，知道时机已到，迅速出兵入关。当初推翻秦王朝，因实力不敌项羽，刘邦只好退兵。在巴蜀之地，刘邦招贤纳士，勤于练兵，等的就是有一日重返关中，夺回王位。

刘邦的军队趁项羽与田荣对战之际攻入关中，顺利攻破彭城。可好景不长，待项羽率三万楚军赶回救城，汉军不敌，败兵而逃，刘邦率骑兵侥幸逃脱。逃至荥阳，刘邦招兵买马，重整旗鼓，打算修筑甬道用以粮食补给。可项羽根本不给其喘息的机会，多次侵夺甬道。没了粮食做后盾，一切理想都是空谈。刘邦只好向项羽求和，以荥阳为界，双方停兵。

项羽本想答应刘邦的条件，但被范增制止。范增坚持继续出兵。看到楚军继续围困，刘邦清楚定是范增的计谋。想要战胜项羽，必须先除掉他的军师范增。

范增本来是一个学道的，被项梁请来辅助他和项羽。项梁死后，项羽一直尊范增为"亚父"。所以，范增与项羽本来关系很好，但因刘邦，两人开始有了分歧。

范增始终把刘邦视作争夺项羽天下的最大敌手，他曾力主大军进攻刘邦部队，杀掉刘邦。而项羽则认为杀掉刘邦是不义之举，也违反了自己当初和刘邦定下的盟约，再者，在项羽眼里，刘邦根本不足以构成其夺得天下的威胁。

在鸿门宴刺杀刘邦的计谋失败以后，具有远见的范增已经看到项羽的大势已去，发出了"竖子不足与谋，夺项王天下者，必沛公也"的感叹。

刘邦利用项羽的多疑和自大，成功离间项羽和范增。被项羽收回权力的范增，绝望之下告老还乡，并死于途中。

没了范增这个智囊，项羽犹如没了牙的老虎。刘邦不仅在他眼皮子底下逃出荥阳，并用计与楚军周旋，导致项羽疲于应付，苦不堪言。

最后，在公元前202年，项羽不得已之下与刘邦达成和解。双方以鸿沟为界，分割天下。鸿沟以东为楚，以西为汉。从这一刻起，天下不再是项羽一个人的天下。

由于没有听从范增的一再劝告而落得如此地步，项羽既悔恨又屈辱。多次杀死刘邦的机会都失之交臂，现在若再想除掉他，怕是比登天还难。

可他还没有意识到，刘邦的野心，远不止分他一半天下这么简单。

项羽刚刚撤兵，刘邦便翻脸毁约，出兵追击项羽。汉军攻至垓下，韩信从齐地南下，占领彭城等地，自东向西夹击项羽；梁王彭越带兵助汉军共击楚军；刘贾则从西南方向对楚军进攻。最令项羽意外的是，楚将大司马周殷在此时投汉叛楚，参与到了夹击楚军的队伍当中。五路汉军共计10余万人，逼得项羽连连后退。

项羽乌江自刎图

汉军将项羽追到东城的一座山上，身边随从只剩寥寥数人。既无救兵，又无粮草，走投无路之时，四面偏又响起楚歌。项羽想到自己从起兵至今八年，未曾尝试过失败的滋味，曾凭自己一身本领，战无不胜，称霸天下，如今却落得山穷水尽。“不是我不善战，而是天要亡我。”项羽绝望之际，转身下马斩杀汉军数百人，自己也负伤多处。

逃至乌江，见乌江亭长已备好船催促项羽赶快渡江。到了江对岸，他还可以重整旗鼓，杀回中原。可是项羽不肯渡江。当初带着江东八千子弟出战，如今无一人归还。一向心高气傲的他，不愿低着头回到江东，无颜去见江东父老。与其以一个失败的王者身份回去，不如就此谢罪。

实际上项羽心中早已清楚，江东根本不具备与中原抗衡的条件，他的败局已定。心如死灰的项羽，在乌江边自刎，在他31岁时，亲手结束了他的戎马一生。

历时四年的楚汉之争以项羽的悲剧收场而结束。扫除了心腹大患的刘邦，建立了他的大汉王朝。

第五节　西汉13州

公元前202年，刘邦建立汉朝，定都长安，史称西汉。他登基后，其王后吕雉改称为皇后；太子刘盈改称皇太子刘邦是为汉高祖。

这一年，刘邦55岁。

汉朝初建，天下太平。如愿坐上皇帝宝座的刘邦颁布了一系列休养生息的政策，旨在恢复经济，发展农业，重修历法。

第一，减轻赋税，重农抑商；第二，解散大量士兵归家种田；第三，恢复前朝的爵位田宅；第四，免除自卖为奴者的奴隶身份；第五，田税减至十五税一；第六，严格控制财政支出，提倡节俭；第七，制定更为严谨的《九章律》取代"约法三章"；第八，出书论述秦失天下的原因，形成汉初"黄老无为"的政治思想；第九，对匈奴采取和亲政策，稳定边境环境。

刘邦的新政力求面面俱到，使社会尽快从战争中恢复过来。千疮百孔的华夏大地，终于得到喘息的机会。

可惜，跟随刘邦一起打下天下的功臣们，却连喘息的机会都没有。晚年的刘邦，疑心极重。当年为了赶走项羽，刘邦大封诸侯，笼络人心。而今大汉建立，这些功臣却显得如此碍眼。他们都有着各自的势力，对汉朝的稳定着实会形成威胁。想要高枕无忧地维持统治，必须将这些不稳定因素铲除。

第一个被拿来开刀的，是大将韩信。韩信原是项羽的手下，后投靠刘邦。此人擅长用兵，兵法纯熟，在楚汉之争中成为刘邦最得力的大将。对于这种功高震主的开国大将，多疑的刘邦定是不能留的。他先是以毫无实据的“谋反”之罪将韩信关押，再赦免他的死罪，改封他为淮阴侯。

傲世轻物的韩信觉得自己受了屈辱，不愿做这个侯，竟真的暗自集结兵力，想要造反。可还没等韩信动手，就被身边人告发。事情败露，当时已掌权的吕后和萧何合谋将韩信斩杀。刘邦得知后，像是了却了一块心病般轻松。

韩信之后，彭越和英布也被刘邦杀害。而另外几个曾跟随刘邦出生入死的大将，如张良、萧何等人，无须刘邦亲自动手，就相继老死在家中。

狡兔死，走狗烹；高鸟尽，良弓藏；敌国破，谋臣亡。

争夺天下时，对大臣封王封地，视为手足。待政权稳固时，又对这些大臣或贬或杀。在刘邦心里，只有刘氏宗亲才配为王，甚至订立“非刘氏而王者，天下共击之”的口号。

作为皇后的吕雉，是一个注重权势的野心家。早年放弃了嫁给沛县官吏的机会，下嫁于做亭长的刘邦。嫁于刘邦的吕雉温柔贤惠，吃苦耐劳。她不仅对丈夫体贴入微，还善待刘邦的私生子刘肥。在刘邦征战时期，吕雉也跟着丈夫颠沛流离，后还为刘邦添了一儿一女，是刘邦难得的贤内助。

刘邦称帝后，吕雉逐渐显现出强悍的一面。她残害了不少有功之臣，以此建立起威信。直到刘邦在公元前195年驾崩，吕雉才露出她更加凶残的面目。太子刘盈继位，后称汉惠帝。吕雉借口刘盈年幼，无法主持朝政，便以皇太后的身份独揽大权。她是中国历史上有记载的第一位皇后和皇太后，也是第一个临朝称制的女性。

吕雉在刘邦去世后，将其生前宠爱的妃子统统囚禁起来。最惨无人道的是，她将痛恨已久的戚夫人剃去头发，颈束铁圈，穿上囚徒的衣服，派去洗衣舂米。后又因不满戚夫人在劳作时唱歌思念儿子，下令将戚夫人砍去手脚，熏聋双耳，挖掉双眼，用哑药将其毒哑，做成人彘抛入茅厕中。看着生不如死的戚夫人，吕雉还觉不够解气。她又将刘盈叫到跟前，让他看着戚夫人的惨相。刘盈看后又惊又怕，痛哭不已。他声称无能治理国家，从而躲避政事。

此后的汉朝，就是吕雉一人的汉朝。所有人都要以她一人的好恶作为行为准则，无论前朝还是后宫，甚至包括连大汉朝的皇帝人选，所有重要人事变动都由她一人决定。自刘邦去世后，直到吕氏去世前，期间无论谁做皇帝，都是吕后手中的傀儡。

吕氏不仅罢免了许多与她持不同意见的大臣，更大肆赏封了吕家多人为侯。朝中臣子无人再敢多言，只能任凭吕后肆意妄为。刘邦用命打下来的天下，不会想到会被这个为他煮饭洗衣的妇女夺了政权。而当初"天下共击之"的誓言，谁又敢去为他履行呢。

但这位心狠手辣的皇后，在其统治时期也做出了不小的成绩。她实行"无为而治"，提倡与民休息的政策。她废除挟书律，鼓励民间藏书、献书，恢复旧典。这些措施令汉代的文化有了更大发展空间，为后来的文景之治打下良好基础。

吕后去世之后，汉朝的统治权由刘氏和吕氏两股势力把持着，之间的矛盾不断激化。失去了吕后这个后盾，吕氏家族的权力没多久就被夺走。朝中改刘恒为帝，是为汉文帝。他在位期间，继续施行“与民休息”的政策，与后来的汉景帝两代人统治汉朝的约40年的时间里，使经济得到迅速发展，汉朝出现了空前的盛世，被后世统称为“文景之治”。

汉文帝在位时期，主张轻徭薄税。对周边国家不轻易出兵，保持稳定关系，尽量避免对外战争。将注意力放在对内发展上。他曾两次减税，甚至全免田租，减轻人民负担。

汉景帝延续文帝的治国方针，以德化民，做百姓的榜样。两位汉帝提倡节俭，反对奢侈，还亲自带领农民下地劳作。他们的举动，使得社会更加稳定，人民生活富足，生产力迅速发展。这个时期物质方面的富足，为后来汉代的发展提供了充分基础。这也是中国历史上第一个大一统王朝的治世。

汉武帝像图

经过文景之治，汉朝进入一个安定祥和、繁荣富足的盛世局面。并且有了这两位勤政皇帝做榜样，继位后的刘彻更是将大汉王朝推向了巅峰时刻。

汉武帝刘彻16岁登基。他幼时勤奋好学，特别喜好研究书中记载的古代圣贤帝王的事迹。他的父亲汉景帝对这个聪明的儿子宠爱有加，将他的名字“彘”改为“彻”，取智慧过人，达到圣德要求之意。

这位“全能”皇帝，在执政期间对汉朝进行了各个方面的改革。他颁布“推恩令”，促使诸侯王的封地缩减，以限制其势力发展；设立刺史，对地方加强监察；经济方面，将冶铁、煮盐等民间生意交由中央统一管理。同时禁止诸侯国私自铸钱，而是由中央管理财政。这些措施都极大地加强了汉朝的中央集权，巩固了汉武帝的统治地位。

最重要的是，汉武帝在思想上采用董仲舒提出的“罢黜百家，独尊儒术”的建议。汉武帝命人在长安设立太学，作为专门的儒学教育机构。如此，儒学更广泛地发展到民间。与此同时，汉武帝也提倡用法学来维护统治，用法规和刑罚来巩固中央的权威和皇权帝位。这种“外儒内法”“儒法结合”的治国方针，既对百姓展示亲民的态度，又对统治阶级内部加以约束。张弛有度，相得益彰。

公元前106年，为了加强中央对地方的控制，汉武帝将全国分为13个监察区域，称“十三州”。

除京师附近的七郡，全国各地方都划为十三州之中。每一区域派一名刺史，负责巡查该区域内的管理情况。这些刺史所管辖的刺史部中，有11个使用了《尚书·禹贡》和《周礼·职方》中的州名，即冀州、兖州、青州、徐州、扬州、荆州、豫州、凉州、益州、幽州、并州。另外有朔方和交趾二郡，成为朔方刺史部和交趾刺史部。以上即为十三州。

设立十三州之举有效地将地方向中央靠拢，便于中央直接监督和管理。

汉武帝的休养生息政策使汉朝国力蒸蒸日上，与此同时，他还成功地解决了边界动乱。特别是在社会日趋稳定以后，他派卫青、霍去病三次出击匈奴，收取河套地区，夺取河西走廊。除了使用武力手段，汉武帝还采取和亲等和平手段与西域诸侯国建立稳定关系。

这是中国封建王朝的第一个盛世，汉武帝也被誉为中国历史上最杰出的君主之一。他用较“文景之治时期”的“无为而治”更积极的方法治国。他严却不固执，贤明却不自傲，德才兼备，勤政为民。他不止创造了繁荣的西汉，也为后世树立了贤君的榜样。

第六节　通行700年的货币

汉武帝时期，汉朝开始发行五铢钱。这种钱币是中国历史上使用时间最长的货币。直到唐朝改铸开元通宝，流通了700多年的五铢钱才退出历史的舞台。

在西汉初期，民间仍旧使用秦时使用的半两钱。久而久之，一些人开始在钱币上做手脚。他们将钱币的四周剪下一圈，这样剪下的废料还可以重新铸钱。七到八个半两钱的废料就可以重新铸一枚新币。这种方法蔓延开来，给当时的社会经济造成了不小的混乱。吕后发现这种现象后，主张改革币制，杜绝这种现象继续发展。她更是亲自参与了新币的设计，在原本方孔圆钱的基础上，增加了周围的围边。这样一来，再将钱币剪了边，就无法流通了。同时，制定五铢为重量单位，这就是五铢钱的最早由来。

在王莽篡权之后，曾有一段时间禁止五铢钱，并将社会上流通的五铢钱大量销毁。到东汉建立，刘秀再次推行五铢钱，使经济得到一定程度的恢复。到唐朝之后，钱币向唐宋年号、宝文钱制转变。

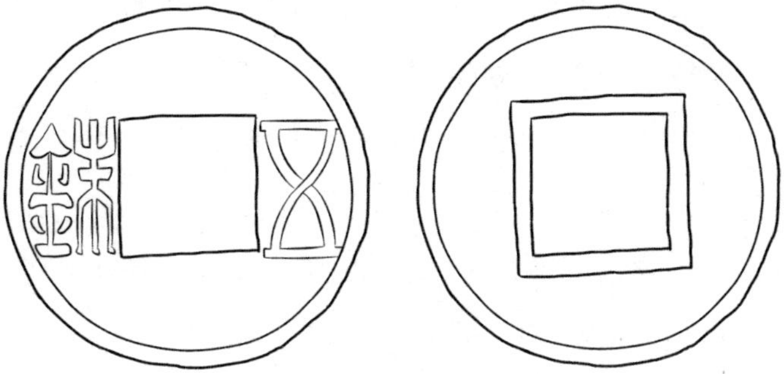

五铢钱图

货币的学问看似简单，实际上是极复杂深奥的问题。

汉武帝在统治期间先后六次进行了币制改革，到最后一次才算是基本解决了这个棘手的问题。五铢钱的优点在于，重量适中。它不像之前的三铢钱那样过于轻巧，容易导致私人盗铸。通过使用可以看出，五铢钱的重量是最适应当时的经济发展的。因此在西汉之后，无论朝代怎样变迁，这天下如何易主，五铢钱的地位始终屹立不倒。

小小的钱币，是经济的基础，关系到百姓的生存。在货币混乱时期，因为私自铸造货币而丢了性命的不在少数。五铢钱出现后，这种局面才得以改善。

五铢钱直径约2.5厘米，重3.5~4克。正面有"五铢"二字，用小篆书书写。钱币用紫铜铸造，但因各地技术水平不同，铜矿成分也无法保持一致，所铸的钱币也会有区别。

买东西可能缺斤少两，铸钱自然也会有人动歪脑筋。随着五铢钱的铸造量加大，钱币也开始缺斤少两了。有些钱币不足五铢，钱币也有薄厚的区别。五铢钱越造越粗劣，各地方都想尽办法靠着铸钱这件事中饱私囊。

汉武帝在公元前115年收回了地方铸造钱币的权力，改由中央政府统一铸造，结束了五铢钱的尴尬局面。

收回铸造权后，西汉的五铢钱越铸越精美，特别是“三官五铢”，钱文秀美，制作精良，堪称五铢钱的代表。

五铢钱在东汉时期没有显著的变化。但是到了东汉末年，通货膨胀严重。朝廷为了挽救这场危机，发型了“四出文”五铢钱。在献帝时，更发行了无文小钱，导致市场更加混乱。在东汉时期，还出现了一批“磨边钱”。即五铢钱用一根金属的方棍穿进钱孔，每次可穿近百枚，再使两端固定。用这种方法来磨掉铜原料，用来继续制造钱币。这样打磨之后的五铢钱本身重量会减轻，与西汉初期剪掉钱币边缘有过之而无不及。

第七节　西域36国

从汉朝开始，中国的商人将丝绸和瓷器等名贵特产通过西域运往遥远的西亚和欧洲，那里的特产也会随之运送过来。这些美丽又珍贵的物品都要经过一条陆上贸易通道，这条通道被人们称为“丝绸之路”。

汉武帝时期，匈奴人多次南下对汉朝进行攻击。汉武帝意识到，西域在军事上是十分重要的地点，但对于占领西域并时常骚扰中原的匈奴人，却始终束手无策。此时，汉武帝得到一个消息：匈奴冒顿单于当年不仅将月氏国打败，还将他们国王的头颅砍下来做成了尿壶。因此月氏国人一直对匈奴恨之入骨。无奈月氏国国力弱，人口少，根本不是匈奴人的对手，只好向西方逃去，等待报仇的机会。

敌人的敌人就是朋友。汉武帝想到，若是能联合月氏国共同攻击匈奴，定会给匈奴沉重一击。

可是，这个月氏国如今在哪里，有多远，什么样子，无人知晓。想要找到他们，又谈何容易。在汉武帝的号令下，张骞以及一百多名勇士主动请缨，愿意一试。这其中包括一个匈奴人堂邑父，他作为向导一同出发。

张骞出使西域图

当这支寻找月氏国的队伍进入匈奴人的活动范围时，很快就被匈奴的骑兵队抓获。在得知这一行汉人要去寻找月氏国，当时的军臣单于拒绝让他们通过匈奴地区。张骞一行人被扣在匈奴，每日在匈奴人的看守下牧羊。

还没有完成汉武帝给他的重任，就被匈奴人扣为人质，张骞的绝望可想而知。时间一晃就是10年。这10年间，张骞无数次想要趁人不备逃离这个地方，都没能成功。但是，他没有忘记自己的使命，他每天都提醒自己，一定要找到月氏国，不辜负汉武帝的信任。终于有一天，张骞趁匈奴人监视松懈，带领其随从逃出了匈奴人的控制范围。

10年的光阴，外面仿佛换了一个世界。张骞等人却不忘自己的使命，他们终于打听到月氏人的下落。月氏国的敌人乌孙在匈奴的挑唆下进攻月氏，导致月氏人被迫西迁，进入妫水地区，并与大夏国联合，称为大月氏国。

终于有了月氏人的下落，张骞等人喜出望外。他们怀揣希望，一路向西南方向奔去。一望无际的沙漠，相比之下人类是如此渺小和软弱。张骞一行人不仅要克服恶劣干燥的天气，还要随时做好丢掉性命的准备。沙漠中热浪滚滚，无处躲藏。由于临时出逃，身上准备的水和干粮没多久就用光了，他们只好吃飞禽的肉，喝飞禽的血果腹。这一路的艰难凶险，不是常人所能想象。不少随从至此葬身于沙漠之中。

历经艰难险阻，他们来到了大宛国。这里的人与汉人完全不同，他们长着高鼻梁，蓝眼睛。张骞担心会像之前那样被扣押。没想到大宛国的国王一听说他们从汉朝来，十分热情，立刻拿出酒肉招待他们。

原来，大宛国人早就听说在东边有一个汉朝，地大物博，物产丰富，早就想与汉朝人来往。当得知张骞等人来此的目的，大宛国王爽快地答应派向导和翻译带他们去。因为在到达大月氏之前，他们还要经过康居国。

康居国王同样热情款待了东方来的使节们。张骞承诺，若康居国能提供方便，待他回到汉朝，定会奏明皇帝，对康居国重重酬谢。

康居国王连连答应，高兴地派了人送张骞一行人到达了大月氏。

十多年后，张骞终于完成了他人生的最大使命，找到了大月氏。可是，大月氏人的反应，却令张骞失望至极。

大月氏建立后，避开了匈奴和乌孙的侵扰。他们在这片肥沃富饶的土地上创建了新的家园。长久以来的平静生活，已让月氏人忘记了当年的仇恨。他们只想保持现状，不想再参与战乱。何况，汉朝与月氏国之间路途遥远，还夹杂着其他小国，想要联合夹击匈奴，是很困难的。

张骞等人在这里逗留了一个多月，都没能成功说服月氏人。遭到拒绝后，张骞心灰意冷。他们冒着生命危险来到这里，却被月氏人的只言片语给打发了。

再无他法，张骞只好带着随从动身返回。

在返回的途中张骞想到，必须改变路线，以免再次被匈奴所困。于是一行人先进入羌人地区。没想到此时羌人也已沦为匈奴的附庸，张骞等人再次被匈奴人所扣留，又耽误了一年多的时间。

公元前126年，匈奴内部因争夺王位发生内乱，张骞趁机和堂邑父逃回了长安。这一行，历经13年，出发时的100多人，如今只剩下他们两人回来了。

看到长安的些许变化，张骞感慨万千。他虽然不负使命找到了大月氏，却没能说服他们联合对付匈奴，他的心里始终是带着遗憾的。但是，他所带回来的故事却是那么新奇又神秘。西域的人长什么样子？穿什么衣服？讲什么语言？如何生活？那些地方的奇闻趣事，成为了张骞带回来的最珍贵的宝藏。

汉武帝非但没有因最终任务失败而责罚他们，反而对他们大加赏赐。因为张骞此次出使西域的意义，在当时来说是非凡且重大的。

这一行，将内地和西域的联系空前加强，并且使汉朝人更清楚地了解到了中亚、西亚以至南欧的情况。原本封闭狭窄的世界，忽然敞开了。张骞不仅在寻找大月氏的过程中访问了大宛、康居、大夏国，还打听到了乌孙等很多西域国家的情况。张骞将他用生命换回来的见闻详细地总结成报告，对安息、印度等地的人口、兵力等都做了认真的说明。

难以想象，在张骞出使西域之前，大汉还处于与世隔绝的状态下。他们不知道外面发生的事情。相同的，当时的欧洲也不了解汉王朝。直到张骞到达中亚各国的1100年以后，意大利旅行家马可·波罗才到达了中国这片土地。可以说，张骞不失为伟大的开拓者和发现者。

时隔7年后，汉武帝再次派遣张骞出使西域。除了再次访问大宛等国，更加强了与乌孙国的联系。此后，西域各国与汉朝之间来往愈发密切，时常派使者相互访问，这对双方的文化和经济的发展都起到了相当大的推进作用。

这些西域小国逐渐了解到了大汉国威，纷纷送上贡品，并留下本国的人作为人质，以示臣服。之后，汉朝在楼兰等地驻兵，设立军事和行政机构，进一步控制了西域地区。西域地区的葡萄、地毯等特产渐渐传入内地，汉朝的铸铁等技术也传入西域，转眼间，西域地区的发展速度猛增。

史学家称张骞两次出使西域的行为为“凿空”，即开通大道的意思。从长安城向西，经过河西走廊，到达安息，再从安息转运到达西亚和欧洲的大秦，这就是伟大的“丝绸之路”。

无论在文化方面、经济方面，还是在政治方面，张骞的功劳都是显而易见的。特别是在与乌孙国建交之后，汉朝逐渐巩固了对西域地区的控制。直到汉宣帝时期，西汉政府设置了西域都护府，汉朝对西域的统治正式建立。

第八节　王莽建立新朝16载

汉武帝晚年时，受病痛困扰，心情忧郁，敏感多疑。公元前92年，长安城内出现巫蛊事件。汉武帝因此事件杀害了不少无辜臣民。其中包括阳石公主，诸邑公主，卫青之子长平侯卫伉。

巫蛊事件愈演愈烈，长安城中聚集了越来越多的自称擅长巫术之人，有些甚至混入宫中，教宫中嫔妃们施行巫术。每到有人因妒忌产生矛盾，就会相互揭发对方诅咒皇帝。汉武帝因此大怒，将有关人等共数百人全部斩杀。

巫蛊之乱中，汉武帝更是因多疑痛失了太子刘据和两个皇孙。等到汉武帝意识到自己犯下的错误，却已无法挽回。因自己一时糊涂，竟冤死了亲生儿子，行将就木的汉武帝心中的悲痛无处诉说。他命人在湖县修建了宫殿名为"思子宫"，又造了一座高台名为"归来望思之台"，以此来表达内心的自责和对儿孙的思念之情。

此时的汉武帝，已经不再是那个创造不世之功的君王，而是一个迟年伤暮的老人。他所犯下的不可挽回的过错，会比他的功绩更让他深刻。

汉武帝之后，西汉再无雄才大略之君。到了汉成帝时期，因他贪恋美色，不理朝政，外戚王氏集团逐渐掌握了统治权。汉成帝死，继位的汉哀帝更是整日与男宠厮混，对政事不闻不问，王氏的势力进一步扩大。谁也不会料到，王氏家族会出现一位篡权成功并统治了华夏大地16年的"皇帝"王莽。

王莽是孝元皇后王政君之侄。其少时跟随叔父共同生活。当时王氏家族已掌握大权，先后有九人封侯，五人担任大司马，显赫势力无人能及。家族中大量成员都在皇后的扶植下成为汉王朝的要员，朝廷中多数要职都出自王氏家族门下。这些人却不以国事为己任，反而相互攀比享乐，奢靡不堪。

而王莽却为人恭顺，生活简朴。他将时间都花在学习上，对那些金钱的诱惑不为所动。因此，他的优秀品质使他成为了王氏家族中难得的人才。

王莽是努力的，更是幸运的。他受到亲友的推荐，轻而易举就进入中枢做官。特别是在其叔父王凤临终前，托付王政君要好生照顾王莽。在其30岁时，被封为新都侯，骑都尉，光禄大夫侍中。他的扶摇直上，并未令他昏了头。反而，他更加谦逊清廉，从不苛刻他人。渐渐地，王莽的名声在民间流传开来。

王莽的表兄淳于长先于他做了官。此人善于察言观色、阿谀奉承，深受汉成帝的重用。恰逢大司马王根即将退休，兄弟二人都盯上了这个位置。王莽清楚淳于长比自己有优势，若想得此位，必须想办法扳倒他才行。于是在淳于长不知情的情况下，王莽暗自搜集了他的罪行，直接告发于王根，称淳于长急于接替王根职务已经答应很多人为其封官，还指其与被废皇后许氏私通，王根听后大怒。淳于长这边还等着就职，却不想被王莽告发，直接被王太后下令斩杀，稀里糊涂地掉了脑袋。

王莽如愿以偿地得了大司马之位，这一年他仅仅38岁，算得上年轻有为。更难得的是，少年老成的王莽依旧保持着他的一贯作风，勤于政事，善用贤臣。在汉哀帝继位以后，王氏家族势力渐弱，王莽只得隐藏锋芒，卸职隐居。后因太多百姓请求他复出，汉哀帝才将他官复原职。

汉哀帝去世后，重掌朝政的王太后要求大臣们重新推举出任大司马的人才。朝中大臣们都清楚，这等重要官职当然是要王氏家族的人来担任。加上王莽本就呼声很高，众人都将他视为第一候选人。可是前将军何武和左将军公孙禄明确表示反对。实际上，很多大臣像他们二人一样，对王皇后重用外戚敢怒不敢言。可是王皇后仍然独断地封王莽为大司马，录尚书事，兼管军事令及禁军。有了高官厚禄，又有王皇后撑腰，王莽真正向往的人生才刚刚开始。

不久后，9岁的汉平帝继位。王莽成为汉平帝身后真正掌管朝政的人。大汉王朝再没有人敢于明目张胆地与他作对，王莽开始排除异己，谋害曾反对他的人。为了扩大自己在朝中的势力，他主动拉拢大司徒孔光，并利用他免去了何武和公孙禄的官职。

可是，众人并不会看出王莽的变化。因他将自己的野心藏在深处，将憎恨埋与心底。凡是涉及利益，他定是百般推辞，谦让于他人。在百姓面前，他永远极尽恩惠，以获取民心。王莽表面上的谦和与正直迷惑了所有人。

在所有人都为王莽歌功颂德，赞他为大汉圣人之时，王莽终于做出一件展现他真实面目的事。

由于担心汉平帝的外戚卫氏家族对自己的权力产生威胁，王莽下令将卫氏家族封到中山国，并禁止他们回到京师。王莽的长子王宇担心汉平帝因此报复，极力阻止此事，甚至企图以迷信的方法令王莽罢手。结果王莽非但没有听从劝告，反而将长子毒杀。他更是借此机会，将卫氏家族的数百人全部治罪杀害。他还大言不惭地命官吏将他所为写成大义灭亲的壮举来歌颂他，并要求百姓背诵下来。

以此法，王莽不停地滥杀无辜，却继续做着众人眼中的圣人、能人。公元6年，汉平帝驾崩。为了能够继续操控政局，王莽立年仅两岁的刘婴为皇太子。而王莽这个"德才兼备"的老臣自然又成了实际的操控人。这一次，他距离皇帝这个宝座更近一步，他代替皇帝处理政事，称"假皇帝"。臣民称他为"摄皇帝"。

王莽的这个假皇帝做得如鱼得水。他拥有皇帝的一切权力，对外平定叛乱，对内则对自己的亲信大加封赏，逐渐扩大自己的势力。然而他并未就此满足，他想要得到的，是真正的皇位。

公元8年，自觉条件准备足够充分的王莽将手伸向了传国玉玺。他利用政治力量给小皇帝施压，要求他将皇位让出。而王莽却假意再三推辞。最后，王莽接受了小皇帝禅让给他的皇位称帝，改国号为"新"。善用手段的王莽，不费一兵一卒就篡权成功，在群臣歌功颂德的呼声中稳坐皇帝的宝座。

王莽篡权图

登上人生顶峰，王莽并未急于享乐。朝廷荒淫腐败和百姓无衣无食，在他眼中形成鲜明的对比。这位从小过着普通百姓一般的生活的皇帝，很清楚社会矛盾扩大会带来什么样的后果。他认为，造成这种局面的根本原因在于当今社会缺乏“礼治”，因此想要根治矛盾，必须尽快恢复西周时代的周礼制度，才能促使社会稳定，阶级矛盾弱化，从而使自己的统治更加牢固。

信奉儒家思想的王莽接下来推行了一系列的政策，历史上称为“王莽改制”。

改制具体内容为：将天下土地改为“王田”，实际上就是恢复井田制；奴婢改称“私属”，与王田相同，不得买卖。多次改变更改币制，将盐、铁、酒等行业收为国有。

王莽所制定的这些改制条目，是以“复古”的形式进行改革。但他是一位失败的改革家，或者说是一位空想家。任何形式的改革都必须适应生产力的发展，不能与当时的社会状况相违背。可王莽一味地追求复古，忽视了实际情况。

上有脱离现实的君王，下面就会有遭殃的百姓。朝令夕改的改制，令地方的官吏和百姓苦不堪言。他们未曾尝到改革带来的一点好处，却整日为此奔波，因此免不了怨声载道。

与此同时，王莽对边境的处理政策也出现了失误。首先是狮子大开口，要求羌人交出青海湖一带的土地设立西海郡，原因是想和北海郡、南海郡、东海郡凑齐"四海"。接着又突发奇想，将原本臣服于汉朝的匈奴、高句丽等属国的统治者身份由"王"降为"侯"，并做出有损属国尊严的事情，导致属国拒绝臣服于新朝。更严重的是，王莽滥用武力，制造边境冲突，劳民伤财。

对王莽产生不满的，不只是属国和百姓。新朝内部也有一些人对其颇多微词。在王莽初为官时，就有一些人为他设置障碍，以反对外戚专权。王莽的不计前嫌只停留在他做皇帝之前。如今得了势，他自然抓住一切机会进行报复。在大封亲信的同时，又大肆废黜刘氏宗族等威胁他统治的人。这也引起了刘氏宗族和贵族阶级的反抗。反莽势力逐渐扩大，反抗也一波接着一波。王莽不断派兵镇压。虽然这些贵族阶级的反抗没有成功，但在百姓内部的起义火苗已经悄悄燃起。

西汉末年以来，社会矛盾日趋严重。而在王莽登基之后，百姓更是过不上好日子。边境长期战乱，耗费人力物力无数，加重了人民的负担。赋税繁重，物价上涨，百姓饿死的不计其数。面对这些矛盾，王莽竟拿不出一条可实行的解决方案，任凭这种情况不断恶化。百姓的反抗情绪累积到一定程度，就会发生质变。

该来的总会来。

从公元11年开始，各地频发盗抢之事，多数百姓为逃避征兵而弃家做贼。混乱局面还未来得及平复，各地的人民纷纷自发组成团体起而反抗。几年之内，各地反新朝团体不断增加，起义频发。其中实力最强大的两支分别是南方的绿林军和北方的赤眉军。

人祸未平，天灾又起。此时华夏大地灾害不断，旱灾、瘟疫等令百姓流离失所，无家可归，社会更加混乱。王莽的冒进政策使得国库空虚，无钱赈灾。

房屋盖歪了不如推倒重建，朝廷不能解决民生问题，难道任他继续祸国殃民吗?

公元23年，绿林军杀入长安。王莽在随从的保护下逃走，最后仍被杀。对其恨之入骨的众人，将王莽首级砍下示众。百姓看到王莽的死相，无不拍手称快。而王莽的这颗头颅，被后来历代皇室所收藏，到晋惠帝时意外被大火焚毁。

持续了16年的新朝随着王莽被杀而结束。历史上很多人称颂王莽为“中国历史上第一位社会改革家”。可惜这位改革家的改革措施过于不切实际，加上他不能知能善用，导致改革偏离了方向。而他的篡权方式，也被后人所不齿。

第九节　云台28将

王莽所建立的新朝，是西汉和东汉的分界点。在王莽死后，绿林军拥立汉宗室刘玄为皇帝，恢复汉朝国号。随后赤眉军击败绿林军，立刘盆子为帝，即建世帝。但此时天下已处于近20年混战割据状态。直到汉室宗亲刘秀杀了刘玄后继位，成为汉光武帝，并建立了东汉，天下才又一次得到统一。

刘秀是汉高祖的九世孙。其父亲刘钦只是一介县令，并且在刘秀九岁时就过世。刘秀只好跟随叔父刘良一起以种地为生。

刘秀少年时即做事认真，哪怕是日复一日的种田，也专心勤奋。之后刘秀来到长安学习《尚书》。王莽建立新朝之后数年，天下混乱不堪。天生谨慎敏感的刘秀观察到新朝政局不稳，便决定起兵反莽。刘秀从宛城来到春陵，会同大哥刘縯打起"复高祖之业，定万世之秋"的旗号，正式起兵。这支春陵军装备落后，人数也少得可怜。据说刘秀最初都是骑着牛上阵的，这段故事也使他被称为"牛背上的开国皇帝"。就是这支装备落后的反莽力量，后期与绿林军中最大的主力联合，势力迅速扩大。最后，绿林军将王莽建立的政权推翻。

作战有功的刘秀受更始帝刘玄的重用，被封为武信侯。刘秀回到宛城，并迎娶了阴丽华为妻。

谨慎的刘秀并未就此放下心来。因他的兄长刘縯就是被刘玄所杀，他更要低调行事。

与绿林军同一时期的反莽势力赤眉军始终没有停止壮大。刘玄打算派刘秀去河北做招抚工作。可这一想法遭到了众多大臣的反对。他们不是担心刘秀能力不够，相反，刘秀能力太强。当初刘縯被杀，刘秀确实没有表现出过激反应。可毕竟二人情同手足，谁能保证刘秀心里没有埋下杀兄之恨？河北目前聚集着众多势力，若刘秀到了那里，恐怕会对刘玄的更始政权产生威胁。

刘玄处于两难之中。若不及时招抚河北，恐河北会集结起义军威胁自己的统治；可刘秀的确是去河北的最佳人选，也是最危险的人选。

最后刘玄无奈之下，只能派刘秀出行。而最后他的结局说明，大臣们的担心是对的。

刘秀在公元23年以大司马的身份前往河北。在他出发前就已经想清楚此行的目的：集结河北势力，回来推翻刘玄的统治。

刘秀称帝图

刘秀在河北虽经过一番周折，终达到目的，势力日益壮大。刘玄得知消息，整日坐立不安。若刘秀带兵回来，恐自己位置不保。折磨人的是，刘秀始终没有动静。为了试探刘秀，刘玄派人至河北，封刘秀为萧王，命其交出手中兵马，回长安受封。同时，刘玄还派人监视刘秀的一举一动，恐其有所动作。

可是刘秀以河北还未稳定为借口，拒绝返还。不仅如此，他还将刘玄派来的监视者斩杀。这表示着刘秀与刘玄政权公开决裂。

既已不能回头，刘秀便继续招兵买马，扩充势力。他率军与河北农民军对战，战胜后收入了十多万兵将。公元25年，刘秀在河北称帝，沿用"汉"为国号，是为汉世祖光武皇帝。自此，东汉正式建立。

在汉光武帝建立统一大业的过程中，助其一臂之力的有二十八位大将。史书称他们"咸能感会风云，奋其智勇，称为佐命，亦各志能之士也"。他们个个勇猛果敢，在刘秀建立东汉的过程中出生入死，肝胆涂地，成为刘秀强有力的将领。

这二十八将分别为：

太傅高密侯邓禹，中山太守全椒侯马成，大司马广平侯吴汉，河南尹阜成侯王梁，左将军胶东侯贾复，琅邪太守祝阿侯陈俊，建威大将军好畤侯耿弇，骠骑大将军参蘧侯杜茂，执金吾雍奴侯寇恂，积弩将军昆阳侯傅俊，征南大将军舞阳侯岑彭，左曹合肥侯坚镡，征西大将军阳夏侯冯异，上谷太守淮阳侯王霸，建义大将军鬲侯朱佑，信都太守阿陵侯任光，征虏将军颍阳侯祭遵，豫章太守中水侯李忠，骠骑大将军栎阳侯景丹，右将军槐里侯万修，虎牙大将军安平侯盖延，太常灵寿侯邳彤，卫尉安成侯铫期，骁骑将军昌成侯刘植，东郡太守东光侯耿纯，城门校尉朗陵侯臧宫，捕虏将军杨虚侯马武，骠骑将军慎侯刘隆。

汉明帝刘庄后来为了追思其父亲刘秀的功臣，将这二十八位将领的画像放在南宫云台，后人还将这些将领与神话传说的二十八星宿相对应，称为"云台二十八宿"。

第十节　一幅佛像和四十二章佛经

刘秀建立东汉后，消灭了赤眉军，控制了中原大部分地区。此时，中国西北部陇右的隗嚣和西南巴蜀地区的公孙述仍是刘秀的强劲对手。直到公元36年，刘秀征战了12年后，终于将地方割据、战争不断的华夏大地又一次统一。

在战场上，光武帝气吞山河的气势能吓退敌军，可是在治理天下时，这位君王却是以“柔道”为政策，以“柔”来挽救西汉末年以来常年征战导致的社会危机。

在政治方面，光武帝进一步巩固了其统治地位。他削弱大臣的权力，却赐予大臣丰厚的爵禄；给掌管文书的大臣更多权力，废除地方上的都尉，解散地方军队，废除更役制度，缩减官吏人数，减少县的数量。在经济方面，采取释放奴隶的政策，减轻奴婢的罪行；恢复西汉时期的田税制，实行三十税一；将士兵和犯人都用在农田开垦上，并加强国家对土地和劳动力的监管和控制。

光武帝在改革文化方面下了很大的功夫。西汉之后，每逢战争都会有一批书籍毁于一旦，许多经典就此消失。为了找到这些珍贵的书籍，光武帝甚至亲自拜访多地文人，以寻找那些丢失了的文化遗产。光武帝的这份执着，令天下文人为之动容。之后的数十年间，无数学者儒生将珍藏的典籍上交，统统收于朝廷的藏书阁中。到东汉中期，国家藏书的数量已经超过了西汉时期，许多经典书籍也因此保存了下来。

光武帝还十分勤政，也重视人才。他常常在早上天刚亮，就召集数名大臣良将聚集在一处，共同商讨国家大事。对内施行休养生息政策，对外也与少数民族保持和平稳定关系。不无端开战，试行“以边治边”，让其自治。这些政策有效地缓和了民族矛盾，也给华夏大地的发展提供了平和的环境。

在光武帝睿智的国策之下，东汉社会安定，经济发展迅速，人民生活水平大幅度提高，这个繁荣的时期被后人称为“光武中兴”。

光武中兴图

光武帝去世后，他的儿子刘庄继位，是为汉明帝。刘庄是光武帝与皇后阴丽华所生。他自小受父王的影响很大，潜心学习治国之道，继位后也成了一位明君。刘庄10岁时就通晓《春秋》，连民间百姓都对这个聪慧的太子有所耳闻。

刘庄12岁时，有一次光武帝下令清查田亩。可是当各地方官员进京汇报清查结果时，光武帝看到"颍川、弘农可问，河南、南阳不可问"几个字。光武帝好生奇怪，询问其他人这是什么意思。众人皆一脸诧异。只有刘庄清楚地告诉父王：因为河南是帝城，南阳是帝乡，这两个地方田亩和宅第一定会有瞒报现象，不可认真核查。光武帝仔细询问，果然得到的结果和刘庄说的一样。于是对这个年幼的儿子更加钟爱。

刘庄继位后，继续施行光武帝所推行的治国之策。他下令减免赋税徭役，减轻刑罚；大力发展农业，要地方官吏以身作则；他没有像那些喜欢大兴土木的皇帝一样，而是将劳动力放在兴修农田水利和治理水灾上。与光武帝一样，汉明帝也很重视人才。他重视人才的选拔，同时又严格考察地方官吏的能力。

汉明帝与其父王不同的是，光武帝崇尚儒家思想，其在位时大兴儒学。因此那一段的东汉历史是儒学最盛行的时代。而汉明帝不仅信奉儒家思想，也大力发展佛教。

在汉明帝时期，佛教已经由印度传入中国，但还没有广泛传播。汉明帝最早听到关于佛教的内容，是通过他的异母兄弟刘英。刘英的母亲是许美人，但因其一直没有得到光武帝的宠爱，导致刘英也不受父王的宠爱。虽然刘英被封为楚王，但所得封地偏远又贫瘠。因此，刘英将人生希望都寄托在佛教上。他吃斋念佛，还会将听来的佛教故事讲给刘庄听。

某天晚上，汉明帝梦见一个又高又大的金人，这个金人的脑袋和脖子上方有一圈耀眼的白光。这个人绕了一圈又往西飞去了。明帝醒来以后，不知为何会梦见这样一个人。这个梦代表着什么？

这个问题一直困扰着汉明帝。他在朝堂上询问大臣们，自己梦见的这个人究竟是谁。终于有人给了他一个答案：这个头上闪着白光的人，就叫作佛，是天竺的一位神。大臣还告诉明帝，梦见佛是吉祥的预兆，说明明帝与佛有缘。汉明帝听后很高兴，同时也对这门宗教产生了好奇，于是赶紧派人前往天竺去取经求佛。

被汉明帝派往天竺的两位大臣是蔡愔和秦景。他们历经千辛万苦，终于到达了天竺国。天竺人很乐于宣传发扬他们的宗教。为了让佛教更好地在中国传播，汉朝的大臣邀请天竺国的两位沙门到中国来讲经。两位沙门被汉朝皇帝和大臣的虔诚所打动，答应了下来。

公元67年，两位中国的大臣带着天竺国的两位沙门，用白马驮着一幅佛像和四十二章佛经，千里迢迢来到了洛阳城。见到汉明帝后，两位沙门向其讲解了佛教的教义。同时，他们希望明帝能够按照天竺国的佛教寺院来修建佛寺供他们居住，并存放佛经。汉明帝立刻拨出一大笔钱，用来建造佛寺。由于天竺国的佛经是一匹白马驮来的，因此这个佛寺叫作白马寺。这也是中国历史上第一座佛寺。

从此，佛教广泛地在中华大地上传播开来，汉明帝也成为中国佛教传播的第一人。

实际上汉明帝本身并不信奉佛教，而是以儒家思想为信仰。但他对佛教在中国的传播做出了巨大的贡献。

第十一节　1700年的领先

在中国封建社会的历史上，宦官是一种畸形却不能忽视的存在。早在周朝就出现了宦官这一身份。历史上通常对这一人群的评价很低。他们身份卑微，毫无尊严可言。但每个朝代的君王、贵族身边都离不开这个群体。因此宦官干预国家政治的事件时有发生。然而在宦官当中，不全是祸国殃民的奸臣，也同样有留名千古的能人。

蔡伦就是一位值得人们尊敬的宦官。他发明的造纸术，被列为中国古代"四大发明"之一，这项发明被视为推进人类历史进程的伟大发明，蔡伦也被奉为"纸神"。

蔡伦出身于铁匠世家，因蔡家与朝廷官吏联系密切，他经官吏推荐进入皇宫做了宦官。最初在掖庭当差，到后来成为能够参与朝政的高等宦官。

正是这个官职，让蔡伦越发感到文字记载工作的困难。在印度，人们用树枝和树叶记录文字；小亚细亚人在羊皮上写字，可是羊皮的数量实在有限。那个时候的中国人，用来书写的材料通常是竹简或者丝绵等，不是十分笨重就是相当昂贵。平常百姓家想要书写是根本办不到的。蔡伦一直想找到一种轻便又低廉的材料，让所有人都能写字。

蔡伦先从身边易得的材料入手，渔网、布匹到树皮，等等，但凡他能想到的物质，都要捣碎了混到一起试一试。为了使制出的纸能够光滑便于写字，蔡伦要将原料捣到最烂，没想到在原料的中和下竟然出现了漂白的效果，制出的纸张变成了白色。

接着，蔡伦用捣烂了的纸浆用水和稀，放在槽子里平放，用细帘子将上面较细腻的纸浆捞起，晾干以后，就成了薄薄的一层纸。

这种纸张造价较低，最重要的是，它轻巧方便，书写起来十分顺畅。因此，蔡伦发明的纸张受到了大家的青睐。他这一个小发明，是人类历史上关键性的一步。纸张这种神奇的物质取代了所有书写材料，作为人类历史文化最实用的媒介长达2000年。

可惜蔡伦并没有因他这项伟大的发明而落得好结局。他因卷入后宫争斗，被审讯查办。最后蔡伦拒绝认罪，服毒而死。

除了蔡伦造纸，汉代还有一项伟大的发明，就是张衡的地动仪。

张衡生于南阳西鄂。张家在当地是大家族，张衡的祖父张堪曾在光武帝讨伐公孙述时立下大功，被封了大官。但张堪为人清廉，不图钱财，被当地人所称颂。

张衡的品格深受其祖父影响。他小时候，总是对新鲜的食物充满好奇心。16岁时便离家游学。后来到了洛阳，开始更深入地学习科学知识。除了自小喜好文学，张衡也被算学、天文、地理等学科吸引。稍有时间，他就开始他的小研究、小创造。

汉和帝在位期间，张衡因才华出众被推举做官，但朝廷多次征召，他都没有去。期间他曾为南阳太守掌管文书8年，后辞官回家。在这期间，他系统地研读了有关阴阳、历算知识。这对于张衡来说，是一个知识融会贯通的时期。在111年，张衡被特征为太史令。他在此职位长达14年的时间里，研究了阴阳、天文历法。

在古人眼中，地震的发生是阴阳失衡的表现。通常情况下，都是皇帝的不作为或是奸臣当道，才会导致地震的发生。张衡当时虽不清楚地震发生的确切原因，但通过阅读大量的书籍，他认为一定能够找到预测地震发生的办法，减少地震带来的损失。

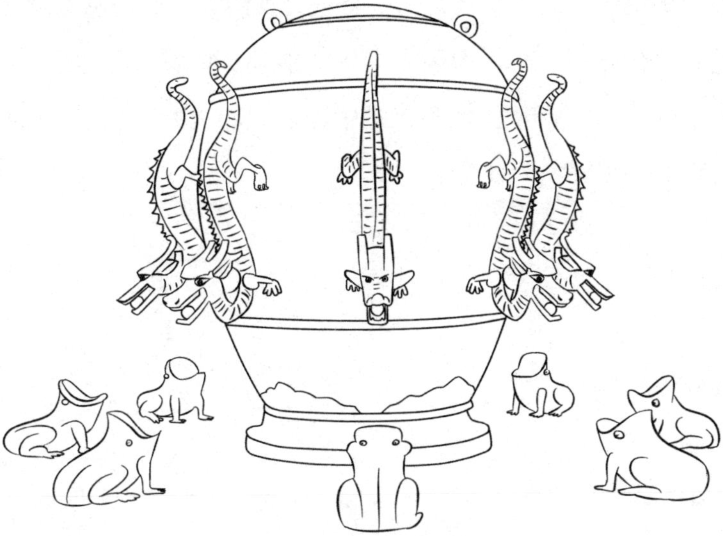

地震仪图

于是，张衡组织一些助手研究历史上地震的资料记载，从中找出规律。同时，他们制定了几个监测点，对其长期监测地震发生的情况。直到132年，张衡的团队制造出世界上第一台测报地震的地动仪。

这只巨大的仪器用铜制成，直径有八尺，顶盖突起，形状类似酒樽。在铜柱上面有篆文山龟鸟兽等装饰。仪器周围分八个方位，每个方位设有一条口含铜珠的龙，每条龙的斜下方都有一只张着嘴的蟾蜍与其对应。当任何一个方位发生地震，这只龙就会吐出铜珠，铜珠则会顺势掉入蟾蜍的口中。通过这种方法，可以推测出地震发生的大致方向。

地动仪设立之初，多数人都对这个庞大的仪器持怀疑态度。毕竟，人们对地震的了解还处于很原始的状态，认为地震是天对人的惩罚，认为“天灾”必定是“人祸”所起。

终于有一次，八个方位其中的一个发动，这表示那个方位发生了地震。可是人们等了很久也没感觉到有任何异样。几天之后，有消息说陇西果然发生了地震。从此，朝廷特命史官记录地震发生的情况。

张衡发明的地震仪也是世界上第一个能预测地震方位的仪器，这比国外发明地震仪早了1700年。他不仅是中国古代伟大的科学家，而且在世界科学史上占有不可撼动的地位。

第三章
魏晋南北朝：国土分裂里的融合

第一节　洛阳城外200里荒地

大汉王朝在经历了几位贤君之后，逐渐被宦官势力所控制。至汉灵帝登基，以窦太后为首的外戚势力和以曹节、王甫为首的宦官势力开始了对统治权的激烈争夺。汉灵帝本身贪图享乐，根本不会对内部的腐败有所作为。

同时，汉王朝与西羌之间的战争一直持续，耗费了大量的人力物力。徭役繁重，天灾不断，人们生活在这种内忧外患下已经到达崩溃的边缘。

民不聊生的王朝，像是一堆枯柴，看似平静，实则点火就着。

184年，张角根据《太平经》一书创立了太平道，根据其中内容制定了太平道的纲领、仪式、目标等。张角信奉道教，将道教的内容和“黄老”思想相结合，作为起义军的教义。他宣称，天上有鬼神在监视着世间的行为，人们会因为他们所做的善事或恶事而得到相应的寿命，鼓励人们反对作恶。

张角的太平道得到了许多农民的响应。张角顺势以给人医病为主要手段扩大其影响。在教徒多达数十万后，张角发动了起义。由于参与起义的农民全部头戴黄巾，因此此次事件被称为“黄巾大起义”。

张角这位太平道的首领，将自己宣传为大贤良师，加上他的两个弟弟张梁、张宝为大医，利用传统医术，结合符水、念咒等方式为人治病。同时，以宗教的方式笼络人，宣传平等互爱，反对剥削压迫。

对于底层的贫苦农民来说，太平道是寄托，是活下去的希望。在这个组织里，人人平等。哪怕是谁犯了错，只要跪在首领面前忏悔，就会得到宽恕。

张角不仅派牢靠的教徒到处宣传教义，拉拢不同身份的人入教，还将教徒划分为三十六方，便于管理。

张角起义的时间，定于184年三月五日，甲子年甲子日，准备以“苍天已死，黄天当立；岁在甲子，天下大吉”为口号发动起义。

黄巾起义图

但是就在临近三月五日不到10天，太平道的一个信徒将起义之事告发官府。朝廷知道事态严重，立刻下令追捕太平道发起人及其家人。

事情既已败露，太平道成员只好连夜相互转告，立即起义。虽然起义开始得有些仓促，但并没有影响其势力的壮大。起义开始后，各地百姓纷纷支持响应，捐粮捐物，或直接加入起义。起义军在各地方焚烧官府，斩杀贪官污吏。这些在不同地点“一时而起”的起义军势力，在起义之初取得了不小的胜利。但太平道毕竟是没有系统的组织，多数是一些没有战斗经验的农民。各地的势力不能紧密配合，这导致几个月之后，黄巾军就被汉灵帝派出的兵力镇压。几万起义军惨死，张角病死。

起义虽失败，但却在大汉江山点燃了“叛乱”之火。在汉王朝被严重打击的同时，各地也开始了规模不等的间歇性的起义。

但凡残暴的、落后的，总要受到讨伐和推翻，或早或晚。

黄巾起义对于汉王朝最大的撼动在于，政府在镇压叛乱的过程中，不得已之下将军权下放给各地方。如此一来，地方豪强手握军权，持兵自重，逐渐扩大势力，最终发展到政府无法控制的局面。

在镇压黄巾起义的过程中，东汉大将军何进立下大功。他出身卑微，却因同父异母的妹妹被汉灵帝封为皇后，从而做官升迁。乱世之下，何进屡获战功。后因其妹妹贵为皇后，她所生的大太子刘辩也在汉灵帝过世后继位称帝，何进在朝廷的地位更加不可动摇。

外戚势力与宦官势力在朝廷上一直是敌对关系。何进早就想找机会除掉宦党，尤其是曾对他有过谋害之心的那些人。但是东汉时期宦官势力已盘踞多年，且深得皇帝信赖。何进毕竟是外戚新官，想要凭借一己之力推翻他们，确实困难。想要联合自己的妹妹何皇后却不得。何皇后宠信外戚，但又怕外戚势力过强威胁皇帝的统治，总还需要宦官势力来平衡。因此皇后一直不允何进对官宦下手。

何进只好铤而走险，联合司隶校尉袁绍与他共同诛杀宦官，同时拉拢军阀董卓入京。结果，何进被害于宫中，袁绍以查办何进为由，与曹操一同杀入皇宫，将宦官势力来了个大清洗。如此，东汉时期的外戚势力与宦官势力同时被铲除，汉王朝出现了无人当政的局面。

趁着朝廷一片混乱，董卓率军入驻洛阳，将何进等人的军队统统收入麾下。手握兵权的董卓在朝廷上横行无忌，无人敢怒无人敢言。看上了哪个位置，就将之前的官吏罢免，自己坐上去。甚至逼迫皇帝退位，改立刘协为帝。之后董卓自立为相国，毒杀何太后。袁绍自知无力与董卓对抗，愤而离京。至此，东汉属董卓一人所有。

宫中的董卓为非作歹，他手下的兵在洛阳城也是无恶不作。董卓自知所作所为已天怒人怨，担心有人反他，于是琢磨着拉拢可用的势力来维护自己的地位。他首先想到的是典军校尉曹操。而曹操看到董卓的野蛮行径，不仅不愿与他为伍，反而打算谋害他。结果事情败露，曹操连夜逃走。董卓立刻下令捉拿曹操。

曹操逃到陈留，“散家财，合义兵”，建立起一支5000人的军队，并号召天下英雄共同讨伐董卓。

190年，几股反董势力汇为关东军。关东军出战即胜，董卓兵败后担心关东军会进攻洛阳，遂下令将洛阳皇宫、官府甚至民房全部焚毁，逼迫汉献帝和百姓迁都长安。这场大火致使洛阳城周边200里土地绝收，渺无人烟。曾经繁华一时的洛阳城在滚滚浓烟中奄奄一息。

曹操得知洛阳城被毁，想趁董卓人神共愤之际出兵讨伐。但是关东军因惧怕董卓的兵力，迟迟不敢与之交锋，最后曹操孤军奋战，被董卓的军队打得落花流水，自己也险些丧命。接着，曹操坚持让关东军围困董卓，却得不到响应。关东军几股势力都打算伺机发展各自势力，不愿冒险出战。

192年，不可一世的董卓被身边的两个人，王允与吕布合谋杀死。

董卓虽亡，他之前的系列行径却将东汉进一步推向灭亡。

第二节　2万对10万的以少胜多

时间到了东汉末年，各地方大大小小的割据势力陷入长期混战之中，而势力最大的是袁绍和曹操两集团。

196年，曹操胁迫汉献帝至许县，“挟天子以令诸侯”。在对汉献帝完全控制之后，曹操在政治上得到了前所未有的优势。他以“奉天子之命”为名，出兵讨伐袁术、吕布等人，军队人数不断扩充，并占据了兖州、徐州等地。

眼看曹操势不可挡，袁绍也不甘落后。当时袁绍兵多将强，作战实力远胜曹操，双方对决之战不可避免。此时在外围观战的刘表、孙策等人都固守地方，坐等战争结果。

南北两只雄狮，都在摩拳擦掌想要吞掉对方。

199年，袁绍首先发起进攻。他挑选10万精兵，向许县进发，挑起了官渡之战的序幕。在许县的曹操早知袁绍会迫不及待出兵。因自己已将汉献帝控制，独揽大权，发展迅速，袁绍若不及时出兵，怕局势会越发难以控制。但他也清楚手中兵力与袁绍无法相比。因此想要获胜，必须在战术上牵制对方。

通过多年的割据混战，曹操对袁绍并不陌生。他知道袁绍虽军队人数众多，但他本身并不是颇懂谋略之人。因此在作战过程中，袁绍极有可能会出现指挥失误或过于轻敌的情况。曹操打算利用这一点制胜。而他在以少敌多的情况下，做出了最为合理的作战部署。

袁绍想要攻打许县，势必要渡过黄河。若派兵阻止其渡河，不仅兵力过于分散，也根本无法阻止10万大军。倒不如将兵力集中到要害地区，在许县附近便于后方补给的地点与袁绍对战。

曹操的部署巧妙地避开了本来兵力不足的短板。以少对多最忌兵力分散，若自己手中可用的这一两万人能发挥到最大作用，击退袁绍不是不可能。

出乎预料的是，在曹操积极准备与袁绍对战之时，刘备突然起兵攻曹，令曹操更加被动。原来，刘备率兵数万，早已计划与袁绍联合攻曹。对于刘备来说，以曹操的能力，远比袁绍更加难以对付。此次若能联合袁绍击败曹操，就可以掌控汉献帝也就等于控制了天下。到时袁绍这种一时得志的诸侯就很容易掌控了。

曹操为了避免两面作战，亲自率军与刘备军队作战。另一方面，刘备抛出的橄榄枝居然没有得到袁绍的回应。

一场激战过后，刘备兵败，仓皇逃至河北投奔袁绍。

官渡之战图

200年冬，袁绍下令渡河，准备与曹军对战。以袁绍急躁的性格，他不愿与曹军过多周旋，企图以最短时间结束战斗。袁军进攻白马地区，以便占领黄河南岸，保障其主力顺利渡河。曹操采取荀攸的计策，将兵派至延津，伪装渡河再由后方进攻袁军。而袁军受到突袭，自然向西分散开来，曹操再派轻骑进攻袁军在白马的那一部分人马，使得袁军无法招架。

结果，曹军解困白马，还成功将袁军大将斩杀。

袁绍不甘出战即败，率军追击曹军。曹操当时骑兵六百，而袁军多达六千，又是数量悬殊的对战。曹操命士兵将马背上的粮草、武器等物品卸于道路两旁。袁军追上，果然停下抢夺起来。曹军趁机发起进攻，将袁军大将文丑杀死，袁军战败。

连续两次以人数上的绝对优势兵败，并且两员大将都被斩杀。袁绍羞愤难当，袁军的士气也受到严重挫伤，速战速决的希望破灭。这一年秋，袁曹两军再次交战，曹军失利，于是退回曹营坚守。

袁绍凭借人数上的优势，对曹营实施猛攻，曹军亦在原地进行反击。如此持续了3个月，曹军先挺不住了。粮草供给不足成为了曹军持续作战的最大问题。曹操看到运输粮草的将士日夜奔波，产生了退兵的念头，但很快被身边将士阻止了。既已以少敌多近半年的时间，不如寻机会一举将敌军击败，不枉这几个月的坚持。

曹操一面派兵偷袭了袁绍的数千辆粮车；一面寻找攻击袁军的机会，决心与其一决雌雄。就在这时，使这场战争发生转变的人物许攸投奔了曹操。

许攸早年与曹操和袁绍都相熟，后为袁绍军师。此人谋略过人，善于察言观色。他在袁绍身边虽算是受重用，但一直对袁绍本人心怀不满。袁绍刚愎自用，疑心极重。就是这样一个只相信自己的人，没有曹操一般的心胸和智慧。许攸在袁曹两军交战中，眼见着优柔寡断的袁绍一次次错过击败曹操的时机，逐渐对袁绍失望，便投奔曹操而来。

许攸见到曹操，先是将一事说与曹操。在袁曹两军对峙两个月后，袁军就已得知曹军粮草供给不足的问题。因许攸截获了曹军粮草不足的军事情报。在得知这一消息后，许攸向袁绍建议，出一路兵夜间突袭许昌，曹操在这种局面下定会兵败。可是袁绍不仅没有采取这个绝妙的计谋，反而将许攸痛骂。此举令许攸彻底失望，遂弃袁投曹。

曹操听完此时，惊得一身冷汗。若当时袁绍真的采用了许攸的计策，恐怕自己如今已经被袁所擒。真要感谢袁绍的愚蠢和自信，让自己保住了性命。

同时，许攸给曹操带来了袁军的一个绝密情报——袁军的运粮车由淳于琼率近万士兵护送，囤积在乌巢附近。而这个淳于琼嗜酒如命，每到夜间定会喝得烂醉如泥。

战争进行到僵持阶段时，往往一个小细节就可以改变战争的走向。

曹操通过许攸的情报，嗅到了胜利的味道。他当机立断派兵夜袭乌巢。曹兵找到袁军的屯粮地点后，放火烧之。袁绍得到消息后，立刻派兵增援淳于琼，却为时已晚。曹军斩杀了淳于琼，并烧毁了袁军的储备粮。被袁绍派至乌巢的张郃、高览得知粮草被烧，自知无力回天，只好带兵投降。

袁军阵脚大乱，袁绍更是带八百骑兵逃回河北。持续了一年多的官渡之战以曹操的以少胜多宣告结束。

曹操庆幸他的对手是袁绍，令他几次陷入危险境地都能安然度过。袁绍所欠缺的，正是曹操所擅长的。因此在官渡一站中，袁绍虽兵多，却打得被动。曹操虽在人数上处于劣势，却能将兵力发挥到极致。曹军2万出奇制胜，击败袁军10万。官渡之战也被称为中国历史上以少胜多的典型事例。曹操从这场战争开始，逐渐显示出了一代豪杰的过人之处。

202年，袁绍在兵败的抑郁情绪中死去。曹操趁机出兵，彻底击垮袁军，接着歼灭少数民族乌桓。至此，北方地区在曹操手中实现统一。

第三节　树栅连营700里

完成北方统一后，曹操于208年挥师南下，他的目标不止限于北方，而是这天下。

同年八月，刘表病死，刘琮继任荆州牧。原本打算与曹操一搏的刘琮开始打了退堂鼓：曹操出兵誉为“奉天子之命”，自己师出无名。同时，父亲刘表去世，自己对荆州的情况并不熟悉，在军队中也没有足够的威信。而在用兵方面，他深知自己根本无法与曹操相抗衡，目前只有大将刘备可以一用，恐他也不是曹操的对手。如此一想，刘琮认为没有抵抗的必要，于是在曹操大兵压境之时，刘琮不战而降。

一直依附于刘表、刘琮的刘备直到曹操到达新野时，才知道刘琮直接投降的事。刘备颇为愤怒，就此离开向樊城南撤。曹操收编了刘琮的军队，并将刘琮任命为青州刺史，封为列侯。连同刘琮手下的将士，都被曹操封赏。

曹操知道刘备定会集结屯兵进行反攻，遂率整整80万大军向长江挺进。在得知刘备已先一步到达江陵后，命部队一天一夜赶路300余里，在当阳县的长坂将其追上。刘备自知目前的兵力无法与之对抗，只好抛下妻儿逃走。曹操军队因此俘获了大量人马粮草。

刘备逃走后，原本打算投奔苍梧郡太守吴巨。

此时孙策已经去世，他的兄弟孙权在周瑜等人的辅佐下掌管江东。孙权派鲁肃找到刘备，劝其投奔孙权，与其共创大业。刘备听从了鲁肃的建议，进驻鄂县的樊口。

诸葛亮在刘备的指派下，跟随鲁肃去见孙权。诸葛亮首先试探孙权的态度：如今曹操既已统一北方，军队实力不可小觑。将军在长江移动，刘备在汉水以南，与曹操形成对峙局面。眼看曹操就要发起进攻，将军是要与其对战，还是俯首称臣？

孙权虽有心与刘备联合抵抗曹操，但对刘备的军队实力有所担心。毕竟刘备刚刚在长坂坡吃了败仗，手下兵将也所剩无几。

诸葛亮向孙权表明刘备的诚意：刘备如今陆续返还的士兵加上关羽的水军大概1万余人，刘琦所集结江夏郡的士兵也近1万人。虽人数不算多，但都算是精兵。曹操大军人数虽占绝对优势，但经舟车劳顿，早已人疲马乏，战斗力并非想象般强大。更何况，曹军士兵多数为北方人，不擅长水战，届时可以利用这一方面攻之。待曹操兵败退回北方，荆州与东吴即可与其形成天下三分的局势，也就不必担忧如今的灭顶之灾。

诸葛亮的话让孙权豁然开朗，他同意了诸葛亮的建议，至此，孙权与刘备的抗曹联盟正式形成。

曹操整顿好军队之后，给孙权下了战书。信中直言其“奉天子之命”，率80万部队前来讨伐。接到战书之后，孙权的部下无不惊恐万分。在他们眼中，曹军如洪水一般，无人能挡。况且曹军以朝廷的身份前来讨伐，若有抵抗，会被定为逆贼。只有孙权和鲁肃没有被曹操的恐吓吓倒。

孙权将周瑜召回至番阳，准备令其抵抗曹操。周瑜早知曹操打算以胁迫天子的手段达到统一天下的目的。曹操为天下的逆贼，如今自己送上门，岂有放虎归山的道理？周瑜也注意到，曹军不善水性，这是为第一要害。其次，若此时开战正为冬季，粮草缺乏，也会给曹军带来不便。周瑜主动请战，誓与曹操逆贼死战到底。

孙权与周瑜详细分析了曹军的实情。

战书上说曹军兵将80万人，水军、陆军都具备。但这其中又有多少是为他所用呢？曹操自带队伍十五六万，并且在长期奔波之下早已疲惫。

新编入刘琮部队七八万人，但时间尚短，上下并非一心。这种情况下的曹军，根本不足为惧。于是周瑜亲领3万精兵，备足粮草，同程普、鲁肃共同出兵迎战曹军。

赤壁之战图

在樊口，周瑜的船队与刘备的部队会合。刘备看到周瑜只带了3万兵将，有些灰心，但见周瑜信心十足，便命关羽、张飞等人配合周瑜的指挥。

11月，周瑜为主将，程普为副将，率3万精锐水军，联合刘备军队共计5万人向长江以西挺进，与曹军在赤壁对峙。此时的曹军内部瘟疫盛行，作战能力极低。加之水军操练不足，根本不是周瑜水军的对手。因此初战之下，曹军失利。曹操只好引兵与陆军会合，继续操练，等待时机。周瑜将战船停在长江南岸，与曹军隔江而峙。

曹操的水军最难以解决的问题就是士兵不习惯坐船，将士在水上晃得头晕目眩、呕吐不止。为了解决这个问题，有人向曹操献计：可用铁环将船只首尾相连，以30只或50只为一排，再在上面铺设木板，以此减轻风浪引起的漂浮感。曹操命人照做之后，船只果然平稳不少，士兵在上面行走如履平地。

解决了大问题，曹操准备再一次向周瑜的水军进攻。

曹军这方整装待发，对面的孙刘联军在人数处于劣势的情况下，必须寻找击退对手的方法。周瑜的部下黄盖看到曹军船只相连，便建议用火攻。在周瑜的授意下，黄盖派人致书于曹操表示投降。曹操接到降书，一时得意忘形，竟未看出其中有诈。

这晚东南风大起，黄盖选出十艘战船，上面装好枯柴，再以油浇之。夜色渐深，黄盖将这十艘船安排在最前面，并有多只船在后面依次前进。当驶近曹营，曹军将士纷纷出来观看，高兴地说是黄盖来投降了。在距离曹营更近一步时，黄盖命人点燃前面10只船。这10只船似10只火蛇，借着大风，迅速向曹营驶去。

无法阻止黄盖的“火船”越驶越近，曹军的战船一时又无法分离，眼看着火势越来越大，直至烧到了陆地上的曹营。突然，孙刘联军的战船将曹军团团围住，杀声震天。曹操此时才知是计，却为时晚矣。曹军烧死淹死的数不胜数。又气又悔的曹操只好在将士的护送下乘一条小船逃走。

孙刘联军以火攻之计取得了赤壁之战的胜利。一向有勇多谋的曹操这一次却败下阵来。他在手握绝对优势的情况下，却没能利用好自身优势，导致指挥上的失误。曹操在这一次失利之后痛失了统一中原的绝好时机。在此之后，孙权和刘备双方开始了各自势力的扩张，逐渐成为曹操不可撼动的两方势力。

荆州位于长江中下游，分为南阳郡、南郡、江夏郡、长沙郡、零陵郡、武陵郡、桂阳郡七郡。此地位于东吴、曹魏、蜀汉三方接壤地段，作为交通枢纽，位置非常重要。曹操在北方虎视眈眈，对于孙权来说，与其硬碰硬，不如借力打力，让刘备去交锋。于是孙权假意将南郡“借”于刘备，助其发展势力，刘备欣然接受。

可惜孙权的如意算盘打错了。曹操始终没有南下，刘备却借此机会大肆扩充势力，令孙权担忧。孙刘两人因此矛盾逐渐加深，甚至动用武力。吴、蜀关系因此彻底破裂。

曹操病死以后，其子曹丕于221年废掉汉献帝，自立为帝，国号魏。至此，长达196年的东汉王朝灭亡。不久后，刘备在成都称帝，史称蜀汉。

刘备称帝后的第一件事，就是出兵攻打东吴。刘备率4万大军向江陵进发。孙权并不想此时与刘备对战，他们两方作战，不是正中了曹丕的下怀。在孙权几次求和无果之后，只好派5万军队迎战。

刘备兵至夷陵，被吴军的防线挡住了去路。求胜心切的刘备多次派兵诱敌出战，吴军仍不为所动。蜀军久攻不下，只好在原地安营，4万大军连营700余里，如此与吴军僵持了半年之久。刘备有些气急败坏。蜀军本就远征作战，补给困难，却始终不能如预想般速战速决。久攻而不得，加之天气湿热，蜀军逐渐显出疲态。

正是在蜀军士气日渐低落之时，吴军突然发起攻势。主将陆逊下令将士手持茅草，逼近蜀营进行火攻。蜀军营地旁的木栅和草木都为易燃之物，没一会儿火势就蔓延开来。蜀军阵脚大乱，陆逊即刻率军发起总攻，攻破蜀军营地，斩杀蜀军大将。刘备艰难冲出重围，逃至白帝城。

七百里蜀营，随着刘备的野心一起化为灰烬。

229年，孙权称帝，国号吴。到这一刻，三国鼎立的局面完全形成。

曹丕死后，其子曹叡继位，是为魏明帝。在诸葛亮和孙权的连番攻击下，魏军屡次失利。曹叡为了维持统治，将司马懿调回关中，稳定了政局。不料司马懿借着手握兵权发动政变，将曹魏的军政大权完全夺走。

刘备在223年临死之际将其子刘禅托付于诸葛亮。可惜刘禅天生软弱无能，根本不敌其父万分之一的雄才大略。其完全靠着诸葛亮的指点主持政事。诸葛亮死后，刘禅的昏庸成为导致蜀汉国力衰退的罪魁祸首。263年，魏军出兵攻蜀，将历时43年的蜀汉政权结束。

265年，魏国大将司马昭之子司马炎逼迫魏元帝曹奂让位，自立为帝，即晋武帝，改国号为晋，史称西晋。

孙权于252年病死后，孙皓继位。这位残暴无度的君王不仅没能稳定住东吴的局势，反而加速了东吴的灭亡。279年，晋武帝发兵进攻东吴，东吴投降。

至此，三国鼎立的局面彻底结束，华夏大地经历了近百年的割据纷争，又一次统一。

第四节　内乱16年

西晋建立之后，本该进入稳定局面的政权却包含着不安定因素。以为可以过上安定生活的百姓也是一日不得安宁。看似统一的西晋，实则散发着分裂的气息。

晋武帝死后，太子司马衷继位，是为晋惠帝。可惜这位晋惠帝天生愚笨，根本没有能力掌管政事。因此他的继位，成了众多觊觎王位的王室人员眼中的机会。参与这场内乱的八王为后人上演了一场精彩绝伦的夺权大戏。

参与这场大戏的分别为汝南王司马亮、楚王司马玮、赵王司马伦、齐王司马冏、长沙王司马乂、成都王司马颖、河间王司马颙、东海王司马越。史上称这场持续了16年的大戏为“八王之乱”。

晋武帝在位时期，为了巩固其统治地位，他需要士族集团给予他支持，却又担心士族势力会过于膨胀从而威胁到他的王位。因此他需要借用外力来牵制士族势力的过度发展。晋武帝想到的最直接最有效的办法，就是大力封赏同宗子弟为王。仅西晋建国时，晋武帝就分封了27个同姓王，以郡为国。在此之后又采取了一些有针对性的措施，为他们扩大势力提供有利条件。除此之外，还将一部分军政大权交予他们手中，并允许他们参政。

这种做法的后遗症就是，宗室王的力量逐渐扩大，给中央政权造成威胁。可悲的是，这种潜在的威胁最后果真成为了现实。

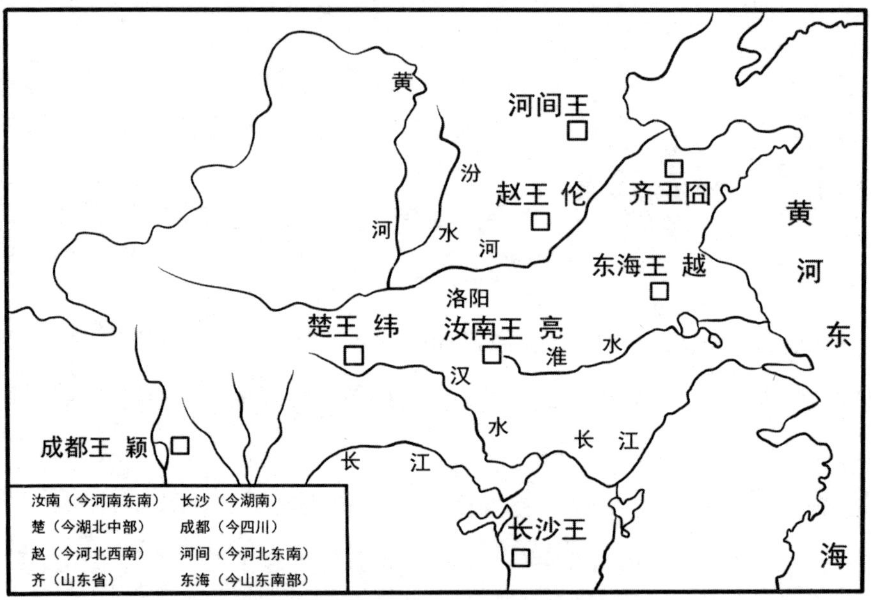

八王之乱图

为了让晋惠帝顺利掌管朝政，晋武帝临终前委派杨骏为大都督辅佐惠帝。但惠帝的无能令很多人跃跃欲试想要谋权篡位。第一个下手的是惠帝皇后贾氏。

这个野心勃勃的女人为了得到执政权，与宗室王发动了“禁卫军政变”。贾后派人与汝南王司马亮和楚王司马玮联系，要他们带兵进京讨伐杨骏。楚王司马玮进京后，杨骏不敢与其起正面冲突，始终默不作声。

杨骏的反应令贾后更加肆无忌惮。291年，她诬陷杨骏谋反，导致杨骏冤死。为了防止杨骏势力的反扑，贾后遂诛杀杨骏三族，所受连累的有数千人，如此彻底将杨骏势力消灭。

除掉杨骏后，大权并没有如愿落入贾后手中，反而是汝南王司马亮和元老大臣卫瓘共同执政。看到大权旁落，贾后自然不会善罢甘休。她设计让楚王司马玮将这二人杀死。此后，贾后掌管起朝政大权。她的党羽、亲信都被安排在重要官职上。

然而，好戏才刚刚开场。

贾后掌权8年，还嫌不够，又担心起将来能否做太后。她为了置太子遹于死地，命人将太子灌醉，让其抄写一篇事先写好的要晋惠帝退位的文章。太子大醉无法完成，她便模仿太子的字体抄写。晋惠帝本要因此事处死太子遹，幸遭张华劝阻，一时未成，只先将其囚禁。

在一旁看着贾后表演的司马伦和孙秀早就想铲除贾后势力，于是利用贾后急于杀死太子遹这一点，在太子死后再以杀害太子的罪名捕获贾后及其党羽。贾后最后喝毒酒而死。

301年，赵王司马伦废晋惠帝而自立为帝。但好景不长，不久后即被齐王司马冏杀害。司马冏在同年四月迎接司马衷复位，改元永宁。

次年，司马颙率军进驻洛阳，联合司马乂讨伐司马冏。司马冏被杀，换作司马乂掌握大权。

明明是自己发起的政变，却被司马乂窃取了果实，司马颙怎会甘心。他联合司马颖共同出兵与司马乂对战，却在司马乂的军队马上要支撑不住时，被东海王司马越抢了先。之后，几人废除皇太子司马覃，以司马颖为皇太弟。

司马越没能取得最大权力，仍不满足。他又集结十多万士兵讨伐司马颖。司马颖出兵迎战，并大败司马越，杀死了劝他投降的司马繇，改年号为建武。

在此之后，余下的几位宗室王不停地相互讨伐、追杀。在他们争权夺利的过程中，政局动荡不堪，毫无安定可言。他们走到哪里，战争就打到哪里，百姓过不得一天平静的日子。

直至306年，东海王司马越杀死了司马颖和司马颙，毒死了晋惠帝。307年，晋怀帝继位，由司马越掌握大权。至此，这场持续了16年的内乱终于宣告结束。

在“八王之乱”期间，各地也发生了大大小小的起义和战乱。但凡战事，都会对社会造成难以修补的伤害。百姓无家可归，城市被夷为废墟。这场内乱也诱发了后期更为严重的分裂局面。

第五节　十六国时期

八王之乱让本就不稳定的西晋政局更加摇摇欲坠。各地百姓不断起义的同时，匈奴首领刘渊在匈奴贵族的支持下起兵反晋。他自称汉王，很快占领了太原、平阳等地区。随着刘渊攻占地域的扩大以及声望的提高，鲜卑族、氐族等很多少数民族都归顺于他。

此时西晋晋怀帝在位，但实际掌权的是司马越。司马越在八王混战中争夺权力时不择手段，如今面对匈奴的进攻反而丢了胆一般。他不仅没有组织士兵抵抗，反而带着洛阳城内仅有的4万精兵逃出城。被丢下的晋怀帝很快被俘，司马越的队伍也很快被匈奴人追上彻底消灭。匈奴大军在洛阳城内大肆屠杀，焚烧宫殿。

这场浩劫发生在永嘉年间，因此被称为“永嘉之乱”。西晋政权在匈奴人手中覆灭。

然而，司马氏却没有随着西晋的灭亡而消失。318年，晋朝皇族司马睿在建康重新建立政权，史称东晋。

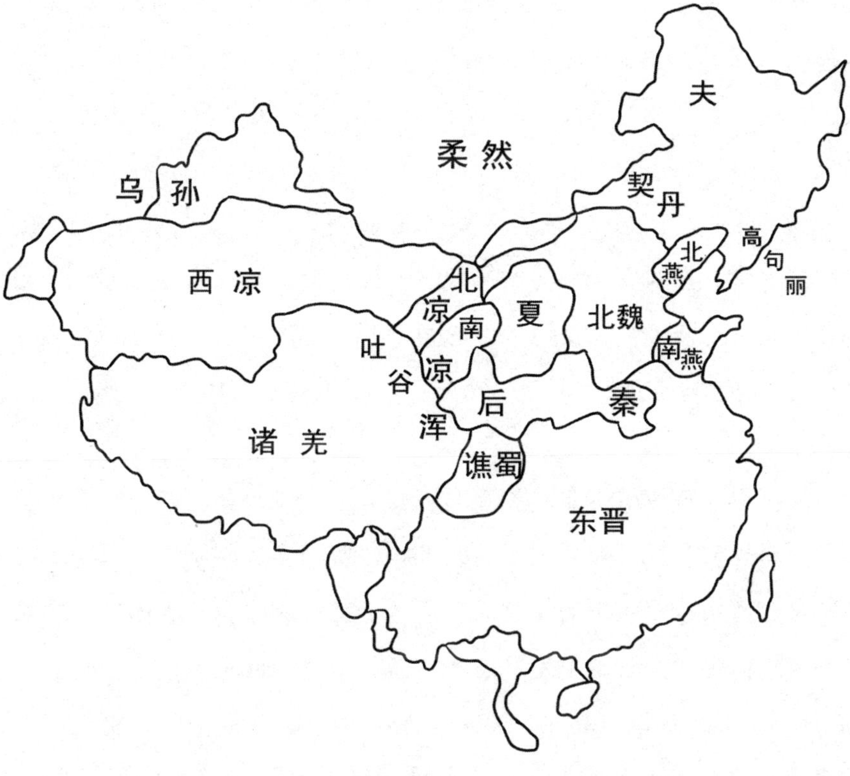

五胡十六国图

就在东晋统治南方期间，我国北方和西南地区先后出现过十几个少数民族割据政权。这些政权主要是由匈奴、羯、鲜卑、羌以及氐为主的少数民族建立的。早在西晋时期，少数民族就聚集于西北边陲地区，对晋王朝呈现半包围局势。在永嘉之乱后，这些少数民族眼望中原蠢蠢欲动。他们在汉人混战之际，纷纷出兵入侵想要趁乱分一杯羹，这被称为“少数民族南下”。

北魏史学家崔鸿以其中十六个国家的发展历史编著了《十六国春秋》，因此后人把五胡在301年至460年在中国北方建立的国家统称为“十六国”。这十六国还分为“五凉”（前凉、北凉、西凉、后凉、南凉），“四燕”（前燕、后燕、南燕、北燕），“三秦”（前秦、西秦、后秦），“二赵”（前赵、后赵），以及北方的胡夏政权和南方的成汉政权。

前凉：八王之乱时期，很多百姓为躲避战乱逃至凉州，因凉州刺史有力地维护了这一方的安宁，使这一地区发展迅速，人口增加，领土扩张。虽一直接受东晋的封号，却因距离较远长期不受东晋控制，逐渐成为独立的割据政权。前凉共传6世9主，历时75年。直到376年前秦13万大军来攻，前凉终灭亡。

南凉：南凉政权由鲜卑族秃发乌狐建立。秃发是拓跋的一个分支，被称为“河西鲜卑”。秃发乌狐主政时期，以廉川堡为中心，其势力不断向四面扩张。最初曾附属于后凉吕光，后与后凉决裂，自立为南凉。在第一任王秃发乌狐死后，其弟秃发利鹿狐继位，改称河西王，但于次年去世。自404年，南凉与邻国开始了长期的征战，目的是争取河西走廊地区。持续的战争导致南凉土地荒芜，农业畜牧业停止发展，国力迅速衰退。414年，西秦趁南凉征战之际夺取乐都，南凉灭亡。

北凉：397年，后凉进攻西秦失败，吕光杀死其手下沮渠罗仇兄弟，蒙逊遂联合几个部落起兵推翻吕光，段业任凉州牧、建康公。399年，段业入据张掖，自立为凉王。两年后，蒙逊起兵攻入张掖，并杀死段业，自立大都督、大将军、凉州牧、张掖公，建立国号北凉。439年，北魏军队来袭，北凉不战而降。

西凉：西凉政权由汉族人李暠所建立。400年，李暠在敦煌自立为大都督、大将军、凉公，出兵占据玉门以西地区，控制了西域，从而建立了西凉。西凉与北凉向来不睦，蒙逊时常出兵进犯，西凉本想与北凉结盟，北凉却仍不停战。终在421年，蒙逊攻入敦煌，西凉覆灭。

后凉：氐族贵族吕光于386年建立后凉政权。其统治地域包括甘肃西部和宁夏、青海、新疆部分地区。在吕光死后，后凉陷入王位争夺的动荡局面，直至403年被后秦所灭。

前燕：鲜卑族曾居住于辽河流域。经过一段时期的发展，逐渐独立出来。337年，慕容皝自立为燕王。在他统治时期，因社会环境较稳定，招来了不少百姓流民前来投奔。这些人在这里开荒种田，使农业迅速发展。后都城由龙城迁至蓟，后又迁至邺。到后期，前燕统治集团内部腐败现象越发严重，君王慕容儁骄奢淫逸，无心政事。他为了满足私欲，无限制地搜刮民脂民膏。同时，贵族集团内部也发生了激烈的斗争，导致前秦军队攻入时，统治阶级完全没有能力指挥作战，最终灭亡。

南燕：鲜卑族慕容德于398年建立南燕，定都广固。慕容德是后燕帝慕容宝的叔父。南燕建立后，在慕容德的统治之下发展迅速，后由于胡汉大族争相庇护佃客、部曲，形成“或百室合户，或千丁共籍”的现象，国家赋税和兵役两方面受到严重影响。慕容德死后，慕容超继位。他的治理才能远不及慕容德，且贪图享乐，不顾百姓疾苦。410年，东晋出兵攻破广固，慕容超被斩杀，南燕灭亡。

后燕：鲜卑族慕容垂于384年在莱阳自立为大将军、大都督、燕王。称王之后，便出兵围困邺城。被围困的苻丕向东晋求助。晋军出兵解围，却被慕容垂战败。慕容垂随后占领了河北地区，并于386年称帝，史称后燕。398年北魏大军攻破中山，后燕被分割为南北两部分，南部由慕容德继续统治，称为南燕，北部于407年被高云夺取政权。

北燕：后燕被分割之后，慕容宝的养子高云夺取了统治权。409年，高云被部下所害，当初支持他称王的冯跋接替其位置，自立为燕天王。冯跋一直对中原文明十分仰慕，因此在其主政时期，颁布了很多类似中原改革的条例，鼓励农业发展，包括官制、葬制、舆服制度，都努力赶超中原水平。北魏建立后，不断出兵攻打北燕，冯跋也只好带着宗室臣民逃离，北燕灭亡。

前秦：350年氐族将领苻洪占领关中，自立为三秦王，两年后遭人毒死。苻健称帝后，与东晋断绝关系，称帝后定都长安。他在位期间政局稳定，国力迅速提升。苻坚继位后，广泛传播儒学，在经济和文化上进一步增强国力。在370年至376年间，苻坚率军灭前燕、前凉等，统一北方地区。前秦成为中国历史上第一个统一北方的非汉民族政权。

前秦逐渐强大后，很多小国都受其册封。当时只有东晋与其呈对峙之势。苻坚趁国势稳定，不断向东晋发起进攻，欲一统天下。383年，淝水之战中前秦大败，元气大伤。385年，苻坚被姚苌所杀，前秦政权遂退出历史舞台。

后秦：羌族姚苌在杀死苻坚后称帝，国号大秦，史称后秦，定都长安。姚苌死后，其子姚兴继位。姚兴野心勃勃，先是追击前秦残留势力，接着占领西燕河东地区，灭西燕。后秦国力曾可与后燕相比，至417年，东晋太尉刘裕率军围攻长安，姚兴之子姚泓投降，后秦覆灭。

西秦：苻坚在位时期，国仁任镇西将军。淝水之战后，前秦国力衰退，国仁自立为大将军、大单于。他死后，其弟乞伏乾归继位，称河南王，后改称秦王。400年在于姚兴的大战中战败，归附于后秦。409年复国，史称西秦。至431年，夏军遭围攻，西秦灭亡。

前赵：304年，匈奴贵族刘渊在左国城自立为汉王。308年称帝，于平阳建都。刘渊死后，刘聪继位。刘聪执政时期，实行胡汉分治，国力迅速增强，仅用3年灭西晋。后刘渊之侄刘曜夺取政权，改国号为赵，史称前赵或汉赵。329年被后赵所灭。

后赵：羯族石勒319年自立为赵王，灭前赵后第二年称帝，建都襄国，后迁都邺，史称后赵。350年后赵统治权为冉闵所夺，352年灭国。

胡夏：又称夏国、赫连夏。因其建立者为匈奴人，故称为胡夏。后秦姚兴的骁骑将军赫连勃勃于407年脱离，自立为大夏天王，大单于。后秦灭亡后，赫连勃勃趁其内外矛盾加剧之时夺取长安。418年称帝后，赫连勃勃加速扩张，以武力征服各地。在其子赫连昌在位时，北魏军队攻陷上邦，俘虏了赫连昌。后赫连定自称夏皇帝。431年，赫连定在出击北凉时被俘，胡夏灭亡。

成汉：氐族首领李特为了躲避灾荒，于296年率领百姓进入蜀地。可是蜀地虽没有灾荒，这些流民却长期被当地官吏欺压，社会矛盾十分严重。303年，李特自立为大将军，后其子李雄集结部众进攻成都，占领益州，建立成汉。347年，东晋大军攻陷成都，对成汉政权持续打击两年，终灭成汉。

在十六国时期，除以上十六国外，还有影响较大的仇池、代国、高句丽、冉魏、西燕、吐谷浑、西蜀、翟魏等。

少数民族南下属于中国历史上发生巨大变革的一段时期。北方因被外族侵占，长期处于混战之中，很多商人、手工业者、文人纷纷逃到南方，促使这一地区经济和文化的迅猛发展。而在北方的胡人为了稳定统治，加大力度毁坏中国文化，强迫当地人民胡化，这对中国文化是极大的摧残。

少数民族南下后期，汉族和鲜卑族逐渐扩大势力，相比之下羯、羌、氐则在一次次战争失利中败下阵来，被大量屠杀或严重同化。直至鲜卑族拓跋获取最后胜利，建立了北魏政权。

第六节 170年的风雨飘摇

自304年开始，中国历史进入南北分裂、对峙的阶段。然而到东晋十六国结束，百姓久盼的安定并没有到来。历史反而进入更加混乱的局面。

南北朝时期，上接东晋十六国，下接隋朝，由420年刘裕建立刘宋开始，至589年隋灭陈结束，经历了风雨飘摇的170年。南朝是汉族政权和东晋的延续，在南方，先后有宋、齐、梁、陈四个政权出现。而北朝作为十六国的继承，自然是胡汉融合的朝代。整个南北朝时期，南部和北部各自不断有着朝代更迭，又始终保持对峙状态，故称为南北朝。

有人说南北朝是中国历史上最为黑暗的时代，但这也是英雄辈出的时代。

刘裕原为东晋北府军的将领，在其身居要职期间很注意提高自己的威望。420年，刘裕篡位成功，建立刘宋，是为宋武帝，东晋灭亡。执政后的宋武帝十分勤政，刘宋曾一度政局稳定。后来他将军权托于宗室掌管，导致宗室势力日益强大，渐产生篡位之心。

宋文帝算得上是刘宋时期比较有头脑的一位。他继位以后先是铲除了曾篡权作乱的徐羡之等人，又清理官吏巩固统治，开创了“元嘉之治”。但宋文帝却明显不善军事。他虽有心拓展疆域，却在作战中指挥失误，没能抓住绝佳机会及时北伐。后因北魏势力逐渐强大，刘宋政权在其压制下始终无法再次崛起。而宋文帝之后更没有一位雄才大略的国君。政权后被将军萧道成掌控，萧道成并于479年篡位，是为齐高帝。刘宋灭亡。

齐高帝开创了齐朝，但仅在位四年就去世了。在他之后的齐武帝也是一位贤君。他在位时期政局稳定，百姓生活富足，史称“永明之治”。可惜齐武帝去世后，几位皇帝都没有延续他的政绩，最后萧衍篡位得政，国号梁，是为梁武帝。萧齐灭亡。

梁武帝可以说是南北朝时期甚至是中国历史上十分传奇的一位皇帝。其执政之初，他将刚刚开国的梁朝直接带入到良性发展的状态。梁武帝心存善念，无论是对平民百姓还是宗室贵族，他都以宽怀之心对待。为了更好地听取底层人民的意见，梁武帝命人在门前设立两个盒子，一个叫作谤木函，一个叫作肺石函。若是自认有才华之人没有受到重用，或是百姓想向他提什么建议，都可以到这里来投递书信。同时，梁武帝极重视文化的发展，鼓励学术，强调教育的重要性，而他本身也是学问渊博之人。

梁武帝像图

可后期梁武帝有些走歪了路，信奉佛教到了近乎痴迷的程度。他曾三次放下手中大权，舍身出家。第一次前往同泰寺是537年，3天后梁武帝大赦天下，改年号为大通。两年后，梁武帝再次来到同泰寺，脱下龙袍准备出家。后由大臣捐献一亿钱，将这位“皇帝菩萨”赎回。546年，梁武帝第三次出家，大臣用两亿钱劝其还俗。第四次出家是在547年，梁武帝在同泰寺居住了37天，又是大臣用一亿钱将其赎回。如此几次反复，劳民伤财。

对佛教的过度笃信，导致梁武帝似着了魔一般。他晚年时大肆建造佛寺，荒废政事，任用奸臣，令他早年创立的稳定局势变得动荡不堪，梁武帝最后饿死。至557年，陈霸先篡位夺权，史称陈武帝，梁亡。

陈武帝在位时期，将主要精力放在安抚众地方势力，以巩固政权。后陈文帝击溃王琳北齐联军，封锁巴丘。陈国在他手中走向强盛。

隋朝建立后，对南方政权产生巨大威胁。而陈此时国力渐衰，无力与之对抗，终被灭。

在南朝朝代更迭、风起云涌的同时，北朝也在另一方与其对峙，其王朝多数为鲜卑族建立。

北魏属于代国的延续。淝水之战后，前秦政权崩塌，代国拓跋珪举兵复国，建立北魏。

建立北魏后，拓跋珪迅速采取措施扩张领土，在与后燕的多次战争中逐渐占据上风。在攻破后燕首都第二年，拓跋珪称帝，是为道武帝。可惜道武帝过于相信武力的力量，后被其子拓跋绍所杀。

道武帝长子拓跋嗣平定了叛乱并继位，是为明元帝。明元帝延续父王的遗志，继续拓展疆域，但在攻破刘宋的河南地区后不久便去世。之后，拓跋焘继承父王皇位，即太武帝。他继续先辈未完成的志愿。他对内发展经济，国力有所提升；对外多次出兵攻打刘宋，并平定北方柔然的武力威胁。439年，拓跋焘大败北凉，结束了北方长期分裂的局面。历史正式进入南北朝时期。

北魏在连续几位勤政的君王统治下日趋强盛，但仍受到周边多方威胁，始终不敢倾力南征。太武帝统治后期犯了与道武帝的错误，滥用武力，实行严刑酷法，后引来宗室叛乱，直至文成帝时期才平定。孝文帝在位时期，十分仰慕汉文化，并希望鲜卑族能与汉族融合。他学习汉人的治国之策，组织开展汉化运动，驱除鲜卑族的老旧习俗，使用汉人的官制，限制胡服胡语，鼓励与汉人通婚并更改姓氏，包括度量衡等细节问题都向汉文化学习。

孝文帝的汉化政策加快了北魏文化的交流与发展，在鲜卑文化与汉化碰撞的过程中，形成了北魏文化发展的高峰。同时，汉族先进的政治制度也对北魏的统治产生了积极作用。然而，在汉化的过程中，北魏的贵族却逐渐从北魏分离出来，无论在文化上还是政治上，都脱离了北魏的控制，最后北魏内部分裂为鲜卑化与汉化两大阵营，成为潜在的危险。

孝文帝死后，北魏风光不再。继位的玄武帝无心朝政，沉迷于佛教。从此以后，北魏政局叛乱、篡权事件时有发生，至北方六镇民变爆发，之前存在的各种矛盾全部显现出来，北魏陷入分裂和内战，政权走向衰落，并于534年分裂成东魏和西魏。

然而北魏的分裂并不能磨灭孝文帝在民族融合方面做出的贡献。鲜卑族在这一过程中丢弃了很多落后风俗，被汉族文化取而代之，形成了更为丰富先进的文化体系。

第七节　300万僧尼还俗

东魏与西魏政权分别由高欢和宇文泰控制，双方大致以黄河为界，各自为政。就国力方面来说，东魏继承的北魏国力较多，土地面积大，人数和经济上都稍占优势。因此高欢自恃优势明显，不甘心与西魏平分北方天下，在东魏西魏建立之初，多次出兵进攻西魏，企图颠覆西魏政权。但统治西魏的宇文泰在军事方面更胜一筹，虽兵力不足，装备稍显落后，却指挥有力，顽强抵抗了东魏的屡次进攻。东魏与西魏的对峙，在这种情况下开始了。

高欢是鲜卑化汉人，在政治上更倾向于鲜卑族。他在位期间着力于提高军队战斗水平，善用军事人才，始终将西魏作为进攻目标。自536年至546年间，高欢对西魏进行了频繁的进攻，直到高欢病死，也没能达成夙愿。至550年高阳在东魏皇室间掀起了一场屠杀，东魏灭亡。高阳随后建立了北齐，是为北齐文宣帝。

西魏多年来防御东魏的进攻，在军事上自然下了一番苦功夫。宇文泰命人在西魏实施改革，建立关中本位，设置府兵制，推崇尚武精神。正是这些措施有效地提高了西魏军队的战斗力，使其面对东魏一次次进攻均化险为夷。556年宇文泰去世后，其侄子于次年废西魏恭帝，建立北周，是为北周孝闵帝，西魏灭亡。

东魏与西魏覆灭，北周与北齐继续着对峙状态。齐文宣帝建国后，平定了契丹、柔然等族，同时占据了梁的淮南地区。在经济上，齐文宣帝推行均田制，经济方面也有了较大发展，一时间国力强盛，远在北周之上。与其他朝代不同的是，北齐并不是到二世或三世君王的昏庸无能才导致国力衰退，齐文宣帝在执政后期就已呈现出凶残无度的状态。他为了维护鲜卑贵族的利益，下令屠杀汉人士族，并采取高压政策对待百姓。他的行为导致北齐国力迅速下滑，直到齐孝昭帝继位，虽国力稍稍复原，却早已大不如前。577年，北齐被北周所灭。

北周虽由孝闵帝建国，实际掌权的是其堂兄宇文护。宇文护天性凶狠，为了达到目的不择手段。孝闵帝深知在其支配下做这个君王迟早性命不保，曾试图联合他人推翻宇文护。结果行动还未成行，就被宇文护所知。宇文护下令杀了帮凶，并于次年废了孝闵帝并杀之。在此之后，宇文护虽一直没有称帝，却始终控制着称帝的人。先是立宇文毓为帝，即周明帝，发现周明帝不利于掌控后，将其毒死，改立宇文邕，即周武帝。周武帝刚继位时自然也是战战兢兢，唯恐一个不小心就被宇文护所害。因此周武帝假装顺从，凡事都听从宇文护安排，终于在12年后将毫无防备的宇文护杀死。

夺回大权的周武帝做的第一件大事就是强制灭佛。由于北周的几位皇帝痴迷于佛教，因此佛教在北周过度盛行，甚至影响了社会的发展。寺院数之不尽，和尚们既不当兵，也不纳税，成了社会上最舒适的职业。百姓务农、生产，自己吃穿都成问题，却养活着这样一批不劳而获的人。相反，这些出家人并非所宣扬的那般以慈悲为怀，反而在灾害发生时趁机吞并土地，使本就困苦的百姓生活雪上加霜。周武帝见此情景，深知佛教的盛行已经成为社会的毒瘤，若不及时去除，就会成为国家发展的障碍。

于是，周武帝下令废佛：毁像破塔烧经，命僧尼还俗。此令一下，虽得到了顺利实行，却也招来了非议。一位僧人曾气愤地问周武帝：陛下取消佛道，难道不怕受到惩罚吗？周武帝回答：只要百姓幸福，国家兴盛，我宁可受苦受难。

周武帝灭佛图

正是周武帝这种“我不入地狱谁入地狱”的气魄，使得灭佛成效显著，300万僧尼还俗，毁寺院四万座。所带来的结果就是，军队人数猛增，农耕劳动力迅速增加，国家收回曾用于建造寺院的大量土地，并增加了赋税收入。几百万的寄生虫从此消失，人民从睡梦中惊醒，北周国力渐盛。周武帝一气呵成，于578年灭掉衰弱不堪的北齐，使北方地区再次统一。

可惜周武帝在征讨陈的过程中死去，北周也从他死后一蹶不振，再无昔日风光。至581年杨坚建立隋朝，北周灭亡。

第八节　男丁受田40亩，女丁受田20亩

南北朝时期是中国历史上大分裂时期，也是民族大融合时期。长期的

战乱、人口迁徙、不同民族间的相互渗透，虽带来了一些不安定因素，但也产生了先进的制度与文化。

北魏时期，大大小小的战争导致无数百姓无家可归，人口流动频繁，户口随之大量迁徙，大片土地无人耕种，国家税收也受到严重影响。孝文帝执政时期，制定了均田制，这种制度有效地制止了土地兼并现象，促进了农业的恢复和发展，自此被很多统治者效仿，直至唐朝被两税法所取代。

485年，北魏孝文帝看到战乱给国家带来的严重影响忧心忡忡，在汉人李安世的建议下，孝文帝颁布了适合当时生产力发展水平的均田制，规定按人口数量来分配土地，此举化解了政府因掌握人口数量减少而影响税收的被动局面。

均田制规定如下：

1.凡15岁以上男子，每人分发种植谷物的露田40亩，女子20亩。露田即无人耕种的荒芜土地，受田时一般按照休耕周期增加一或两倍。对于持有奴婢和耕牛的人，可以增加所得土地数量，同时奴婢与普通百姓获得相同数量的土地，但土地归其主人所有。4岁以上的丁牛每头牛分露田30亩，一户最高可报4头。农民所得土地不得转卖，死后土地归还官府。

2.首次得到土地，男子每人另外得到桑田20亩，并必须3年内种植规定的桑、枣、榆等植物。桑田与普通土地不同，可以在所有者死后传给下一代继续耕种，不必归还官府，但只有一部分可以进行买卖。考虑到有些地区不适合种桑，男子每人可得到10亩麻田，女子得5亩，奴婢也有同等待遇。新定居的居民可分到少量宅田，每3口一亩，奴婢每5口一亩，这些宅田同样可以世袭。

3.分发的桑田数量按照现有人口计算。若原有的桑田超过了应得到的数量，则可以卖出一部分。手中桑田若达到了应得部分，则不再授予桑田。若手中桑田数量没有达到规定的数量，则可以买入一部分。

4.若家中全部为老弱病残，11岁以上者及残疾者都可领受丁男一半数量的土地，年龄超过70岁的老者不必归还所受土地，寡妇守志，虽免苛亦受妇田。

5.关于迁徙方面的规定：若所居住地区土地狭窄，不够受田，则可以迁徙至空旷地区。但在土地数量充足的情况下则不可以随意迁徙。若劳动力允许，可向官府申请增加受田之外的土地。对于因犯罪人员或户编无人守业的土地，收回归国家所有，继续授予农民。

6.对于地方官吏的土地分配，则与普通百姓不同。按照官职的高低，官吏可获得不同数量的公田，官吏离职将土地移交下一任。地方官吏根据栽植地区授予公田，刺史15顷，太守10顷，治中、别驾各8顷，县令、郡丞6顷。官吏手中土地同百姓一样，不允许私自买卖。

均田制图

北魏时期施行的均田制成效明显，从上到下实行得较为规范。北齐时期仍旧实行均田制，虽逐渐出现了一些土地私自买卖的现象，但大体上与北魏相同，只在细节上略有改变：北齐时期取消了受倍田的规定，并按照官品对奴隶受田限制在300至600人之间。除此之外，北齐在均田制的基础上增加了赋税制度等。同时在受田数量上做了相应的调整。

对于土地政策的调整，会带来一系列的社会反应，因此均田制颁布之后，北魏同样出台了关于赋税等其他几方面的制度细则，以便促进均田制的顺利进行。

均田制的实施，在一定程度上缓解了社会矛盾，将土地作为调节阶级矛盾的工具。政府手中有大片荒芜土地，需要大量劳动力耕种的同时，又须要增加赋税。均田制正是解决了这两方面的问题，从而维护了统治阶级的中央集权。

第九节　3.1415926的精确

在南北朝期间，边疆少数民族人口内迁，北方百姓为躲避战争南下，如此数目庞大的人口流动造就了文化上的交流与融合。数学家、天文学家祖冲之就出生在这样一个文化碰撞的时代，他在天文历法、机械制造和数学三方面都有巨大成就。特别是他在刘徽开创的探索圆周率精确方法的基础上，进一步将圆周率精确到小数点后第7位，这一成就直到16世纪才被阿拉伯数学家打破。他的研究，对世界数学研究领域有着重大贡献。

祖冲之出生在江南，因其家中长辈在朝廷做官，祖冲之很小就有机会读很多书籍，并接受良好的教育。他眼界开阔，对文学、哲学等都有着浓厚的兴趣，常常为了读书废寝忘食。他虽然读过很多古人的著作，却总是能用自己独特的思维考虑问题。哪怕是书中很明确的数据，只要条件允许，他都要亲自测量求证。他不愿活在先辈的成就里，而是希望通过努力成就自己的一番事业。

祖冲之认真的态度和广博的学识远近闻名，后被宋孝武帝任命为朝廷的学术研究机关做研究工作，又到总明观任职。这里汇集了全国最有声望的学者，祖冲之在这里翻阅了大量的他从未见过的经典书籍，为他后期的研究奠定了坚实的基础。

祖冲之像图

461年，祖冲之在南徐州刺史府就职，虽然这一段时间他在学术研究花费的时间少了，但更详尽地了解了国家的运作模式，并注意到其中不合理的地方。462年，祖冲之编写成《大明历》献于宋孝武帝，并促成了465年改行新历。

在此之后，祖冲之始终担任要职，并在这期间专心研究机械制造，发明了用铜制机件传动的指南车，以及“木牛流马”等工具。但他不满足于发明这些实用性工具。他看到当时南齐政局动荡，统治阶级内部矛盾重重，百姓生活艰难，这令他的研究方向发生了转变。他希望自己能为社会发展做出贡献。因此他开始专心致力于社会科学的研究。

就像当初编写《大明历》一样，祖冲之渴望自己的政治主张能够被统治阶级采纳，希望他们看得到民间疾苦，从而改变现状。他花了很长时间撰写了《安边论》。在文章中，祖冲之建议朝廷大力发展农业，组织劳动力开垦荒地，将底层百姓的利益作为国家利益。可惜他的主张没能得到执政者的认可。

这位一心为民的伟大科学家在72岁时去世，他留给后世许多隐形的财富，包括他的著作，他的发明。而他最伟大的成就，就是关于圆周率的计算。

圆周率是圆的周长与直径的比值。最早在公元前1900年至1600年古巴比伦的一块石匾上，清楚地记载了圆周率=25/8=3.125。在中国，东汉张衡推算的圆周率值为3.162；三国时期王蕃得出的数值为3.155；魏晋数学家刘徽更确切地提出了计算圆周率的方法为割圆术，并用这种方法推算出圆周率数值约为3.14。在他之后又分别有南朝时期的何承天、皮延宗等人，得出的数值也都大致接近。

祖冲之在前人计算数据的基础上，独辟蹊径，尝试不同的推算方法，将圆周率的数值精确到小数点后七位，即3.1415926至3.1415927。一个为不足的近似值，一个为过剩的近似值。

一个小小的数值，并且是不完全精确的一个近似值，却对数学研究有着相当重要的意义。祖冲之推算出的圆周率，是当时世界上最精确的圆周率数值。他的精益求精、一丝不苟的精神，也为后世的科学家树立了崇高的榜样。

第四章

隋唐：繁花似锦的盛世

第一节 38年寿命的王朝

自西晋以来，近300年的腥风血雨，分裂、割据、战乱在华夏大地上不断上演。人民为了躲避战争和灾患，一次次背井离乡，过着颠沛流离的生活。他们渴望安定，渴望统一。

581年，北周静帝禅让帝位给杨坚，杨坚建立隋朝，定都大兴城。隋朝的建立，结束了长期分裂的局面，建立了汉族在北方建立的大一统王朝。

杨坚之父杨忠是北周时期封的随国公，他袭此封爵。

杨坚建国后曾打算命名为“随”，又觉得这个字有“走”的意思，不吉利，遂改为“隋”。杨坚是为隋文帝。

天下初定，隋文帝开始着手修复这片满目疮痍的土地。他吸取了前人的教训，拒绝奢侈浪费，提倡节俭为政，要求官府节约开支，废除不必要的苛捐杂税。宫中嫔妃在他的要求下不用贵重首饰，穿着简单朴素，连隋文帝自己都只穿普通布料做成的衣服。如此上行下效，宫中再无奢靡之事。

隋文帝在对官吏的政治方面极为重视。官吏的提拔要以考试的方式录取，而非根据出身门第。他曾派人巡视河北五十二州，一次性罢免定罪贪官污吏200余人。同时，裁减地方官府多余人员近十分之三，减少了国家财政方面的压力。

隋朝继续采用北魏时期的均田制，同时减免赋税，减轻百姓生活压力，重编户籍、广设粮仓、开凿水渠，每一项措施都是利国利民的良策。

隋文帝重视教育，视教育为国家未来发展的根本。他提倡文教，善用人才，下令废除九品中正制，采用分科考试的方式选拔官员。同时恢复华夏文化之正统，定制礼乐，以提升全民文化素质。

对于突厥长期以来对北周、北齐的威胁，隋文帝没有采取强攻的策略，而是从中离间分化，致使突厥分裂为东西两部，当双方忙于交战，自然不再对隋朝构成威胁。

和很多朝代相同，隋朝也是开国之初即最强盛之时。隋文帝的一系列举措大大增强了隋朝的国力。人口增长迅速，经济发展稳定，农业、文化等多方面都在平和的社会环境下稳步提升。后世称这一繁荣时期为“开皇之治”。隋文帝这20多年的励精图治被世人所称颂。

隋文帝晚年时，他的几个儿子为了争夺皇位明争暗斗，隋文帝一怒之下软禁了三子杨俊，将长子杨勇和四子杨秀贬为庶人。

604年，已被封为太子的杨广见隋文帝卧床不起，便写信给权臣杨素询问登基事宜。不料杨素的回信被送到了隋文帝手上。重病缠身的隋文帝看到信后怒不可遏。自己还没咽气，儿子就想着赶快继位。他命人找来杨广，准备当面责问他。正巧这时宣华夫人陈氏向隋文帝哭诉，刚刚在途中偶遇杨广，遭到对方的轻薄。两项罪名加在一起，隋文帝对杨广信心顿失。如此浅薄、狂妄之人，如何能接替自己的位置去治理国家？他宁愿亲手毁掉这个儿子，也不能将自己打下的江山交给这等愚人。

可杨广哪里是愚人。他听说父王命两位大臣草拟诏书，要将自己像其他兄弟一样贬为庶人，当机立断派人将这两位大臣抓起来，再让右庶子张衡进入隋文帝寝殿打发走其身边随从，亲自侍疾。这场危机就这样悄无声息地化解了。不久后隋文帝去世，杨广顺利继位，是为隋炀帝。

精明果断的隋炀帝始终希望在执政期间的功绩不输他父王。他要将隋朝带入了一个全新的更有活力的时代。他主持开凿了隋唐大运河，以便连接几个重要水系区域，助其成为便利的运输网。用水运来加强沿岸城市的经济发展，增加商业城市数量，并加强各地区之间的经济文化交流与民族融合。隋唐大运河带活了江南、关中以及燕、赵、辽东等地区的经济发展。

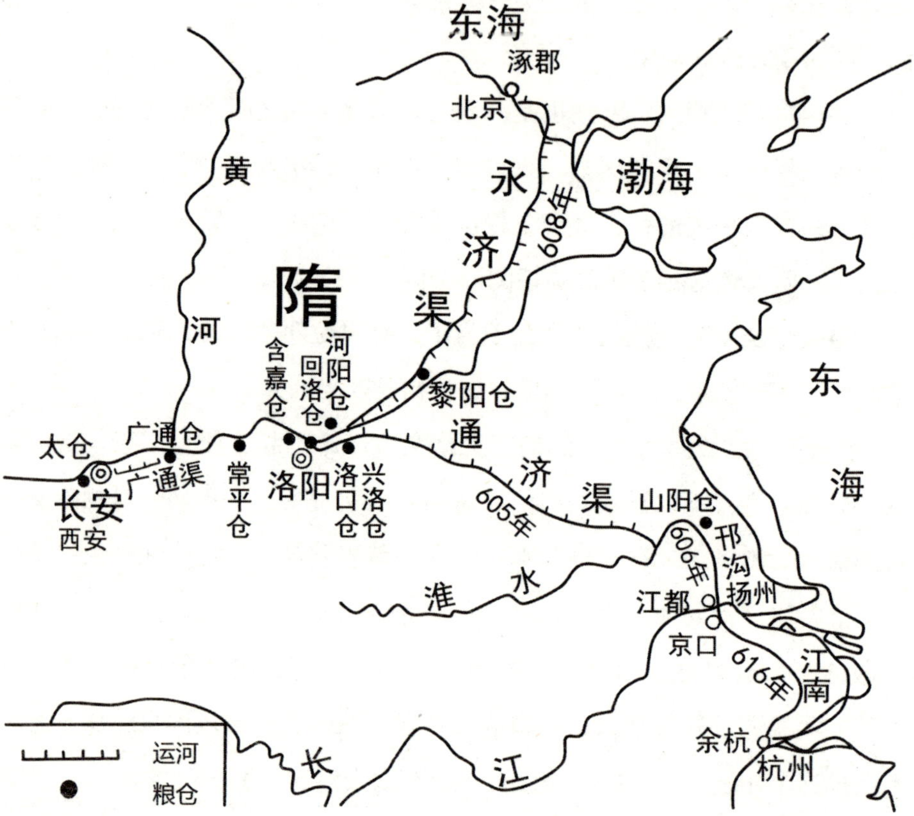

开凿大运河图

除了隋唐大运河的开凿，隋炀帝还命人修驰道、筑长城，加强与南北各地区之间的贸易联系。而在兴修建筑加强贸易的同时，他还积极对外扩张。自隋炀帝继位以后，不断进攻周边国家以求拓宽疆域。

虽然隋炀帝有心兴盛隋朝，并在执政初期确实做出了成绩，后期却没能顾及百姓乃至社会的承受能力。仅开凿大运河一事，就耗费了大量的人力物力。人民在恶劣条件下长时间劳作，因承受能力不足而导致死亡人数不断增加。605年，隋炀帝还命宇文恺修建东都洛阳，并于次年迁都至此。大量劳动力用于建造宫殿，导致土地荒废，百姓生活负担沉重。加上隋炀帝不断出征高句丽等国，肆意挑起战事，人民对此反应强烈。表面上看，这一时期隋朝处于兴旺繁盛的阶段，实际上社会矛盾已相当严重。

611年开始，各地相继出现严重水灾，活不下去的百姓不断发起民变，最终都被隋军镇压下去。后杨素之子杨玄感发动叛变，于是此后各地方叛军不断，群雄并起并且纷纷自立为王，隋朝统治逐渐瓦解。618年，隋炀帝被叛军所杀。同年6月，唐国公李渊逼迫隋炀帝孙子隋恭帝禅让王位，李渊称帝，建立唐朝。李渊是为唐高祖。隋灭亡。

第二节　23年的励精图治

隋朝虽是只持续了38年的短命王朝，却也在建国之初达到了政治稳定、民生富庶的状态，出现了经济、文化上的繁荣局面。可惜后期统治阶级过度消耗国力，导致隋朝早亡。

在隋朝的基础上建立起来的又一个大一统王朝唐朝，不仅承接了前朝在制度、文化上的优越性，更在外交、经济等方面创造了无与伦比的盛世。唐朝，被誉为中国历史上最强盛的王朝之一，乃至当时海外都称中国人为“唐人”。

在李渊灭隋的过程中，有一人曾立下赫赫战功，或者说，有一半的天下都是他打下来的，这个人就是李世民。

李世民是李渊的次子。幼时开始李世民就展现出非凡的天资。他擅长武术和骑射，专心学习儒家思想。他从少年时就跟随父亲多次出征，成功平定多次叛乱。

李渊最初有反隋的想法，但因种种顾虑始终未能实行。正是李世民的反复劝说，李渊才最终决心起兵。

在唐朝建立后，李世民任尚书令，右武侯大将军，被封为秦国公，后被晋封为秦王。他多年来征战的成绩，令他在朝廷中的威望日益提升，很多能人武将都愿意投于他的门下。

李世民的能力自然被李渊看在眼里。早在李世民在灭隋战争中立功之时，李渊就曾许诺他日立李世民为太子，将来接替自己的位置。但建立唐朝后，李渊只字不提当初的许诺，而是立了李建成为太子。但李世民当时并没有争夺太子之位的野心，因李建成本就为长子，自己若是强夺，定会招来祸患。

可是，李世民所期望的相安无事并没有与他的兄长李建成产生默契。李建成多年来也参与了不少战争，但论起军功远在二弟之下。他因此始终觉得在众人面前抬不起头。特别是听到一些大臣在背后议论纷纷，夸赞李世民的能力，赞其如何果敢机智等等，这些话在他脑中挥之不去。多疑的他想到，如今父王李渊在世，李世民确实不敢对自己下手。可等到父王过世，就算自己真的继承了皇位，李世民也会想方设法加害自己以夺取皇位。而此时在朝廷上，已经有不少大臣明显站在了李世民一边支持他。

想到这里，不安的情绪笼罩着这位皇位继承人。而李渊的优柔寡断，也导致了后来诸子之间的兵戎相见。

李建成为了去除李世民这个隐患，联合李渊四子李元吉对其下手。626年，突厥侵入唐朝边境，李建成本打算借此机会除掉李世民，不料他的计谋早已被李世民识破。李世民主动出击，于玄武门射杀了李建成和李元吉。不久后，李渊迫于压力退位，李世民继位，是为唐太宗。这场手足相残的悲剧被后世称为“玄武门之变”，唐太宗也在这场血流成河的悲剧中登上了皇帝的宝座。

玄武门之变图

唐太宗目睹了隋王朝的覆灭，因此时常提醒自己绝不能犯同样的错误。他执政以后，十分重视人才的重用和官吏的选拔。他下令撤销官府的冗员，任用真正贤能的人做官，哪怕是寒门子弟，也有做大官、为国出力的机会。就连曾经反对他的大臣，只要有能力，他都不计前嫌将其重用。他还推出官吏的监督制度，将他们的功过都写在宫内的屏风上，让大家共同监督。勤政的增加奖赏，懒政的、贪腐的一律严加惩罚。同时，安排五品以上的京官轮流值宿中书省，调查百姓民生现状，如此才能对上提出有效的建议。

唐太宗的开明态度，引来了众臣的畅所欲言。前来觐见的人越来越多，唐太宗发现，其中一些言论与事实严重不符。很多大臣只是为了说而说、为了得到皇帝的赏识而进谏，而并非想反映什么问题。原本很严肃的进谏竟成为臣子们利用的工具，这令唐太宗十分恼火。他打算严惩这些胡乱进谏的人。可是大臣魏徵及时站出来阻止了他的行为。魏徵认为，进谏不分真假好坏，就算说得不对，也不会造成太大的损害。自古以来，进谏的文章多言辞激烈，否则又怎么会引起君王的重视呢？若大臣因进谏被治了罪，以后还有谁敢在皇上面前开口呢？

魏徵的话说服了唐太宗，使他打消了治罪的念头。而魏徵更是在唐太宗面前进谏最多的一位。据说他曾直接进谏200余次，数十万言。唐太宗非但没有厌烦，反而将魏徵作为自己的一面镜子，提醒自己改正过失。

李世民强调“以民为本”，百姓富足是国家强大的标志。只有稳定的社会状态，才能巩固中央的统治。他在对内有效整治的基础上，对外先后平定了突厥、回鹘等少数民族的侵扰。

多少国君在刚刚建国时满腔热血、勤政为民，没过多久就沉醉于声色犬马或是为了巩固政权滥用武力。李世民的励精图治，坚持了23年。通过他的不懈努力，唐朝国力达到了前所未有的高度。

李世民本人，也被后人给予了很高的评价。他少年时随父出征，就已经展现出旁人无法比拟的军事才能。从灭隋的勇敢，到玄武门之变的果敢，再到平定突厥等战争中的杀伐决断，无一不是沉着中透露着王者的霸气。他不滥杀无辜，却被迫残害了手足。他本不觊觎皇位，却被现实推到了这个位置上。同时他也是一位开明的君主，他的唯才是用令唐朝如注入了新鲜血液一般生机勃勃。

严于己，勤于政。唐太宗不愧为中国历史上伟大的君王之一。

第三节　67岁的女皇帝

唐太宗死后，由第九子晋王李治继位，是为唐高宗。他延续了父王勤政的治国态度，严格履行唐太宗在位时所制定的各项制度，在长孙无忌和褚遂良的精心辅佐下，不断扩展疆土，开拓了唐朝历史上疆域最为辽阔的时代。唐高宗在位时期，延贞观之遗风，史称“永徽之治”。

在唐太宗病重期间，他的才人与儿子李治逐渐建立了感情。这个才人，就是中国历史上唯一一个正统女皇帝，武则天。

武则天是唐朝开国功臣武士彟的次女，母亲杨氏亦出身隋朝皇室。武士彟从事木材生意，家境殷实。李渊早年曾受武家资助，因此在其掌权后，武士彟官职一路升到工部尚书、荆州都督，封应国公。武则天就是成长在这样一个士族官僚家庭。

武则天在14岁时应召入宫，被封为五品才人，赐号“武媚”。不像其他嫔妃一样，武媚娘入宫后没有想尽办法讨皇上欢心，也没有引起皇上太多的注意。太宗有一匹马名叫狮子骢，性格暴躁，无人能将其制服，太宗对此很是头疼。这时武媚娘站出来说，要驯服这匹马只需要三件东西，第一件是铁鞭；第二件是铁锤；第三件是匕首。这匹马若是调皮，先用铁鞭抽它；不服，就用铁锤敲它的头；再不服，就用匕首割断它的脖子。

太宗听后哈哈大笑，觉得眼前这个勇敢的小姑娘的确和其他嫔妃不一样。

此时这个比其他宫中女子多了一点英气的才人，在唐太宗身边已经守了12年，却直到太宗去世，都没有得到他的宠爱。而她的直率性格却令太子李治十分中意。在太宗去世后，武媚娘按例和宫中没有子女的嫔妃们一起到长安感业寺出家为尼。

650年，唐高宗李治在太宗忌日之时入感业寺进香，再次与武媚娘相见。宫中因没有子嗣早已失宠的王皇后得知宫外还有一个武媚娘牵动着皇上的心，想到利用这个人打击受宠的萧淑妃，于是提议将她召回宫中。唐高宗立即应允。

武媚娘再次入宫后，迅速夺得了高宗的宠爱，并在入宫后不久生下了儿子李弘。入宫第二年被封为二品昭仪。此前还打着如意算盘的王皇后和萧淑妃再也无法撼动武昭仪的地位。

此时的武昭仪，早已不是当年那个莽撞、直率的女子。她深知王皇后是她的敌人，她若不主动出击，迟早也会被对方所谋害。654年，武昭仪生下安定思公主。一日王皇后来看望武则天，并逗弄公主玩。在其走后不久，高宗来看望孩子，武昭仪掀开公主的被子，发现公主不知何故已亡。

武昭仪认为公主系王皇后所害，王皇后百口莫辩。

虽然这件事在历史上一直没有定论，但从这时开始，高宗有了废王立武的打算。他的这一想法遭到了朝廷老臣的反对，特别是一直手握重权的长孙无忌和褚遂良。而唐高宗很想借这个重新立后的机会，打击这些重臣的势力。于是，武昭仪与唐高宗成为了政治上的“同盟”。

为了得到唐高宗的信任，朝廷上开始有一些大臣支持其立武昭仪为后的想法。唐高宗和武昭仪的被动局面逐渐扭转。不久后，高宗以“阴谋下毒”的罪名将王皇后和萧淑妃贬为庶人，并将他们的亲人流放。在立武昭仪为后时，将反对此事的褚遂良贬为外州都督。

登上皇后之位的武则天开始了对贵族势力的整治。在她的建议下，唐高宗免除长孙无忌等重臣的官职，在打击重臣势力的基础上，巩固皇权统治。这件事不仅提高了武则天在朝堂上的地位，影响了唐朝时期的君主专制，更将长久以来贵族势力对皇权的威胁大大降低。

自660年开始，唐高宗身体每况愈下，头痛难忍，无法处理政事。他见武则天一直对政事感兴趣，又天资聪慧，就将大部分事务交由她处理。这期间，唐高宗对武则天十分依赖，诸多大事都由武则天直接做决定。为了便于参政，武则天向高宗建议带她一起上朝听政，高宗同意。重臣都知道此时已是武则天掌权，这无疑是将她的地位进一步提升了。

为了树立自己的威信、拉拢群臣，武则天在建议封禅泰山的同时，作为亚献出席祭祀，并借此机会给诸臣大加封爵。这一招果然奏效，武则天在朝堂上的影响力大大提高。

唐高宗久病不愈，便命太子李弘监国。但李弘在强势的武则天面前根本起不到任何作用。而武则天在她执政之后，确实使国力稳步增强。唐高宗打算让其直接摄政。

这个想法被宰相郝处俊制止了，因此武则天没能在这次提议之下彻底掌握政权。她对郝处俊恨之入骨，于是召集了大批学士修改古籍，先后撰写了《古今内范》《列女传》等书，并命这些学士参决朝廷奏议，以抗衡宰相的权力。

也是在这一年，太子李弘病逝，李贤被立为太子。但李贤始终不能为武则天所用，最后被定了谋逆罪贬为庶人。

唐高宗死后，李显继位，是为唐中宗。根据高宗遗诏："军国大事有不能裁决者，由天后决定。"此后，武则天在朝堂上更加肆无忌惮，唐朝天下成了她的一言堂。李显没过多久就被其找借口废黜为庐陵王。四子李旦被立为帝，是为唐睿宗。武则天临朝称制，国事全由她一人把控。

大唐国事，岂可由一个女人在此任意妄为？武则天的专横终究引发了众怒。684年，扬州10万部众以支持庐陵王为口号，向武则天发起了反抗。两个月后，这场危机顺利化解。但武则天从这次事件中感受到了威胁。想要统治稳定，必须从各个方面了解内情。

686年，武则天命人制造铜匦，鼓励群臣进谏。同时，规定任何人都可以告密，无论身份高下，只要是积极告密者，她都亲自接待。若告密之事属实，告密者就可以提拔为官。若不属实或没有价值，告密者也不会被定罪。

此规定一经颁布，前来告密者不断，而所告的内容十有八九为编造，被诬陷者数不胜数。武则天专门设立了大狱来关押拷问被告之人。这些人多数都死在了这个惨绝人寰的地方。一时间朝廷之上人心惶惶，谁也不知道哪天被谁告了密，大臣每次上朝前都要和家人诀别，整个大唐上下笼罩着恐怖的氛围。而那些陷害他人的，却被武则天提拔为官。武则天还利用这次的机会，将安南王李颖等宗室12人以及李贤二子全部杀死。对于她而言威胁的李唐宗室亦被其流放。武则天夺权的野心，已暴露无遗。

武则天的野心促使她去争取更多的权力，而得到的权力又使她有了更大的野心。

690年，武则天宣布改唐为周，自立为帝，建立了武周王朝。这一年，她67岁。

武则天称帝图

为了彰显自己的千秋大业，武则天命人用铜铁铸成天枢立于端门外，并亲自题字“大周万国颂德天枢”，并在695年为自己加封号为“慈氏越古金轮圣神皇帝”，改年号为“证圣”。下令大赦，赐聚饮三日。

武则天这一生所争的，无非是“权力”二字。如今她认为自己成功了，她的敌人都死了，她的亲人也都死了，所有在她称帝之路上的阻碍都将不再是阻碍。可是她已经老了。

晚年的武则天不再专心政事，而开始安于享乐。她碍于身体状况不能亲自上朝，而是将她最中意的张易之、张昌宗兄弟二人作为耳目插手国事。此二人倒行逆施，只懂阿谀奉承，为达到目的不择手段。他们陷害重臣，与大臣结怨，却因为有了武则天授予的权力使得政局混乱不堪。

705年，武则天身体状况堪忧，张易之、张昌宗兄弟侍奉在侧。宰相张柬之、崔玄暐及众多大臣，联合禁军统领李多祚发动兵变。他们假称二张兄弟要谋反，入宫将他们杀死，并逼迫武则天退位。

重病卧床的武则天自知再无能力挽回，被迫禅让帝位于李显。自此，武则天对唐朝政权的执掌结束。705年12月16日，武则天病逝，省去帝号，称“则天大圣皇后”。她死后，“武周”恢复为唐，旗帜、文字等诸多细节统统恢复旧制，被她更改为神都的东都也恢复原名。那些曾被她冤枉的、残害的诸如王皇后、萧淑妃的亲属，也都逐一赦免。

虽然武则天的心狠手辣令人痛恨，但她为政时期所做出的贡献却不可抹去。首先，她严厉打击了关陇集团的强大势力，解除了他们对皇权的长期威胁，为国家的发展创造了良性环境。其次，她改革科举，提倡殿试，开创武举、自举等多种先进制度，让入宫做官不再是官宦子弟的特权。她提拔了一部分真正有能力有抱负的官员，如狄仁杰等贤臣，他们与唐朝的社会进步和经济发展是分不开的。也因为武则天重视人才，睿智果断，有识之士都愿意为她效力，给国家的发展提供了源源不断的动力。

武则天为了维护统治，采取了很多极端手段。包括任用酷吏、滥杀无辜等。加上她不尊礼教，在宫中公开玩弄男宠，为很多人所不齿。但客观来说，她在位期间国家政局稳定、经济发展迅速、边境安定、百姓生活富庶，这些成果都为后来唐玄宗的“开元之治”打下了良好基础。

她的错误、她的贡献、她的蛮横、她的勤政，都随着她的死去一同入土。她是继位年龄最大，也是寿命最长的皇帝之一。她是中国历史上唯一一位正统的女皇帝，她是武则天。

第四节　72岁与38岁的悲剧

唐中宗李显虽重夺执政权，在朝堂之上却没有话语权。他身后不仅有韦皇后、安乐公主，还有武则天的党羽武三思在控制他。韦皇后有了武则天的前车之鉴，也妄图过一把做皇帝的瘾。

710年，韦皇后和安乐公主合谋将唐中宗毒杀，并立温王李重茂为帝，是为唐殇帝。他们将相王李旦视为眼中钉，欲于拔去。但他们的预谋还没等实行就被识破。之后李旦之子李隆基与其姑母太平公主发动唐隆政变，诛杀了韦皇后和安乐公主以及兴风作浪的武氏残余势力。唐睿宗李旦复位。

不久后，曾联手的李隆基和太平公主发生权力之争，最终太平公主在这场明争暗斗中败下阵来，而李旦禅位于李隆基，是为唐玄宗。后太平公主被赐死，标志着李隆基彻底掌握了统治大权。他将年号改为开元。

唐玄宗是唐朝在位时间最长的皇帝，又被后世称为唐明皇。

稳稳落于唐玄宗手中的大唐江山，并不如想象般美好。多次兵变导致统治阶级内部混乱不堪，放眼望去竟没有可用之臣。为了尽快恢复大唐稳定局面，唐玄宗着手提拔贤能之人为重臣，后来姚崇、宋璟等人都是这一时期被其选拔出来的。当唐玄宗见到敢说话、敢做事的姚崇时，便想任用他为宰相。姚崇向唐玄宗提出“十事要说”，其中包括奖惩制度、进谏制度、限制贵族专权和宦官专权等。唐玄宗对他的想法很赞赏，全部应允下来，后期也按照其建议严格执行。因而姚崇作为唐玄宗的左膀右臂，为其分担了很多忧虑。开元初年蝗灾泛滥，粮食产量严重受损。姚崇清楚粮食对于社会稳定的重要性，因此他亲自监督各地方官吏组织救灾工作，在最短的时间内消灭蝗虫，保证庄稼产出。他采取了应急奖惩制度，对于吃空饷不作为的官吏从严治理。在他的带动下，全国上下官民紧密配合，蝗灾很快被控制住，终于挺过难关。

张说也是唐玄宗手下的得力干将。在他的建议下，唐玄宗进行了一系列有效改革：裁减20万边防军，将府兵制改为募兵制；同时，将政事堂改为中书门下，增加中书省的权力，还任丽正书院领导。

在张说的辅佐下，开元盛世达到了顶点。

除了几位贤能宰相的辅佐，唐玄宗本身也有着非一般的治国才能。他向古代成功君王学习，减少官府冗员，善用贤能之士；采取严格的考试制度来选拔人才；重视谏官和史官，准其参与宰相会议；重视地方官的任免，将地方行政做到合理化。

唐玄宗精于政事，使得这一时期的大唐国力不断提升。可惜这种提升就像抛物线，跟随着唐玄宗的心思一同向下坠。唐玄宗满足于先前所创造的功绩，不再专心政事，而将心思放在享乐之上。他专宠贵妃杨玉环，为了讨其欢心做了不少劳民伤财的事，还将杨贵妃的亲眷全部封赏。特别是杨贵妃的族兄杨国忠，转眼间竟成为了唐朝宰相。

杨玉环出生于官宦之家，家中世代为官，其父杨玄琰曾担任蜀州司户。因此杨玉环虽是女儿，却从小就接受了良好的教育。她天生性格温婉，聪明机灵。通过学习，她逐渐掌握了音律和歌舞技巧，擅长弹奏琵琶。

这一年，唐玄宗的女儿咸宜公主大婚，杨玉环作为官宦亲眷被邀参加。她的出现，令咸宜公主胞弟寿王李瑁眼前一亮。这个举止优雅、眉清目秀的美人，正是他所中意的。后在李瑁之母武惠妃的要求下，唐玄宗册立这个他未曾真正亲眼见过的美人为寿王妃。

婚后的杨玉环体贴温顺，与李瑁恩爱非常。

武惠妃是唐玄宗最为宠爱的妃子。在武惠妃去世后，唐玄宗整日郁郁寡欢，虽后宫美人无数，却找不出一个能令他动心的。此时有人向唐玄宗推荐杨玉环，称其美貌出众无人可比。唐玄宗也管不得身份礼数，将杨玉环召入宫中，后册封杨玉环为贵妃。此时杨玉环在宫中的地位几乎相当于皇后。

杨贵妃一人得势，杨家上上下下鸡犬升天。其大姐被封为韩国夫人；三姐被封为虢国夫人。就连其远方兄弟杨钊，一个市井无赖，都被赐名国忠，任支部郎中等十余项要职。杨家每年脂粉钱、赌博钱不计其数。

恃宠而骄的杨贵妃开始肆意妄为，甚至得罪了唐玄宗。而其原因就是她嫉妒唐玄宗的另一名妃子，梅妃。梅妃是宦官高力士在福建选中献给唐玄宗的。梅妃入宫后凭借出众的外表很快俘获了玄宗的心，玄宗还特意为了她在宫中栽种了一片梅林。每当梅花盛开，二人都要来这里赏梅吟诗，恩爱有加。

而当杨玉环出现后，唐玄宗全部的精力都放在了这个能歌善舞的美人身上。特别是唐玄宗对音乐很感兴趣，遇到杨玉环这等熟悉音律之人，更是遇到知己一般，如胶似漆，逐渐淡忘了梅妃。

唐玄宗的淡忘，令梅妃悲从心生。她向来擅长诗词歌赋，便作了一首《一斛珠》，命人带给玄宗。玄宗读到此诗，便想起往日与梅妃共度的美好时光。于是命人召梅妃前来相见。

这件事传到了杨贵妃耳朵里。她醋意大发，一时忘了自己的身份，愤怒地将玄宗和梅妃羞辱了一顿。玄宗大怒，将跋扈的杨贵妃送回了娘家。

可是杨玉环走后，玄宗茶饭不思。高力士见此情景，赶紧又将杨玉环接回宫中。可见，唐玄宗对杨贵妃的宠爱与依赖，已经到达很严重的程度。

唐玄宗的不闻政事和对杨家的过度宠信，导致了社会矛盾激化。土地兼并严重、百姓流离失所，而宫内生活却挥霍无度、财政严重超支，这也加重了百姓的负担。

由于安于观舞赏乐的唐玄宗逐渐忽略朝政，于是这给了杨国忠专权的机会。他将唐朝政权搞得乌烟瘴气，加上好战的唐玄宗不停在边境发起战争，社会动荡不安，最终爆发了安史之乱。

安禄山为唐朝大将，唐玄宗对其深信不疑，令其手握兵权，只精锐部队就达到15万，而其手下也不乏善战之将。安禄山身形壮硕，肚子很大。有一次，唐玄宗开玩笑地问他："你肚子这么大，里面装着什么呀？"安禄山认真地回答："这里面装着效忠陛下的一颗忠心。"唐玄宗听后非但不觉得假，反而很是受用。他让杨贵妃收安禄山做干儿子。杨贵妃也觉得安禄山胖胖的很有趣，经常拿他取笑。有一次杨贵妃心血来潮，命人将她这个干儿子装在一个巨大的婴儿袋中，几个人抬着在宫中游玩。唐玄宗不仅没有制止这种荒诞的行为，反而跑过来看热闹拍手大笑。

安禄山不放过每一个对唐玄宗表忠心的机会，也很知道如何讨其欢心。唐玄宗不仅将安禄山提拔为平卢节度使，还让其兼任范阳节度使和河东节度使。如此一来，安禄山将北方边境的大部分地区牢牢握在手中。而权力一点点变大的安禄山，野心也随之膨胀起来。于是他萌发了“取而代之”的念头。

安禄山派心腹在长安城里观察动静，随时到范阳来报。而他在另一方开始招兵买马，为叛乱做准备。除了自己手中的十几万士兵，他还提拔了史思明等人为将，并精选了契丹、奚等部族的八千名壮士编制成一支精兵队伍，严加训练。他撤换了手下不服从命令的汉将，并派人四处掠夺财物购买军需。甚至他还命人准备了紫袍、鱼袋等物用于功成后封赏。

当安禄山的叛乱迹象越发明显，很多大臣都对此忧心忡忡。安禄山的军权有多大，众所周知。一旦他出兵叛乱，恐怕没有人能解围。于是他们纷纷提醒唐玄宗，建议撤销安禄山的部分军权，或直接降罪。可唐玄宗对这个憨厚的“老实人”却是放了一百二十个心。任谁反，他安禄山都不会反。

可惜，这是唐玄宗对臣下的信任错得最为严重的一次，也是后果最严重的一次。

安禄山为了他的叛乱计划准备了近10年，这10年间唐玄宗竟从未怀疑过他，任其肆意发展势力，笼络人才，扩充兵将。而唐玄宗给了安禄山充分的时间和权力，等待他为自己挖一座坟墓。

755年，安禄山的密报从长安赶回范阳，向安禄山报告近期的情况。安禄山对部下谎称收到唐玄宗的密旨，命其带兵入京，讨伐叛贼杨国忠。以这个名义，安禄山率兵15万，从范阳出发，一路向南进军，想要推翻唐玄宗的统治。这个皇帝的位置，他觊觎了很久了。

安禄山的军队一路上几乎没有遇到任何阻碍，所到之处如履平地一般，无人敢挡。叛军在安禄山的带领下，一路烧杀抢掠无恶不作，很快就到达了关中。

还沉浸于声色犬马的唐玄宗听说安禄山反了，瞪圆了眼睛坐起来。

想到平日里自己与安禄山如亲人一般，无论是权力还是俸禄，都尽力满足他。如今这个叛贼竟做出这等大逆不道之事。震怒之下，唐玄宗急召大臣、调兵遣将，部署如何平定这场突如其来的叛乱。

可是，临时调动的军队，仓促之中上场杀敌，哪里是训练有素的叛军的对手。大唐军队常年无征战，他们早已忘了武器该如何拿，战术该如何用。要他们阻挡安禄山精心训练的军队，无异螳臂当车。只能任凭叛军攻占了长安城，唐玄宗无奈之下携杨贵妃逃走。

结果安禄山占领长安没几天，就被其儿子安庆绪杀害。史思明趁乱窃取了叛乱的果实，结果也被自己的儿子史朝义杀死，内乱的叛军战斗力大大削弱，全然没有了当初势如破竹的状态。

杨贵妃被杀图

唐玄宗带着杨贵妃在将士的保护下逃到了马嵬坡。因出逃仓促，这一行人未带充足的粮食，众人都饥渴难耐，疲惫不堪。此时军中便有人埋怨杨国忠就是如今局面的罪魁祸首。最初的怨声逐渐发展为痛骂。杨国忠得知自己成为众矢之的，欲骑马逃走，被龙武大将军陈玄礼一箭射死，将士更是愤怒之下将杨国忠的尸体肢解，以泄心头之恨。陈玄礼随即对唐玄宗建议道：杨国忠现已被诛杀，可是将士中间仍是满腔怒火。杨贵妃就会是下一个诛杀的目标。因此要尽快杀死杨贵妃，以定军心。此时早已惊慌失措的唐玄宗虽不忍心，却也无计可施，只好任凭将士在佛堂里将杨贵妃缢死。杨贵妃死时年仅38岁，唐玄宗72岁。她无论如何也想不到，作为一代皇帝最宠爱的妃子，最后竟是这样一种死法。

756年，唐玄宗三子李亨在众大臣的建议下在灵武城南楼继位，是为唐肃宗。次年，唐肃宗从各地调集军队10余万，并向回鹘借精兵4000人，趁叛军内讧之际将其平定，收复了长安。但此时，叛军仍有残余势力。至762年，唐肃宗之子李豫继位，是为唐代宗。唐代宗调集军队讨伐史朝义。史朝义自知无路可逃，自缢身亡。历时7年多的安史之乱终于平定。

第五节　十万计的食人记录

安史之乱虽结束，这一场劫难却使大唐王朝元气大伤。这也是唐朝由盛转衰的转折点。很多政治、经济制度都无法继续施行，人口骤减，土地荒芜，藩镇割据现象逐渐形成。

藩镇是唐朝中后期设立的军镇，其作用是保卫自身安全。唐玄宗时期为了防止边境少数民族的入侵，大量扩充军镇，设立节度使。藩镇被视为唐朝军事战略变革的产物。而安史之乱以后，唐朝中央集权被严重削弱，藩镇势力逐渐扩大，最后达到可与中央对抗的程度。

在平定安史之乱的过程中，朝廷为了尽早结束对战状态，只要叛军名义上归顺朝廷，唐军队便不再出兵讨伐，并任他们为节度使，统领一方。这些节度使表面上受中央统一控制，实际上已经成为半独立状态。他们各自为政，被称为“藩镇割据”。

妥协一旦产生，就像堤坝撕开的裂口，再也无法修补。

唐德宗继位后，因其早年参与过平定安史之乱，因此十分重视对藩镇的压制。

781年，成德节度使病死，其子李惟岳上表请求接替节度使一职。唐德宗本就对节度使问题十分敏感，看到这种状况，想趁此机会对其进行打压，于是拒绝了他的申请。李惟岳便勾结他人一同发动叛乱，史称“四镇之乱”。这场规模不大的叛乱很快被唐德宗的军队镇压下去，李惟岳被杀。但唐德宗却因疑心过重，没有及时对有功的藩臣封赏，导致卢龙节度使朱滔和成德降将王武俊与其他几人联合起来再次发起叛乱。

一波未平，一波又起。

这一次叛乱规模更大，发展速度更快。最后唐德宗不得已与这些节度使妥协，才结束了这场危机。

805年，唐宪宗李纯继位。这位皇帝虽不能与之前的唐太宗一样开创了一个繁荣的盛世，但和并无太大作为的唐德宗和唐顺宗相比，算是一个贤明的皇帝。他从登基之初就专心政事，善用人才。为了能深化政治改革，他常常与大臣商讨至深夜才休息。唐宪宗在位15年时间，在削弱藩镇势力方面做出了巨大努力。在他的统治下，唐朝中央集权有所回升，使安史之乱以后的唐朝再次统一。

在唐宪宗执政晚期，以牛僧孺、李宗闵为首领的牛党和以李德裕、郑覃为首领的李党之间展开了激烈的权力争夺战，史称“牛李党争”。

808年，长安举行科举考试中的制举测试，“贤良方正直言极谏科”。这个考试要求考生针对现下的实际问题或政府出现的亟待解决的问题提出自己的观点和建议。考生牛僧孺、李宗闵二人当即批判朝政，言辞激烈，毫不忌讳。他们对时事的了解和独到的见解令考官眼前一亮，便将二人列为上第，推荐给了唐宪宗。却不想这件事触怒了宰相李吉甫，他认为这两位考生的言论是在攻击他、揭露了他的短处。唐玄宗听后相信了李吉甫的话，将几个考官降了罪，并撤销了牛僧孺和李宗闵被提拔的机会。

此事一出，朝廷上议论纷纷。很多大臣为牛僧孺等人叫屈，讽刺李吉甫心胸狭窄，嫉妒贤能。唐玄宗迫于舆论压力，只好将李吉甫贬为淮南节度使。这件事看似已到此为止了。

821年，唐穆宗主持科举考试。李吉甫之子李德裕发现主考官和李宗闵之间有徇私舞弊的现象，遂揭发，致使李宗闵被贬出朝廷。次年，李逢吉出任宰相，借机将李德裕逐出了长安，同时向唐穆宗推荐了同为后来牛党的牛僧孺。李德裕自此对牛党恨之入骨。

唐敬宗继位后，牛僧孺和李逢吉因不满新皇帝的治国策略，纷纷辞职出任地方官。而此时任唐朝宰相的是李德裕和李宗闵这两位冤家。可惜李德裕还未发力，就被李宗闵排挤到西川任节度使，此时牛僧孺被召回任宰相。

李德裕任西川节度使后，赶上了百年一遇的好机会。吐蕃王国维州将士宣布投降，李德裕认为这是夺回城池的好机会，便立刻上书。宰相李宗闵和牛僧孺为了打击李德裕，宣称：“中国跟吐蕃和解，诚信最重要。不能为了夺回一个维州而失去了诚信。”他们要求李德裕退出维州，交回降将。两位宰相不明智的举动立刻引来了朝廷上的轩然大波。最后牛僧孺和李宗闵被放逐南方，而李德裕重新被召回朝廷。此时看来，李党在与牛党斗争的很长一段时间之后，终于占据了上风。可是，在瞬息万变的政治舞台上，谁能保证长久立于不败之地？

847年唐宣宗继位后，又任用牛党成员白敏为宰相，因此牛党其他成员被重新起用；相反，李党成员纷纷遭到罢免。年迈的李德裕被贬到崖州，在那里抑郁而死。至此，长达几十年的牛李党争彻底结束。

牛李党争表面上看是两个政治集团的明争暗斗，是统治阶级内部的权力之争。实际上，在他们为了各自利益采取极端手段的同时，牺牲的是整个中央政府的利益。唐朝政权也是在他们纷纷扰扰的斗争中逐渐衰落。

政治上的腐败，导致社会动荡不堪。唐朝历史上再未出现能够力挽狂澜的君王，中央对地方不停地收取各项苛捐杂税，百姓无田可种、无家可归，无法再生活下去。因此唐朝后期的大小农民起义不断，而这其中规模最大的是黄巢起义。

唐僖宗在位时期，关东地区相继出现旱、涝灾害，庄稼颗粒无收。百姓原本困苦的生活更增添了一丝绝望。然而年轻的唐僖宗并未及时采取补救措施，反而继续横征暴敛，将重担一层层压在百姓身上。百姓被逼无奈只好食树叶充饥。道路两旁饿死的百姓比比皆是。

人在绝望之时，总会做出极端之事。生于这吃人的社会，见过太多的死亡，人们对死亡反而没有那么恐惧。与其等着饿死，不如拿这条命拼一拼，就算死，也要拉着贪官污吏一起死。

黄巢出生在盐商家庭，与其他农民起义的领袖不同，他多了些书生气，闲暇时还能舞文弄墨一番。因其家庭环境较好，生活并无太大压力，对政府也并无仇视。后因参加科举屡试不第，便对这个不公平的社会充满怀疑。因此在王仙芝组织起义时，黄巢立刻起兵响应。

这等掉脑袋的事，若不是官逼民反，但凡能吃上一口饭，谁愿意去冒险?

黄巢集结的军队最初进攻了沂州、阳翟等地，有胜有负。后进军汝州，杀死了大将董汉勋并俘获了汝州刺史王镣。王镣的堂哥王铎当时任唐朝宰相。

王、黄的起义军在几场战争之后规模迅速壮大，且人数迅速增加。唐朝廷派出五大节度使镇压此次起义。但王、黄二人清楚若与唐军正面作战，论人数、武器都远远不及，恐会迅速战败，于是采取战术与唐军周旋。此法果然奏效，唐军为了追捕起义军，将兵力分散为多组，导致作战能力下降，无法集中进攻。

正当起义军势头正猛时，王仙芝却突然提出妥协之法，命人写信给蕲州刺史裴偓，表示愿意接受招安。而裴偓更是以左神策军押牙兼监察御史之职诱降王仙芝。黄巢得知后怒不可遏。谁都知道这裴偓打的什么主意。何况如今起义军势头占上风，难道起义的目的就是为了得到一官半职？王仙芝去做了官，手下这些将士何去何从?

黄巢对王仙芝的想法表示强烈反对，愤怒之下以木棍击打王仙芝头部，王仙芝血流不止。此事也在起义军士兵中间传开，导致一时军心不稳。招安之事最后虽没有谈成，但二人就此意见不一，分道扬镳各自为战。3000士兵跟随王仙芝攻打蕲州，2000人随黄巢北上。

黄巢军队在877年连续战胜，势如破竹，他手下的士兵也都全心跟着他起义。而王仙芝虽未停止作战，却一心想着招安之事。他的左右摇摆，唐朝廷又怎会不清楚。在王仙芝攻打郢州时，唐朝廷再次派大臣前来诱降，王仙芝果然派手下前去洽谈，结果因唐将宋威将其手下斩杀，使招安的希望再一次破灭。878年，王仙芝在黄梅兵败被杀，其手下余部奔亳州投靠黄巢。黄巢自立为黄王，称“冲天大将军”，带领军队转战长江下游。此时其手下兵将共计60余万人。

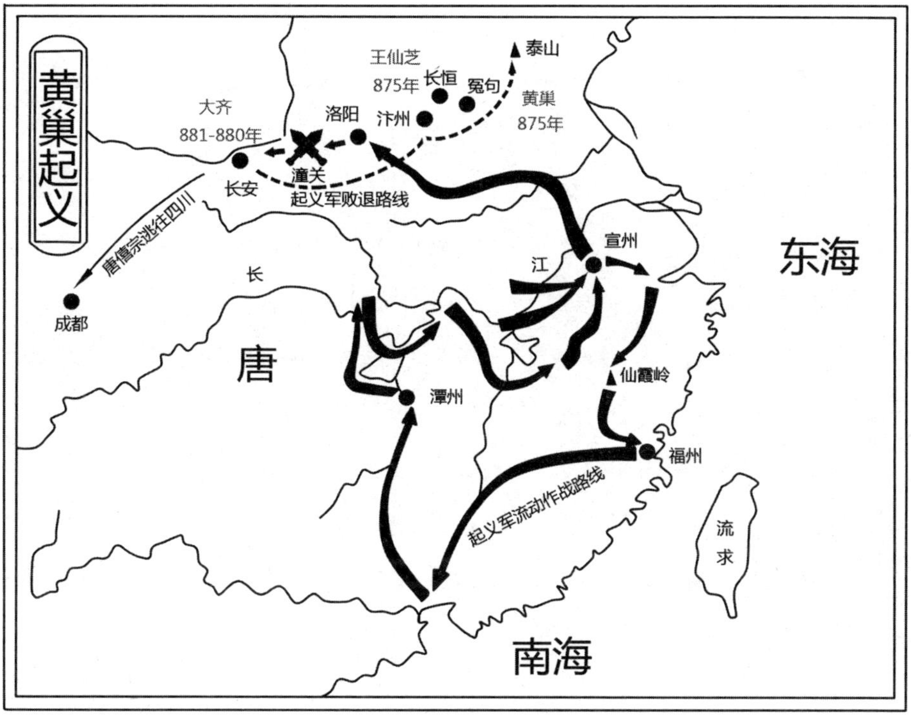

黄巢起义图

879年，黄巢在广州发布北伐的宣言、历数朝廷罪恶，并提出“禁止刺史殖财产，县令犯脏者族”的主张。与王仙芝不同，黄巢起义的决心是以命相抵的。虽开始时是因做不成官对朝廷失望，但他举兵起义的目的是推翻这吃人的统治，而不是为了个人前途。广州的北伐宣言，也显示了黄巢不畏强权的气魄。

黄军在广州休整两个月后接着挥师北上。次年，起义军渡过了淮河，一举攻下东都洛阳，留守大臣投降。不久后，黄巢率军攻破了潼关。起义军的虎狼之势将长安城内的官宦大臣们吓破了胆，他们带上亲眷财宝四处逃窜，唐僖宗也在禁军的护送下逃到了四川。

881年，黄巢率起义军进入长安。在黄巢的严格要求下，起义军在城内无一人行烧杀抢掠之事，反而向贫苦百姓散发财物。长安百姓站道路两侧欢迎起义军入城。黄巢于次年12月在长安称帝，建立了大齐政权。而原朝廷官员，四品以下留用，其余皆被罢免。

建立政权的起义军并没有追击唐军残余势力，而是留在长安城内享乐，全然忘记了打天下时的艰难。黄巢也逐渐放松了对将士的要求，任他们在城内杀人放火，强夺财物，与刚刚入城时判若两人。

唐僖宗在经历了一段时间的逃亡之后，开始调兵遣将，准备杀回长安。

882年，唐僖宗的军队反攻长安，并成功将齐军将领朱温诱降。齐军从这时开始逐渐陷入被动状态。唐军将长安城团团围住，齐军被困在城内两年，粮草严重缺乏。黄巢只好率军撤出长安，向东转移。一路上遭遇唐军的围追堵截。

为了拖延唐军的速度，黄巢命人将在长安城内抢夺的珠宝沿路抛下，以致唐军士兵强夺财物而延缓了行军进度。但齐军从本就粮草缺乏的长安城内逃出，一路上更是没有粮食补给，整个军队疲饿至极。眼看将士再无力气前行，黄巢居然下令让军队煮食人肉充饥。

起义军士兵用巨锤将活人砸碎，以人肉为食。整个军队成了人肉加工作坊，无辜的百姓，无论男女老少，顷刻间就会被砸得粉碎。陈州的百姓被吃光了，起义军就扩大原料来源。在黄巢率兵包围陈州的近一年时间里，都是以食人肉为基础，以保证起义军的战斗力。按照当时起义军的人数估计，吃掉的人数以十万计。

黄巢所创下的这一食人纪录，无论是中国历史上还是世界历史上，都是无人能及的。

885年，齐军重要将领投降唐朝，齐军兵力大减。6月，黄巢在唐军的追捕下自杀身亡。

黄巢死后，其子黄皓带领残余部队流窜，后被杀，至此，黄巢起义彻底结束。

第六节　1500匹绸缎

黄巢起义平息后，唐僖宗去世，其弟唐昭宗继位。此后唐朝出现了几位短命的皇帝，唐朝政权动荡不定。907年，朱温逼迫唐哀帝禅让皇位，改国号梁，是为梁太祖。立国290年，曾辉煌一时的大唐王朝自此灭亡。

唐朝的历史虽在混乱中结束，但此王朝带给后人无数精彩的片段。特别是其全盛时期在政治、经济、文化等方面都达到了相当高的成就，被称为中国历史的黄金时代。而唐朝文化，则以唐诗最具代表性。

唐诗泛指创作于唐朝的诗。因其形式多样，又遵循一定格律，读起来朗朗上口，被视为中华民族文化史上宝贵的遗产。其为后世的历史、政治、文化研究提供了很多重要依据。

唐代的古体诗主要分为五言和七言，近体诗分为绝句和律诗。唐诗继承了魏汉民歌、乐府传统，并发展了歌行体的样式。在前代诗歌形式的基础上，创造出了优美整齐的诗体。

唐诗的内容广泛，分为众多派别。山水田园派以王维、孟浩然为代表诗人，其题材多以歌颂祖国大好河山、赞美田园安逸生活为主，可闲谈家常，也可亲友叙旧，读起来清新优美，回味无穷。如孟浩然的《过故人庄》。

过故人庄

故人具鸡黍，邀我至田家。

绿树村边合，青山郭外斜。

开轩面场圃，把酒话桑麻。

待到重阳日，还来就菊花。

边塞诗派以王昌龄、王之涣为代表诗人，其题材多为描写残酷的战场、士兵英勇杀敌或边塞的奇异风光，表达百姓惧怕战争、渴望统一的心情。如王昌龄的《出塞》。

出塞

秦时明月汉时关，

万里长征人未还。

但使龙城飞将在，

不教胡马度阴山。

浪漫诗派以李白为代表诗人。其题材多以抒发个人情怀、表达人生理想追求为主。其特点是注重字词的运用，气势宏大、自由奔放。如李白的《月下独酌》。

月下独酌

花间一壶酒，独酌无相亲。

举杯邀明月，对影成三人。

月既不解饮，影徒随我身。

暂伴月将影，行乐须及春。

我歌月徘徊，我舞影零乱。

醒时同交欢，醉后各分散。

永结无情游，相期邈云汉。

现实诗派以杜甫为代表人物，多表达诗人忧国忧民的情怀，以尖锐的字词反映当时的现实问题。如杜甫的《兵车行》。

兵车行

车辚辚，马萧萧，行人弓箭各在腰。
耶娘妻子走相送，尘埃不见咸阳桥。
牵衣顿足拦道哭，哭声直上干云霄。
道旁过者问行人，行人但云点行频。
或从十五北防河，便至四十西营田。
去时里正与裹头，归来头白还戍边。
边庭流血成海水，武皇开边意未已。
君不闻汉家山东二百州，千村万落生荆杞。
纵有健妇把锄犁，禾生陇亩无东西。
况复秦兵耐苦战，被驱不异犬与鸡。
长者虽有问，役夫敢申恨？
且如今年冬，未休关西卒。
县官急索租，租税从何出？
信知生男恶，反是生女好。
生女犹得嫁比邻，生男埋没随百草。
君不见，青海头，古来白骨无人收。
新鬼烦冤旧鬼哭，天阴雨湿声啾啾！

古代诗人们因其遭遇不同，因此诗歌风格各异，所要表达的内容也不尽相同。后人根据他们的诗歌和个人特点，赋予他们不同的称号：诗骨——陈子昂，诗杰——王勃，诗狂——贺知章，诗家天子、七绝圣手——王昌龄，诗仙——李白，诗圣——杜甫，诗囚——孟郊，诗奴——贾岛，诗豪——刘禹锡，诗佛——王维，诗魔——白居易，五言长城——刘长卿，诗鬼——李贺，诗神——苏轼 。

在这些诗人当中，尤以诗仙李白和诗圣杜甫最为人所熟知。

李白，字太白。关于李白的出身目前尚不能确定。一种说法是李白是唐太宗的同辈族弟，与李唐诸王同宗。还有说其祖上是李建成或李元吉。

李白自小喜好读书，在其少年时就频频撰写诗歌，并得到当时社会名流的认可。15岁时开始接触道家思想，并深受其影响。几年后，李白离别家乡，游览江油、梓州等地，在此过程中初次了解了祖国大好河山，增加了不少阅历。自此以后，李白对于山水风景极为向往，并于几年后离开故乡，开始了长期游历的生活。

李白在游览了成都等地以后，来到扬州，在这里结识了孟浩然等人。727年，李白27岁时与前宰相许圉师孙女结婚。婚后的李白并未停止出游的脚步，次年就与孟浩然相约出发游历江夏。李白因家世殷实，每次出行都散金无数。李白在《上安州裴长史书》中称，散金30余万。这30万金，在唐朝当时相当于6万斗米，或1500匹绢。可见当时的李白，根本不会为金钱发愁。这也决定了他的诗作大气磅礴的风格。

至733年，李白在游历途中结识了很多文人、官吏，并逐渐了解到社会现状。在其33岁时于安陆久居，读书种田。然而这种居家生活并不能满足他的雄心壮志。735年，李白趁唐玄宗狩猎之际献上所作的《大猎赋》，文中对玄宗的治国能力大加赞赏，夸赞本朝盛世远胜汉朝，并在结尾处宣讲道教教义，正符合了玄宗崇尚道教的想法。

此后，他凭借自身的才华与结识官吏的关系一步步接近统治阶级上层。当他见到贺知章，立刻从袖中抽出自己所作的诗歌。贺知章对他十分欣赏，并推荐至唐玄宗。玄宗看到李白的诗后对他颇为赏识，遂召其进宫。李白入宫后，玄宗对其礼遇有加。在玄宗询问当今时事时，李白凭其长期游历的所见所闻以及对社会问题的深刻思考，做出了精彩的回答。玄宗大喜，即刻令其供奉翰林，平日陪伴皇帝左右。但凡玄宗宴请或出游，势必会带上李白，让其在一旁赋诗记事。那一段时期的李白，受尽了玄宗的宠信。

有一次，兴庆池的牡丹盛开，唐玄宗与杨玉环同行观赏，李白随行。看到满池的荷花，恩爱非常的皇上与贵妃，李白作下了《清平调》。

云想衣裳花想容，春风拂槛露华浓。
若非群玉山头见，会向瑶台月下逢。

一枝红艳露凝香，云雨巫山枉断肠。
借问汉宫谁得似，可怜飞燕倚新妆。

名花倾国两相欢，常得君王带笑看。
解释春风无限恨，沉香亭北倚栏杆。

李白在这三首诗中用花暗喻杨贵妃的美貌，很有“美人犹似画中仙”的意境。既夸赞了杨玉环，又讨好了唐玄宗。如此多才又机智的大臣，对于玄宗来说自然是可遇不可求。

然而习惯了“孤山丽水觅诗情”的李白，根本不适合这种枯燥的宫中生活。虽然在这里衣食无忧，又能发挥自己的才能，但无异于被圈在笼子中的飞鸟。于是，李白整日以饮酒为乐，常常喝得烂醉如泥，惹得玄宗对其十分不满，逐渐疏远了他。

744年，李白来到东都洛阳，并在这里结识了另一位伟大诗人杜甫。他们二人的见面，瞬间擦出了文学的火花。李白并未在杜甫面前居高自傲，反而对这位晚辈颇为照顾。两人在这里结下了深厚的友情。这一年秋，两人相约来到梁宋，并在这里遇到了诗人高适。三人举杯畅饮，高谈阔论。对于国家统治的担忧，对于百姓疾苦的同情，对于未来生活的畅想，还有个人的理想抱负，同样的志趣和想法让他们之间情谊更加深厚。

745年，李白和杜甫第三次回见，他们共同拜访了文章家、书法家。这一年冬，两人分别。

诗仙李白图

安史之乱爆发后，李白带着妻子四处奔逃。757年，李白已57岁高龄。他因作诗《永王东巡歌》获罪入狱，后被宋若思、崔涣营救。李白本打算通过宋若思的推荐再次入朝为官，却因参与了永王东巡事件而获罪长流夜郎。

759年，因关中旱灾，朝廷宣布大赦，李白终于重获自由。经过了半生的颠沛流离，此时的李白生活上异常拮据，一直靠友人资助为生。761年，满鬓斑白的李白回到金陵，次年去世。

李白少时散金无数，后半生却颠沛流离地度过。他的诗清新飘逸，艺术成就极高。他对祖国、对生活怀有充沛的热情和爱。他从山水写到情感，擅长用比喻、夸张、拟人等手法，每一词每一句都充满了奇幻的意境。在他诗中的这种豪迈奔放，也是其他诗人所不能及的，也对后来的诗歌作品产生了巨大影响。

与李白的浪漫主义不同的，是诗人杜甫的写实主义。杜甫与李白相交甚好，被后世合称为“大李杜”。

杜甫出身京兆杜氏，北方大士族。在其19岁时，开始游历山水，后在洛阳参加进士考试落第。在与李白相遇后，两人在文学方面的交流给了杜甫很大的影响。他的作品多数为反映民间疾苦、揭露统治腐败。而后他结束了游历生涯，回到长安。但面对动荡的政权以及唐玄宗后期昏庸的统治，使杜甫始终郁郁不得志。他四处奔走献赋，却未能受重用。杜甫在长安逗留10年有余，直到44岁这年才得了个无用之职。安史之乱爆发后，杜甫虽被叛军所俘，却仍不忘为国事担忧。期间写出了《为华州郭使君进灭残冠形势图状》和《乾元元年湖州试进士策问五首》。

757年，杜甫冒险从城西金光门逃出长安，投奔唐肃宗，被其授为左拾遗，后又被贬到华州。在这里，心情抑郁的杜甫创作了《题郑县亭子》《独立》《瘦马行》等诗篇。诗中抒发了他对仕途失意的绝望以及对统治腐败的痛恨。

瘦马行

东郊瘦马使我伤，骨骼硉兀如堵墙。
绊之欲动转欹侧，此岂有意仍腾骧？
细看六印带官字，众道三军遗路旁。
皮干剥落杂泥滓，毛暗萧条连雪霜。
去岁奔波逐余寇，骅骝不惯不得将。
士卒多骑内厩马，惆怅恐是病乘黄。
当时历块误一蹶，委弃非汝能周防。

见人惨澹若哀诉，失主错莫无晶光。

天寒远放雁为伴，日暮不收乌啄疮。

谁家且养愿终惠，更试明年春草长。

759年，杜甫放弃了华州司功参军职务，辗转来到成都。在友人的帮助下，于城西浣花溪畔建了一座草堂，名曰“杜甫草堂”。后被严武推荐为节都，携家人居住在四川奉节县。

然而，稳定的生活没有持续多久。杜甫在做了一段时间严武的参谋后又辞职。在困苦的生活面前，杜甫创作了《茅屋为秋风所破歌》：

八月秋高风怒号，卷我屋上三重茅。

茅飞渡江洒江郊，高者挂罥长林梢，下者飘转沉塘坳。

南村群童欺我老无力，忍能对面为盗贼，公然抱茅入竹去。

唇焦口燥呼不得，归来倚杖自叹息。

俄顷风定云墨色，秋天漠漠向昏黑。

布衾多年冷似铁，娇儿恶卧踏里裂。

床头屋漏无干处，雨脚如麻未断绝。

自经丧乱少睡眠，长夜沾湿何由彻?

安得广厦千万间，大庇天下寒士俱欢颜，风雨不动安如山！

呜呼！何时眼前突兀见此屋，吾庐独破受冻死亦足！

严武去世后，杜甫携家人离开了成都，来到夔州。在这里他得到夔州都督柏茂琳的照顾，与家人租田种地，生活总算安定下来。这一期间，他的创作水平和数量达到了巅峰，很多代表作都是这一时期创作出来的。

770年，思乡心切的杜甫打算北归，却因为生活窘迫加上时局动荡，又逢洪水作乱，杜甫5天未进食，幸得县令帮助。他此行并未达成心愿，最后于这一年冬，在由潭州往岳阳的船上去世。

直到这一刻，杜甫终于可以歇一歇。再听不到百姓的哭喊，再看不到统治者的昏庸，再不用为生计发愁，一切悲苦都可以告一段落。

人生尽处是荒凉。

杜甫虽未出生于困苦之家，却能体会百姓疾苦。他的诗中在反映底层人民生活的同时，对政治的动荡和统治的黑暗进行了严厉的批判。从他的诗中能看出，唐朝当时处于由盛转衰的巨变之中，而他作为一位不得志的文人，也将内心的忧虑和不满体现在其文字中。

国家的国力衰落、个人的命途多舛，都在杜甫的字里行间表现得淋漓尽致。难得的是，最令他心痛的不是个人的贫困，不是饥饿与奔波，而是统治者的无能、官吏的贪腐、他无力改变的这个世界的病症。或许他的字词不如李白那般华丽恢弘，但却字字戳人心肺，令人扼腕叹息。

第七节　220米街道的长安城

自618年李渊建立唐朝并定都长安，这座城就与唐王朝的命运紧紧相连。唐朝上至君王大臣，下至平民百姓，都将长安城视为他们的生命。长安在，天下就在。他们在这里挥霍，在这里篡权，在这里劳作，也在这里死去。

然而，唐朝并不是第一个将国都定于这里的朝代。早在西周时期，这里就是中国的经济、文化、政治中心。作为十三朝的古都，这座城市承载了太多的悲欢离合和喜怒哀乐，也仿佛有了灵性一般。它的存在，也在向你不断诉说着，这几千年来的风云变幻。

据史载，早在100多万年前，蓝田人就在长安城的附近形成了部落。7000年前的仰韶文化证明，这里当时已经出现了城市的雏形。而长安最早作为国都是在西周时期。

当时的酆和镐是沿着沣水修建的两座城市，都是西周的国都。经考古发现，在沣水两岸约15平方公里的遗址中，设有宫殿、宗庙、居址，甚至还有手工业作坊。同时，在估计中还记载过这里有礼仪和娱乐性设施。说明当时这里已经具备成熟的城市规模。

到了秦朝，其统治者建都咸阳，包括了现在西安和咸阳部分区域，因此城市规模更大，功能性也更全面。当时的咸阳也是世界上最大、最繁华的城市之一。其地域包括咸阳以东至黄河，以西至千、渭河，遍布到达九山和林光宫，南至秦岭北部。在如此广阔的地域当中，修建了很多华丽的宫殿。渭河以北有冀阙、咸阳宫、兰池宫以及建筑和装饰风格各异的六国宫殿。与之遥相呼应的是渭河以南的阿房宫以及甘泉宫和上林苑。一座宽阔的木桥架于渭河之上，将南北两边连在一起。如此的咸阳城，自然美不胜收。

到了汉代，刘邦曾对都城的选址举棋不定，后因长安地理位置优越，可在三面防守、在东面牵制诸侯势力。如此绝佳的地点，做国都再合适不过。刘邦在此建立汉朝后，在原有宫殿的基础上重新修建。公元前200年建造了未央宫。因其位于长安乡，因此取名长安城。公元前194年汉惠帝开始组织修建城墙。汉武帝时期对原有的长安城进行了大规模的扩建，并增建了一些宫殿。也是在这一时期，长安城作为四周之路的起点和连接欧亚的桥梁被世人所熟知。它不再仅仅是一座城，更像是一颗闪亮的明珠，吸引全世界的目光。据记载，当时的长安城有8.8万户，人口24.6万。这在当时是他人无法想象的巨大城市。

从西汉末年开始，频繁的战争将长安城毁得满目疮痍。曾经那个耀眼的大都市，变成了尸体遍野的恐怖地带。

隋朝建立后，经历长期战乱的长安饱受重创、面目全非。由于宫室形制狭小，特别是经过几百年的城市污水沉淀，使得饮水成了难题，已不适合作为国都。因此隋文帝在其东南方向的一块地方建造了新都，称为大兴城。大臣宇文恺参照北魏、东魏、北齐等朝代的都城，将龙首原以南的六条高坡作为核心，大兴城的皇宫、政权机关和寺庙都居于高位，普通的居民住宅都处于低洼地区。同时在城内开渠引水，制造人工湖泊，增加城市水域面积。整个大兴城由宫城、皇城、外郭城三部分组成，采取东西对称布局。此前诸多朝代的都城都布局错乱，毫无美感也不实用。而大兴城街道整齐，将不同用途的区域划分得井井有条，俨然一座空中之城。

大兴城，就是长安的第二次生命。

李渊建立唐朝以后，改大兴为长安，并进行进一步修建和完善。宫殿数量越来越多，功能更加齐全，装饰越发细致，使得长安城兼具实用性和观赏性。

大唐长安城图

唐朝时期的长安城，由外郭城、宫城和皇城三部分构成。周长35.56公里，面积约87.27平方公里，此规模在当时世界上的任何一个国家都是无法想象的。

经过唐朝能工巧匠的修建以后，长安城更加整齐规矩。外城四面各有3个城门，南面中间是明德门，两边为启夏门和暗花门；东面中间是春明门，两侧为延兴门和通化门；西面中间是金光门，两侧为延平门和开远门；北侧中间和东侧分别与宫城北墙和大明宫南墙重合；西段中间为景曜门，两侧为芳林门和光华门。明德门配有5个门道，其余都配有3个门道。

这12座城门对应的是6条最为宽阔的大街，据说唐朝的主要干道宽度达到220米。整个长安城以朱雀大街为中轴线，两边对应着修建的是万年县和长安县。城市东西两边各有一个商业区，称为东市和西市。朱雀街上下连接着宫城的承天门、皇城的朱雀门和外城的明德门。城内南北街11条、东西街14条，将整个长安城划分成110个整齐的坊。整个城市规划得如棋盘一般严谨而又美观。

宫城位于外郭城北部，中央为太极宫，正殿为太极殿，东面是皇太子东宫，西面为掖庭宫。其东西长2820米，南北宽1492米，周长8.6公里。城四周有围墙，南面中间是承天门，两侧为延禧门和安福门，北墙中部为宣武门。

皇城位于宫城南面，呈长方形。东西街7条，南北街5条。中有大明宫、兴庆宫等宫殿。在东边和西边分别有两个市场，是长安城最主要的商业中心。除了宫殿和商业区外，唐朝时期还修建了城内的4条沟渠以提供生活用水。

唐代长安城虽面积巨大，但人口密度也不小。据统计当时常住人口多达185万，流动人口约51万。因长安城特殊的地理位置和作用，在这座城市里生活的除了本国人，还有来自各个国家的各种身份的人在此居住，由此唐朝的文化也是从这里被带到世界各地传播开来的。

唐朝覆灭之后，长安城也失去了国都的位置。它的历史任务就此终结。

这座“长治久安”之城，是中国历史上建都朝代最多、建都时间最长、影响力最大的都城。它与雅典、罗马和开罗并成为世界四大文明古都。它作为中国政治、经济、文化的中心，传承了千年的兴衰，幸而，现在的它依然屹立在中国的西北部。

一座城的历史，就是一个民族的历史。它用宽广的胸怀接纳了在这里疲于奔命的劳苦大众，也无情地淘汰了想要将这里据为己有的自私小人。

胜与败、兴与衰，人们将最丰富的情感都洒向这一座城。大喜和大悲，日出和日落，留得下，也留不下，痕迹却永远无法抹去。

第八节　只活跃了200年的民族

在唐朝的外交历史上，与回鹘的关系一直比较良好。唐玄宗时期曾联合回鹘人灭亡后突厥。但在利益面前，没有永远的朋友。后期回鹘曾与唐朝发生冲突，导致其被唐朝大将斩杀数十万人。

回鹘最初名为回纥，是中国的少数民族部落。它是铁勒诸部的一支，因其人数少、实力弱，自北朝后期一直处于突厥汗国的统治下，成为突厥汗国的重要组成部分。605年，回鹘联合其他部族共同反抗阿史那部族，之后逐渐强大起来。646年，唐朝军队在回鹘的帮助下消灭了薛延陀政权。自此，回鹘接受唐朝管辖。唐朝政府在其地设立六府、七州。此后的三十几年间是回鹘发展的兴盛时期，其势力不断增强，疆域也逐渐拓宽。

682年开始，回鹘逐渐分裂为南北两部分，主要的一部分向北退到原居地色楞格河流域和图拉河以北。之后，回鹘曾因各种原因一度与唐朝断绝往来，直到骨力裴罗继位，回鹘在745年灭掉了东突厥汗国，统一了漠北地区。唐朝因其解除了东突厥的威胁，对其加封。

744年，回鹘首领骨力裴罗自立为可汗，建立回鹘政权。回鹘部落发展更加迅速。788年，回纥将名称改为回鹘。

回鹘贵族图

765年，唐朝大将仆固怀恩由于不满唐朝政府给他的待遇而发动政变，联合回鹘和吐蕃30万大军向长安进发。联军转眼间打到了泾阳，距离长安越来越近。

仆固怀恩是郭子仪的手下。因此当唐朝政府得知叛军已经逼近长安时，一致认为应由郭子仪前去平定叛乱。一方面郭子仪与仆固怀恩相识时间长，对其比较了解，并且在当时的唐王朝也只有郭子仪能够指望了。另一方面，仆固怀恩的反叛，郭子仪作为其统领是有责任的。

此时沿路的唐朝军队已呈瓦解之势，急需郭子仪率兵支援。但是郭子仪没有急于出兵，而是命人在长安城内筑好防御工事，同时派心腹前去敌军探听情报。

郭子仪所得到的情报是：仆固怀恩已经在来时的路上病死。叛军目前还处于没有首领的状态。而联合出兵的回鹘、吐蕃两大阵营，在仆固怀恩死后，失去了在中间协调联系的力量，于是纷纷争夺指挥权，竟成为了敌对关系，谁也不愿意听谁的。

然而郭子仪决定用计将两方进一步分化，使其内斗，定能瓦解叛军的战斗力，不战而胜。

郭子仪在平定安史之乱时，曾向回鹘借兵共同作战，因此在回鹘军中享有很高的声誉。此次他打算先将回鹘的首领拉拢过来。正好回鹘军队和吐蕃军队彼此互不往来，回鹘驻扎在西门外，吐蕃驻扎在东门外，这给了郭子仪离间两方的机会。

趁着夜色，郭子仪派李光瓒偷偷跑到了回鹘的军营，找到了回鹘首领药葛罗。李光瓒对药葛罗说："郭将军派我来问你，回鹘与大唐一向关系尚好，你们为何要出兵来攻打我们呢？"

药葛罗听到李光瓒的话，大感意外，疑惑地问道："他不是已经被宦官鱼朝恩杀死了吗？"

原来，仆固怀恩为了达到自己报复的目的，欺骗回鹘和吐蕃人说，郭子仪已经被鱼朝恩杀害，因此才与他们联兵的。

虽然李光瓒一再劝说和保证，药葛罗始终不相信郭子仪还活着。他说，只有郭将军能站在他面前，他才相信。

无奈之下，李光瓒返回唐军营地，将药葛罗的话转述给他。郭子仪即刻决定亲自去回鹘军营中。可是他身边的部下急忙拦住了他：回鹘与唐军现在呈敌对状态，就算之前曾协同作战，时间已过去这么久，谁能保证他们不会真的想反对唐王朝呢。

郭子仪也有些犹豫。此次联军来势凶猛，的确有不灭大唐誓不罢休的气势。何况如果自己真的到了敌军阵营后被杀，就更没有人能阻止这场灾难了。但他心里清楚，自己手中只有这1万多精兵，如何能拦得住30万联军？若是联军此次将大唐灭了国，那就不是自己一条性命这么简单了。自己不去冒险，就再无他法。有部将建议郭子仪多带些士兵同去，这样一旦打起来也好保护他，但郭子仪拒绝了。人多反而容易引起对方疑心。

远远地见到有一个人骑着马过来，回鹘军营巡逻的将士警惕起来，连忙向药葛罗报告。药葛罗命人做好迎战准备。待几人靠近，众人才发现，原来真的是郭子仪将军。

药葛罗见到郭子仪来了非常高兴，设宴招待与其叙旧。酒宴上，郭子仪语重心长地和药葛罗说："朝廷与回鹘一向关系甚好，回鹘在帮助唐朝平定安史之乱时还立了大功，大唐并没有亏待过你们。如今你们受人利用攻到这里，与唐朝为敌，是谁都不愿看到的局面。"

药葛罗听郭子仪这样说，赶紧向其保证，愿尽全力与唐朝军队一起攻打吐蕃。

双方自此订立了盟约。吐蕃阵营听说郭子仪到访回鹘阵营的事，担心他们联合起来对付自己，打算连夜撤退逃走。郭子仪与回鹘士兵拦截追击，直将吐蕃10万大军打得丢盔卸甲，溃不成军。自此吐蕃很多年没有来犯。

780年，回鹘开始内乱，同时，回鹘遭遇了连续的自然灾害，受损严重，国力下降。840年，回鹘大将引辖戛斯10万骑兵攻破回鹘都城，回鹘政权瓦解。其贵族等大部分向南迁徙。

自646年回鹘建立至840年覆灭，回鹘只在历史上存在了近200年。但这个部族与唐朝的关系确实十分微妙。在这200年中，回鹘与唐朝保持着密切的关系，无论是敌对还是合作，在政治、经济、文化上都一直不断进行交流。回鹘与唐朝的往来，促进了唐代对外文化的传播。这个短命部族的历史，也随着唐朝的历史一同被人们所熟知。

第九节　650人的使团

唐朝在外交上，一直与日本来往密切。孝德天皇效法唐制，在日本进行了以唐朝制度为基础的改革，并成功巩固了统治地位。

唐王朝作为当时无论规模还是发展程度都远超日本的国家，被其在各方面效仿。从630年至894年，日本派出遣唐使共14次，每次人数都在100人以上，最多的一次竟达到650人。可见其学习的迫切心情。

当时中日两国交流十分频繁，中国也毫无保留地创造各种机会为其提供方便。有很多日本学生主动申请来中国学习，有的进入唐朝的最高学府国子监深造，有的甚至留在唐朝做官，从此留在中国。相反，中国也有一些学者东渡日本学习，这其中最为著名的就是鉴真和尚。

鉴真是唐代僧人，俗姓淳于。他的父亲是个商人，却也是一位虔诚的佛教居士。因此鉴真从小就受其父亲影响，对佛教文化产生了浓厚的兴趣。14岁那年，鉴真随父亲到大云寺拜佛，当他看到慈眉善目的佛像时，心中深受感动，当即向父亲提出想要出家修佛。父亲见他诚心修佛，便同意他在大云寺出家。从此以后，鉴真和尚跟随师父学习佛学知识，对佛教的理解也不断加深。经过两年的刻苦学习，鉴真跟随道安禅师前往佛教盛行的长安、洛阳等地学习。在此过程中，他不仅学习到了佛教知识，也培养了高尚的品格。

22岁时，鉴真在长安的佛寺里受了具足戒。通过文纲、道岸、弘景等大师的教授，鉴真对佛教的研究又进入了更高的层次，并开始讲佛布道。

他认为，佛学不是一门独立的学问，因此他在学习佛法的同时，也专心学习医药、建筑等方面的知识。鉴真回到扬州大明寺后不久，就成为了这一地区的佛教宗首。他不仅宣扬佛教，还以慈悲之心帮助贫苦的百姓。因此鉴真45岁时，由他受戒的门徒已多达4万多人，使他成为了声名远播的高僧。

当时的日本，虽然佛教早已广泛传播，但民间“自度”“私度”为僧的现象严重影响了国家的财政收入。但政府还需要佛教来打击地主阶级的势力，因此他们效仿唐朝，设立受戒制度，禁止百姓私自出家，而是改为由政府指定的佛师主持仪式，百姓要通过参加考试来获得受戒的资格。

可是想要在当时的日本找出有威望的名僧着实困难。日本政府想到，既然制度都是仿照中国，不如受戒的大师也从中国聘请吧。

732年，日本政府派遣了青年和尚荣睿和普照来到中国的长安。在长安学习佛法的同时，他们一直在寻找适合这个位置的人。当他们听说鉴真和尚是一位德高望重的高僧，立即前去拜访他。

见到鉴真，两人说明了来意，并诚心邀请他去日本宣传佛法。鉴真听他们叙述了日本目前急缺佛教高僧的状况，确实有心前往。

问题在于，当时唐朝政府限制本国人出国。荣睿和普照好不容易托人办好了鉴真的出国手续，正当要开船之时，同行的弟子发生纠纷，惊动了官府。官府得知鉴真要到日本普及佛法，以海上不安全为理由阻止了他。鉴真的第一次东渡失败。

不久以后，鉴真拿出自己的积蓄买了一艘退役的军船，雇用了18名水手，准备好佛经、佛像等物品，带着弟子几十人登上了船，却因海上大风未能成行，第二次东渡又以失败告终。

如此又经过了两次失败，鉴真始终没能到达日本。但他没有灰心，仍然积极地准备第五次东渡。

鉴真东渡图

748年，鉴真和尚携水手、弟子等共30人从扬州出发。船行驶了一段时间后又赶上了大风，大家无法控制船只行驶的方向，只能随风漂流。船上的淡水用完了，就喝海水，一行人喝后却腹痛难忍。就这样撑了14天，船终于靠了岸。众人下船发现已经到了海南岛的振州。鉴真一行人在这里逗留了1年多，他们修建佛寺，宣传佛法。但是鉴真从来没有忘记自己的使命。他带着这一行人再次出发，准备返回扬州。没想到在返回的途中，先是荣睿因旅途颠簸劳累去世，不久后普照也离开了鉴真，接着，跟随鉴真多年的弟子祥彦去世。这一次次沉重的打击使鉴真伤心不已，以致视力逐渐模糊起来，最后双目失明。

尽管这样，鉴真仍没有放弃东渡的打算。751年春，鉴真回到扬州。两年后，日本政府派出的遣唐使团经过扬州，特意前来拜访鉴真。他们再次邀请鉴真能够和他们一起到日本去。鉴真当即同意。

终于，鉴真在弟子的帮助下，几经周折，终于在其66岁时东渡成功。这场东渡之行前后历时12年，经历了5次失败，先后有36人在途中死去，也有两百多人退出了东渡的行列。然而只有鉴真坚持到了最后，在有生之年实现了自己的宏愿。

鉴真到达日本以后，受到了当地人的热情接待。他没有接受那些优待，只是一心宣传佛法。日本天皇将传授戒律的大权交给了鉴真，并为他建造了唐招提寺，鉴真随后就在这里讲道受戒。

鉴真的东渡，为中国和日本的文化交流做出了巨大贡献。763年，鉴真于奈良病逝。这位伟大的僧人，被中国和日本两国人民牢记于心。

第五章

辽宋夏金元：连绵战火里的对峙

第一节　80万禁军护中央

在中国五千年的历史上，前前后后出现了83个王朝，有的弹指挥间便成为了历史，例如王莽建立的只活了16年的新朝；还有的却亘古弥新恍如昨夜，例如那个褒贬不一的宋朝。宋朝是个很尴尬的朝代，当时人口已达1亿多人，GDP占全球的60%。这么说似乎不明确，有对比才有差别，美国最强盛的时期，GDP也才占全世界的40%，而近几年更是一直保持20%至30%，由此可以看出宋朝的经济水平稳居世界第一的地位。中国历史上重要的发明一半以上都出现在宋朝。文化方面更是不用说，从诗词歌赋到绘画科举，随便拉出一个不入流的文人，都远超大多古今人。但就是这样一个强大的朝代，在后人的意识里依旧是与“暴秦强汉、盛唐弱宋”的评价有所关联。

今人大多因汉唐骄傲，却从政治军事、到思想文化，全方位地贬斥宋朝。割地赔款，杀掳忠臣，似乎都成了对宋朝一贬到底的依据。但是事实真的是如此吗？其实在国人批评的同时，国外的人们却对宋朝赞叹不已。

在《中国：传统与变革》一书中美国两位教授这样评价道：“宋朝经济的大发展，特别是商业方面的发展，或许可以恰当地称之为中国的‘商业革命’。这一迅速发展使中国经济发展水平显然高于以前，并产生出直至19世纪在许多方面保持不变的经济和社会模式。”

著有《全球通史》的美国历史学家斯塔夫里阿诺斯曾在书中将宋朝的部分命名为“Song of the golden age”，大多汉译书将其译为“宋朝的黄金时代”，其实作者真正的意思是“黄金时代的宋朝”。

宋朝分为北宋和南宋，但无论是那一朝，给人最大的印象就是军事的羸弱。1126年，金国二次南下，开封被围，北宋君臣拱手将城门让给了金军，而时任皇帝宋钦宗还亲自前往金军大营“协商”投降事宜，讽刺的是北宋可是传说中拥有80万禁军的王朝。那么在最后的生死之战上这80万禁军又去了哪里？

说起这80万禁军，最先提出这个说法的大约是施耐庵的《水浒传》，书中豪气冲天的豹子头林冲就顶着“八十万禁军教头”的名头过了一辈子。但是这听起来很高大上的称谓具体是什么职位，相信很多人是不知道的。要想了解这一点，我们就要先看看禁军的由来。北宋建立的历史已经不需要多述，无外乎就是“陈桥兵变，黄袍加身”的老套路。坐上高位的宋太祖赵匡胤，对于自己权势的来历那是了如指掌，因为越清楚就越发忌惮手下人会“故技重施”，于是一场“杯酒释兵权”就在有意无意间发生了。释了兵权，还有一群忠心不贰的人来保护自己，而且这个调度权可必须握在自己手里，不然那不是将命直接给了别人吗？至此禁军就诞生了，驻扎在以京师汴梁为中心的北方，都城周围的禁军由皇帝本人直接管辖，那都是军队里一顶一的好手，可以说禁军的实力是当时所有军队里的老大，也就相当于现在的特种兵。

北宋的官职分为上下两阶，林冲的教头官职也不过是个八品下阶，上头还有都教头、虞候、都虞候、指挥使、都指挥使等高官，因此林冲在今天也就是个连级干部。既然林冲的官职实际上没听着那么大，那所谓的80万禁军又是真是假？这个倒是真的。由于赵匡胤的多疑，北宋采取“守内虚外”的政策，禁止老百姓私藏武器。如果国内一出现灾荒，朝廷就会征兵，防止灾民暴乱，因此禁军在宋仁宗时期共有军队125万9000人，其中禁兵马、步军达到82万6000人。因此80万禁军绝不是空口一谈，但是与不断增长的禁军数成正比的是国防的压力。

禁军操练图

如果说国防的压力只是北宋军事明面上的漏洞，那朝内的腐败可就是私底下的大黑洞，难以填补。

自宋徽宗即位后，北宋的政治开始走入下坡。这位宋徽宗是个优秀的书法家、绘画家，却是个不及格的皇帝。宋徽宗任用奸臣，奢侈无度，官员贪污腐败泛滥，使得整个社会乌烟瘴气。其中贪污最佳的、也是贪得最多的手段，就是克扣军饷。

据南宋朝廷的统计，在战争前线，军队军饷数是实际的70%，而在一些后方地区，那可仅是实际上的40%。军饷无法为不断增加的人数给予供应，于是政府决定允许军队经商，这样一来，士兵们不再日夜训练，反倒开始从事“纲运”，《水浒传》中“智取生辰纲”就是这么来的。

军队开始经商，因而武装力量根本比不过外人，战争屡战屡败，于是朝廷又开始征兵，想要增强兵力。但是经费却又不足，于是军队继续经商，由此一来恶性循环，整个北宋的军力越发衰微。即便后面王安石的新法采取减兵措施裁军36万人，到了靖康年间禁军总数仍有40万左右。

那么有人说了，在这么多人的情况下，即便再不济，也不至于会闹到徽宗、钦宗二帝被俘的“靖康之耻”吧？这个就要接着上面的贪污继续说了，上级中饱私囊，难过的就是那些普通士兵了。因为皇帝的滥赏，使得将士们习惯了依靠大量的赏赐才肯卖命打仗，由此很多人说宋军后期已经到了“无赏不战”的尴尬局面。但实际上更深的层面是，所谓的赏赐只到了那些在大后方指挥作战的军官的头上，而对于在前线上流血流汗的士兵们而言，却连领到足额的军饷都是奢侈之谈，这就大大消减了士兵们的积极性。有例为证，《三朝北盟汇编》中记载，靖康年间，姚古奉命驰援太原，只用了15个人就打进了德隆府并且活捉伪德隆知府，兵不血刃就恢复了一府。但是主帅姚古掩盖了他们的功绩，将功劳据为己有，只给那15个人赏赐了一些绵帛作为奖励。在一场战争中，士兵们都不肯尽力，那么最后的国破家亡也就毋庸置疑了。

相比上述的驻防边关的禁军，在都城附近的禁军可就幸福多了。由于受皇帝直接统领，奸臣不敢大幅度地在这些禁军中克扣军饷，再者北宋允许禁军士兵的家属随军，因此一个士兵的军饷完全可以养活一家人。平时除了巡逻外，最重要的就是保卫皇帝出行的安全。由此这些身体高大健壮、盔甲鲜亮的禁军们也成了彰显天子威严和皇家风范的一部分，这些“旗帜鲜明，军容雄壮，人马精锐的禁军们，也就成为了开封市民眼里‘一景也’”。那么为了保证不“愧对”市民，禁军士兵的外貌也就成了征兵时不得不参考的系数之一。为了保证后代的“质量”，就连士兵的妻子，也不能长得歪瓜裂枣，有辱市容。

文学家欧阳修曾批评京师禁军“卫兵入宿，不自持被，而使人侍之；禁兵给粮，不自荷，雇人荷之”。这群“肩不能抗，手不能提”禁军少爷们，到了开战时战斗力也就可想而知了。与北宋交过几次手的大金，深知北宋政治的腐朽和军事的无能，于是在1125年大举南下，兵分两路，西路由完颜宗翰率领从今山西大同进攻太原府；东路军由完颜宗望率领，由今河北卢龙进取燕山府。在这危急时刻，宋徽宗急忙传位给太子赵恒，也就是宋钦宗。在军队的拼死抵抗下，守住了开封，完颜宗望见状便决定施展“以和议佐攻战”的策略，议和的条件是“交金500万两，银5000万两，牛马骡各1万头匹，驼1000头、杂色缎100万匹，割让太原、中山（今河北定县）、河间三镇，尊金帝为伯父，以宋亲王、宰相做人质，送金军北渡黄河”。钦宗同意后，双方维持了一段时间的和平。靖康元年（1126），金国再次举兵攻城，时任宰相孙傅等人任用妖道郭京摆什么“六丁六甲神兵阵”大开城门，让金兵轻而易举地进了城，而那些禁军们却是“班直卫士与官兵虽排布如织，而无一人死敌，于是皆下城遁走”。

统治了中国167年的北宋王朝至此成为了历史，那曾经荣耀无比的80万禁军也随着国破成了历史的尘埃。

第二节　一万亿税收

展开长528.7厘米，宽24.8厘米的《清明上河图》，我们能看到意蕴盎然的汴京郊野，熙熙攘攘的汴河码头，人来人往的市区街道。全画共有815人，牛、马、骡、驴牲畜共73匹，车、轿、船只加起来共四五十，还有极具特色的房屋、城桥。画卷真实地再现了北宋汴京城的一部分，体现了北宋当时的繁荣景象。

人们对北宋王朝的印象分成了南北两极。一部分认为北宋繁荣昌盛，人人安居乐业。另一部分则认为北宋是历史上最糟糕的朝代，腐败贪污、积贫积弱、被动挨打，似乎一个国家能有的缺点，放到北宋身上似乎都有点“舍我其谁”的意思。那么历史上北宋的真实情况又是什么呢？

按下北宋的政治军事不表，这里主要谈谈北宋那前无古人后无来者的繁荣经济。这最有发言权的就是北宋的“钱袋子”，据史学家统计，北宋的GDP换算成今天的货币单位相当于265.5亿美元，占当时世界经济总量的60%。接着来看看“人均”，北宋的总人口在7000至8000万左右，而北宋的人均GDP为2280美元，这一数字比第一次工业革命完成后英国的人均GDP整整高出了1000美元。

另外还值得一提的是，北宋年财政收入最高曾达到16000万贯文，即便是中后期行将就木的时期，北宋王朝依然能达到8000至9000万贯文，这些数字具体想表达什么意思呢？这么说吧，明代张居正改革后，岁入400万两左右的白银。到了后期，明朝政府为了对抗后金和农民起义兵，先后增加了辽饷、剿饷和练饷的征收，也就是后期著名的“三饷加派”政策。这一强制性政策的实施，也才收到了1000万两左右的白银，全部加起来也不到北宋的1/10，而且这些都是建立在地少人少的基础上的。由此可见，仅从经济层面来看北宋绝对是当之无愧的世界第一。

那么北宋又是如何成就出这般盛世王朝的？很多人第一反应就是商税，毕竟从古至今税收一直都是国家经济的主要来源，而《清明上河图》中那热闹的汴京市集景象，又给很多人留下了深刻的印象。税收确实是北宋政府的经济来源，但商税的事实却非如此，例如宋太宗至道年间，岁入2224万贯，其中商税400万缗，只占总收入的18%。越往后商税占税收总收入的比重越低，宋真宗景德年间，商税只占9.6%；宋仁宗庆历年间，商税只占7.7%。总的来说，北宋在大多时候，商税比重根本就没有超过财政总收入的20%。

因此，北宋税收的主要来源还是对自耕农收取的两税和其他附加税，两税是北宋沿袭唐代的做法加以改造形成的新制度，所谓的两税实际上只是田租，但按照夏秋两季征税。按照作物生长的规律，夏税一般征收丝、棉、丝织品、大小麦和钱币，秋税则征收稻、粟、豆类、草作物。

北宋的自耕农在缴纳两税后，还要为两税正额缴纳名目繁多的加耗，也就是政府为了弥补损耗而加收的份额。另外除了加耗，政府还规定要在固定的地点交税，即每位纳税人必须要带着税务到指定地点缴纳，政府将其称为“支移”，例如北宋哲宗元祐二年曾规定支移的距离：一、二等户支移300里；三、四等户支移200里；五等户支移100里。那下达这样的命令又是为什么呢？原因有二：一来，这原本是因为西北边境战事的需要而产生的不得已的措施，被政府拿来广为推行，能大大减少政府的运输费用；二来，政府又增加了税收款项——道里脚钱。为了便于携带，不少纳税人将税物兑换成一定的铜钱，可在北宋，铜钱是要缴纳商税中一种过税的。那很多百姓既不愿缴过税，又不愿意支移的，就须要缴纳道里脚钱，事实上其征收幅度比原本的两税的三分之一还要多。

北宋末年，道里脚钱正式成为随田赋两税交纳的附加税，道里脚钱的数额被加以规定。宋哲宗年间，每斗脚钱高达56文，相当于宋神宗年间的征税数额。

以上种种只是百姓赋税中的民田赋，还有丁口赋、杂税赋等。丁口赋也称身丁税，也就是人头税，数额“因地制宜”，从100文到700文不一，丁口赋在整个宋代的赋役剥削制度中担任了重要角色。杂税赋和丁口赋一样，都是沿用了唐五代的税收项目，宋仁宗时将零散的杂税赋进行了分类合并，按照夏税一起缴纳。可以说在百姓这些“冤大头”的“贡献”下，保证了北宋的财政收入的稳定。

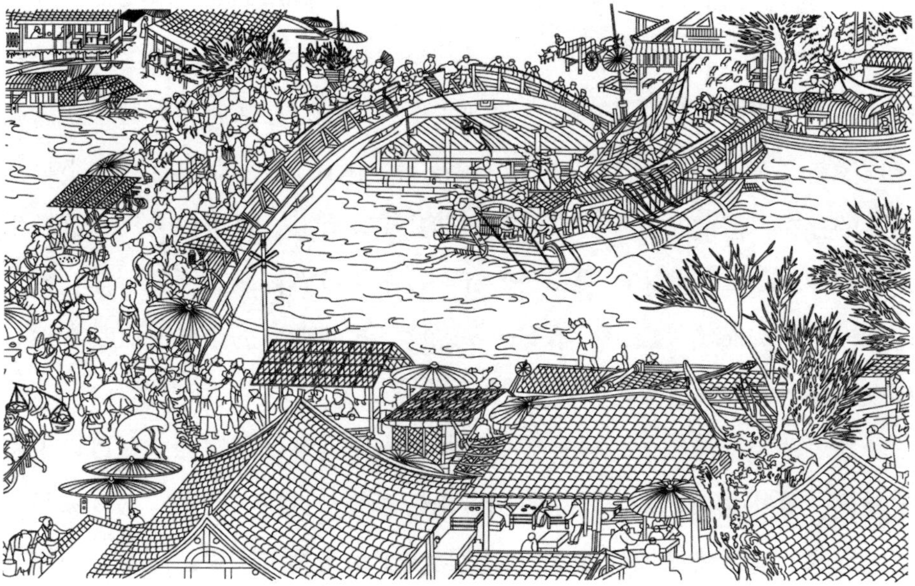

清明上河图

那么这么看来生于北宋的百姓们一定是生活在水深火热之中，就像是《水浒传》里描绘的一般，那么《清明上河图》所绘的难道是画家心中的美好祈愿？当然不是，既然说到了《水浒传》，那么就以文中一个典型的人物武大郎做例子。文中描写潘金莲与西门庆初次相遇的场面，相信大家还记得，潘金莲妩媚地半倚半靠在二楼窗边，“不小心”将叉竿滑落下去，打到了西门庆的头上，由此开始了两人的一段孽缘。《水浒传》里，潘金莲是在自家屋子的 “二楼”向下看，在各版影视剧作品中对武大郎家也有所表现，那好歹也算是“二层小楼”。武大郎携家搬到阳谷县，以武大郎卖烧饼的钱，一来就能供得起一栋两层的房子，而且自家老婆在穿衣打扮、涂脂抹粉方面可是一点没搂着来，可见北宋的市民阶层似乎并没有人们想的那么难过。而且我们可以看出，那些被“逼”上梁山的，不是受人迫害就是伤人犯罪，甚至还有被擒被骗上来的。那些没饭吃、活不下去了，因想着投奔个有钱的主才上梁山的，又有几个呢？

另一方面，北宋是历史上两个没有全国性农民起义的朝代之一；另一个是西晋，这个朝代之所以没有起义，很有可能是存活时间太短，还没起义国家就“黄了”。北宋不一样，它统治中国167年，即便有些“小打小闹”的存在，但危及整个国家的起义却几乎没有。这也可以看出，百姓生活的质量之高。在北宋时期，只要有一技之长或者你愿意努力工作，根本不愁没饭吃。渔民、农民、小商贩、老师，这些普通的市民阶层都常常有闲钱可以下馆子改善改善伙食。

从《清明上河图》也可窥见一二，北宋时期酒楼茶肆四立，可以说家家满座，另外北宋真宗、仁宗时期，街道两旁“占用人行道”的现象日益严重起来，商贩将摊铺到处摆放，使得整个街道拥挤不堪。不过，也因为这样，城南半部的汴河、惠民河沿线及城北半部的几条主要大街和坊巷，都形成了各具特色的商业街。由此也可看出北宋的商品经济发达，这也为北宋整体经济的繁荣添了一把火。

财政收入的稳定和商品经济的发达，为整个北宋经济的繁荣奠定了难以撼动的基础，再来就是在这基础上加以稳固。一个国家的经济要想达到最优，绝不是依靠“人多力量大”就能完成的，它是需要整个国家各方面的完美的协调才能促成的。

在唐朝时期，财赋主要靠汴河来运输，汴州成为了南方“轻货”运往长安的中转站，使得汴州在累年的积攒中各方面都得到了发展。北宋将都城定于这个政治、经济、文化的风水宝地，自然是最佳选择。另外，虽说北宋的疆域小于其他朝代，但土地最肥沃、气候最适宜的地区却被北宋牢牢掌握在手中，不能不说这也为经济的富庶贡献了一份力。经济的繁荣，促使人口的增长；反之，人口的增长，又能带动经济的繁荣，北宋就是这样。北宋时期人口约在7000万至8000万，这为北宋的经济发展做出了极大的贡献。

回忆历史，再没有一个王朝能像北宋政府那样，在商业的领域表现出勃勃的生机和冲劲，就像日本历史学家内藤湖南说过的："唐代是中国中世纪的结束，宋代则是中国近代的开始。"

第三节　3万斤茶叶的妥协

茶叶，最古老的饮品，与丝绸一样成为了中国古代贸易中最炙手可热的商品之一。小小的一片叶子，却在中国各朝代的战争中发挥了举足轻重的作用。最著名的当属1840年爆发的鸦片战争，虽然这件事的直接导火索是鸦片的贩卖，但归根结底却是茶叶引起的战争。工业革命后，因为茶叶的输入，使得中英之间的贸易产生了较大的逆差，中国处于绝对的出超地位。为了扭转贸易差距，英国开始向中国输出鸦片，最后才导致了鸦片战争。可以说，鸦片是明面上的果，而茶叶却是私底下的因。

除此外，茶叶也不止一次地成为了各朝代战争的赔赠物品。例如1044年的庆历和议，也就是宋夏和议。合约的内容是西夏元昊向北宋称臣，但北宋每年却要给西夏岁币绢15万匹、7万两银和3万斤茶叶。说到这件事，要先从西夏的建立说起。

西夏原属于党项一族，唐朝末年，党项族首领拓跋思恭因参与讨伐黄巢有功，皇帝赐其李姓，并加封为夏国公，任命为定难军节度使，管理五州一带，包括夏州、绥州、银州、宥州、静州，大约是今天陕西北部地区。党项一族虽然弱小，但凭着独特的政治眼光，在五代十国那个混乱的年代却走得越发沉稳。一直到北宋初，党项的统治者都能与当时的霸主们保持良好的关系。直到982年，宋太祖为了吞并党项，命党项统治者李彝殷的孙子李继捧与其族人迁居开封，同时命与北宋王朝更为亲近的李克文继任其位，并赐国姓赵姓。李继捧的弟弟李继迁不愿意归顺于北宋，于是带着一批族人逃到了陕西横山附近，没过多久在宋将尹宪的讨伐下，俘获了其大部分族人，其中就包括了李继迁的妻子和母亲。

979年，宋辽爆发战争。李继迁秉持着“打得过就打，打不过就跑”的战略，虽然多次战败，但也趁机夺回了银州、夏州等地，搅得本就筋疲力尽的北宋王朝更是无心无力去管辖。宋太祖驾崩后，宋真宗继位，为了平息战乱，割让了夏、绥、银、宥、静给李继迁，这也就在无形中默许了李继迁的统治。

1002年，李继迁遭吐蕃人暗算，被劲弩射伤后重伤去世，其子李德明继位。为了避免与宋辽的正面冲突，李德明将火力对准了周边的小国，例如吐蕃、回鹘等，为后面西夏的建立做了版图和军事上的铺垫。1031年，李德明去世，儿子李元昊继位。他积极摆脱北宋的统治，最先入手的就是自己这个姓，当年大唐王朝赐的李姓被他丢至一边，改回党项姓“嵬名”。名字改完了，还有什么能体现自己与过去的不同呢？头发！于是李元昊下令推行党项的传统发式——秃发。李元昊身先士卒，自己剃了秃发，然后派兵日夜巡逻，三日内所有民众必须秃发，否则就地处死。自己倒腾完了，就开始从国家入手了。李元昊先是定年号。最初父亲李德明用的是宋朝的年号纪年——宋明道。为了避讳父亲的名讳，李元昊先是将年号改为了显道，接着又改成了开运、广运，最后定为大庆。

1038年李元昊正式称帝，建立了“大夏”国，西夏人也称自己为“大白上国”或“白高大夏”，因为位于我国西北部，故称其为“西夏”。

西夏遗址图

自己手下的小国都敢自立为王了，北宋这个老大哥自然是忍不了，于是双方关系急剧恶化，随即便展开了一阵较量。说实话，当时的北宋手握精兵20万与西夏的30万人对抗，其中由于西夏实行全民皆兵制度，因此这30万人中老弱病残者有之，妇人亦有之。即便如此，在西夏发动的典型的三川口之战、好水川之战、麟府丰之战、定川寨之战中，夏兵却总能以10万余兵力对抗宋军的1万余兵力。这一方面是地势的原因，两国的交战的区域大多是西夏的统治区域，因此西夏人熟知地形，而北宋军队要是想讨伐西夏便要横穿沙漠，因而军队极容易迷路，粮食补给也供应不足。但最重要的一方面却是北宋自己的原因。北宋军队相较西夏而言战斗经验不足，对西夏的了解也不够深入，反过来李元昊却对北宋了如指掌，不断派遣探子打探情报。此外，因为文人在北宋不得志，于是大量的文人投奔西夏，导致北宋人才的大量流失。

几场战役下来，北宋和西夏都受到了极大的伤害，当然北宋尤其严重。三川口之战宋军出兵10万人，最后全军覆没，就连三统帅都被活捉了。好水川之战宋军也是出兵10万人，也是全军覆没，主帅任福战死。接连的战败和军队的死伤对北宋造成了一定的威慑力，当时的北宋各方面都正处于最繁盛的阶段，眼见实在是打不过，再打下去可就丢脸了，于是北宋朝臣就开始动了要议和的心思了。

另一边李元昊这边，整个西夏全部人口加起来满打满算也就不到300万，北宋人多，怎么打都不怕，西夏可不行，连续的战役让西夏损失了不少人口。此外，平常西夏每年都能从北宋得到“岁赐”，即白银万两、绢万匹、钱2万贯，这可是西夏最重要的经济来源。现在战争四起，北宋也不给自己“岁赐”了，即便是战争时能掠夺一些财物，也抵不上这“岁赐”的数量啊，整个西夏陷入了“饮无茶，衣昂贵”的社会危机。这“伤敌一千，自损八百”的处境让李元昊陷入了一个两难的境地。进，没有那么多的人力和物力；退，都已经打到这一步了，再说退已经来不及了。于是李元昊也开始想要找个中庸的办法。

思来想去，李元昊决定要议和。这一决定可让北宋乐坏了，李元昊不过就是想要让自己承认“大夏”的存在，外加让自己给他点“资助”，这和连年累月的战争比起来可简单多了。

于是1044年夏宋和议，北宋承认西夏，但西夏取消帝号，册封元昊为夏国主，夏对宋仍保持名义上称臣，实际上却是完全独立。北宋每年要赐给西夏白银7万两，绸缎15万匹，茶叶3万斤。另外，每年还在各种节日赐给西夏白银22000两，绸缎23000匹，茶叶1万斤。真心也好，假意也罢，总之这样一场和议，也算是宾主尽欢，西夏给了北宋应给的面子，北宋就给了西夏应得的银子。

有人说北宋真窝囊连个小小的西夏都灭不了。这倒也不是窝囊，一场战役的胜利需要天时地利人和的互相搭配，这三点北宋可以说是一样没占。天时比较微妙，先暂时按下不谈。地利，这个上文中略有提及，总的来说就是北宋军队进军的路线主要是陕北一带，要穿过一大片沙漠，宋军不熟地形，极容易迷路，后方的供给难以及时到位。这样即便是到达了目的地，如果不能一举攻下城池，那就是被西夏吊打的结果。人和，这一点稍微熟悉北宋的人都能知道，北宋的某些大臣是出了名的无脑。例如在李元昊刚有了要叛变北宋的心思时，其实北宋就有过一次可以斩草除根的机会，只不过让北宋自己给送出去了。那时，李元昊一心要建国，他的叔叔山遇却不同意李元昊的想法，于是亲自跑到北宋投降，告诉北宋李元昊要叛变。山遇这个人可是不得了，他当时可是李元昊的军政大臣，可以说李元昊的整个军事部署情况都在他的掌握中，把握好了山遇，那可以说是无往不利。谁想到，北宋却将山遇绑了起来送还给李元昊，最后山遇被李元昊乱箭射死，其他亲宋的人也被李元昊连根拔除。最后才促成了宋夏之间的战争。

地利人和说完了，天时就是比较后面的事了。1044年宋夏签订和约，19年后的1063年，宋仁宗去世，西夏派使者前来吊唁，期间因为礼仪问题双方发生了争执，因此大打出手。宋军在陕北一带没有优势，到了自家门前那可是威风十足。陆地作战占有优势的西夏军，极不善于攻城，因此1066年，宋军在大顺城痛击西夏军。可以说在金兵攻宋之前，宋夏之间的交战以北宋胜利为主。可惜1127年，金兵攻入开封，北宋灭亡，让原本将要被灭国的西夏有了喘息的余地。这一喘息，又喘息了100年，直到成吉思汗的蒙古铁骑才真正踏平了西夏的土地。

第四节　庆历新政10项改革

在北宋这个极具争议的历史阶段，出现了很多不靠谱的皇帝，虽然没有明朝皇帝的奇葩，但也值得大书特书，例如那耳根子极软的宋真宗；

“爸爸去哪儿”的宋英宗；投错皇帝胎的文艺青年宋徽宗；还有那金军攻城时跑去相信一个道士的妖术而大开城门，导致金兵入城、北宋灭亡的宋钦宗。好在，这一群不知所谓的帝王当中，还有个宋仁宗在中间稍微把持了下大局。

虽说宋仁宗放在整个历史的长河中只是众多帝王中的一个，但放在宋朝的历史中，绝对是一顶一的好手。即使说他的成就不至于惊天动地，但能做到及格线之上的守成帝王，也绝非易事。相信每个有才能的人都对宋仁宗统治的时期十分向往，先谈武将，虽说整个宋朝的风向都是重文轻武，但狄青死前也做到了“同中书门下平章事”，比起以前那些难以善终的武将们可是好多了。

至于文官，那可有的说了，有范仲淹、欧阳修、庞籍、包拯、王安石、柳永、司马光等等。最令人惊异的就是宋仁宗嘉祐二年的科举考试，当时考官有欧阳修、梅尧臣、王珪、范镇，而当年高中的有苏轼、苏辙、曾巩、曾布、章惇、王韶、吕惠卿、张载、程颢，这里随随便便一个人的文章都是我们学生时代背诵的噩梦。

宋仁宗虽没有过人的治国之能，但架不住有这么多得力的推手。再加上仁宗本身的宽容仁慈的性格，也为整个北宋时期的发展助了一把力。不过仁宗虽没有什么大的能力，但不代表他思想落后固执。他这一辈子最想做的事情就是变法，并想借此改变整个朝廷积贫积弱的局面。心动不如行动，于是就有了“庆历变法”。

说到“庆历变法”就不得不提之前的宋夏之战。原本，宋真宗时期与契丹签订澶渊之盟以后，北宋进入了一段相对安定和平的时期，一直到宋仁宗庆历年间，无论是经济还是文化都有很大的发展，除了每年不定时赠送金银绢布以外，整个北宋呈现出一片繁荣安居的景象。然而好日子过久了，上至帝王、下至百姓都有点飘飘然了，那么危机也就接踵而至了。

1038年，李元昊脱离北宋的统治自立为帝，在长达3年的宋夏之战中，北宋可以说是惨败，最后不得不在1044年签订了“庆历和议”，才换取了两国一段时期内的安定。

宋夏之战第一次让宋仁宗看到了北宋的危机，原本以为轻而易举就能解决的战役，反倒以北宋的屡次失败告终。再者，一些作乱分子趁着战争到处滋事，兵变、叛乱、民变一个不落地都开始了。宋仁宗陷入了沉思，如此棘手的“病变”，唯有变法方能彻底根治。于是在宋夏之战还没尘埃落定时，宋仁宗就开始筛选变法最好的人选。很快，仁宗就将目光落到了在宋夏之战中有着出色表现的范仲淹、富弼、韩琦一班人身上。

也许智者大多有先见，能从当下的情形窥探未来。

在仁宗即位初期，还未亲政之时，范仲淹就曾劝谏当时垂帘听政的刘太后要“节流”，即改革吏治，裁汰冗员，安抚将帅，不过并没有得到反响。后来他还因为几次上书仁宗和太后“讨论”家法国法而被贬官。好在，虽然意见没被重用，但范仲淹这个人倒是被仁宗记住了，一句“以为忠”奠定了范仲淹在皇帝心中良好的第一印象。太后去世后，仁宗立马就将范仲淹提拔了上来，做了右司谏“掌讽谕规谏，凡朝廷阙失，大事廷诤，小事论奏”。

有了右司谏的官职，范仲淹可谓是如虎添翼，做到了“家事国事天下事，事事关心”，大到视察蝗灾，小到皇帝的后院，可谓是件件不落。管得多了，久而久之，这脾气再好的人，也有烦躁的时候。这天，皇帝实在忍不住了，范仲淹在去往进谏的途中接到了自己被贬职远调的任命。后因治水有功，又被调回了京师。好日子没过多久，“范吕之争”爆发，整个朝廷都受到了牵连，皇帝再次将范仲淹贬出京城。

这一贬就是4年。一直到1040年，宋夏之战开始的两年后，仁宗才又开始重用他。

在宋夏之战中，范仲淹表现出色，几次抵住了西夏兵的攻击。再次看到范仲淹的才能后，宋仁宗一心觉得只有把变法交给这样的忠义之士才能事半功倍。1043年，仁宗将范仲淹调回京师，先是授枢密副使一职，又提升为参知政事，也就是副丞相，接着又提拔欧阳修、余靖、王素和蔡襄为谏官。至此，庆历变法的主要人选已经集结完毕，接着就是变法的开始。

庆历三年（1043）的九月，范仲淹上书《答手诏条陈十事》，从而揭开了“庆历变法”的序幕。范仲淹意在一举整饬吏治、厉行法治、富国强兵，扫除北宋王朝的积贫积弱之风。他在文中明确地提出了明黜陟、抑侥幸、精贡举、择官长、均公田、厚农桑、修武备、推恩信、重命令、减徭役的十项改革主张，具体内容如下：

明黜陟，即严明官吏升降制度。那时，官员的升降不问劳逸如何、不看政绩好坏，只以资历为准。故官员不求有功、但求无过，因循苟且，无所作为。范仲淹提出考核政绩，破格提拔有大功劳和明显政绩的官员，撤换有罪和不称职的官员。

抑侥幸，即限制侥幸做官和升官的途径。当时，大官每年都要自荐其子弟充京官，一个学士以上的官员，经过20年，一家兄弟子孙出任京官的就有20人。这样一个接一个地进入朝廷，不仅增加了国家开支，而且这些纨绔子弟既不干正事，又只知相互包庇，结党营私。为了国家政治的清明和减少财政开支，应该限制大官的恩荫特权，以防止他们的子弟充任馆阁要职。

精贡举，即严密贡举制度。为了培养有真才实学的人，首先应该改革科举考试内容，把原来进士科只注重诗赋的规定改为重策论，把明经科只要求死背儒家经书的词句改为要求阐述经书的意义和道理。这样，学生有真才实学，进士之法便可以依其名而求其实了。

择长官。针对当时分布在州县两级官不称职者十居八九的状况，范仲淹建议朝廷派出得力的人往各路（北宋州以上的一级监察和财政区划）检查地方政绩，奖励能员，罢免不才；选派地方官要经过认真的推荐和审查，以防止冗滥。

均公田。公田，即职田，是北宋地方官的定额收入之一，但分配往往高低不均。范仲淹认为，供给不均难以让官员尽职办事，于是他建议朝廷均衡一下他们的职田收入；没有发给职田的，按等级发给他们，使他们有足够的收入养活自己，然后便可以督责他们廉洁为政；对那些违法的人，也可予以惩办或撤职了。

厚农桑，即重视农桑等生产事业。范仲淹建议朝廷降下诏令，要求各级政府和人民讲究农田利害，兴修水利，大兴农利，制定一套奖励人民、考核官员的制度并长期实行。

修武备，即整治军备。范仲淹建议在京城附近地区招募强壮男丁，充作京畿卫士，用来辅助正规军。这些卫士，每年大约用3个季度的时光务农，一个季度的时光教练战斗，寓兵于农，实施这一制度，可以节省给养之费。京师的这种制度如果成功了，再由各地仿照执行。

推恩信，即广泛落实朝廷的惠政和信义。主管部门若有人拖延或违反赦文的施行，要依法从重处置。另外，还要向各路派遣使臣，巡察那些应当施行的各种惠政是否已施行。这样，便处处都没有阻隔皇恩的现象了。

重命令，即要严肃对待和慎重发布朝廷号令。范仲淹认为，法度是要示信于民，如今颁行不久便随即更改，为此朝廷必须讨论得出可以长久推行的条令，删去繁杂冗赘的条款，裁定为皇帝制命和国家法令，颁布下去。这样，朝廷的命令便不至于经常变更了。

减徭役。范仲淹认为如今户口已然减少，而民间对官府的供给却更加繁重。因此应将户口少的县变更为镇，将各州军的使院和州院塥署，并为一院；职官厅差人干的杂役，可派一些州城兵士去承担，将那些本不该承担公役的人全部放回农村。这样，民间便不再受繁重的困扰而忧愁了。

新政的推行在一段时间内疗效显著，削弱了不少权贵官僚的特权，但因此也使得以范仲淹为代表的新政推行者们遭到了不少人的痛恨。其中有个叫夏竦的人，对范仲淹怀恨在心，于是到处散布谣言，说范仲淹等人“结党营私”。一时间，范仲淹等人被推到了风口浪尖上。

仁宗本对这一谣言不屑一顾，但夏竦却买通婢女，诬赖新政推行者中的石介和富弼谋反，这下仁宗不能不起了疑心。最后，范仲淹迫于无奈，自己主动辞去了职位，而其他新政的成员也随之先后离了京师，至此历时一年的庆历新政最终以失败告终。

第五节　三百户一谋克，十谋克一猛安

如果说宋朝以前的历史仅由汉人主笔，写的都是汉人的思想而偶尔混入一点少数民族的色彩，那么从宋朝开始，历史就变得形形色色了。汉人有之，蒙古人有之，契丹有之，党项有之，羌亦有之。仔细翻看历史，我们会发现有一个少数民族似乎很“长寿”，它源于3000年前中国古代的一个东北民族，经历了汉唐的繁荣盛世，也挨过了三国、南北朝、五代十国的兵荒马乱，它一直顽强生存，甚至还呈现出愈发兴盛的趋势，它就是女真族，

大多人认为，“女真”作为一个族称最初始于五代至唐期间。在此前，不同书籍有不同的族称记载，如女直、女贞、虑真、朱理真、珠尔真

等等。女真虽然存在了几千年，但真正进入人们的视线却是自宋朝以后。这里就要说到女真在辽朝时期的处境，那时契丹人为了能更好地统治女真族，对其实行“分而治之”，就是将那些居住在南部的豪门大族的女真人编入契丹籍，被契丹统治，这部分人后来被称为“熟女真”。与之对应的就是“生女真”，这些人大多住在北部。

在“生女真”之中，有个女真王族——完颜氏。如今说到完颜，大多人受金庸先生的《射雕英雄传》的影响，第一反应就是完颜洪烈，的确他就是这里的完颜氏的后人之一。历史上也确有其人，但是没有金庸先生说得那么厉害，除了身份和姓氏，其他都是金庸先生虚构的。历史上的完颜洪烈，叫作完颜忒邻，只活了两年就去世了。不过完颜这个姓氏倒是存活得很久，它可是女真主源黑水靺鞨的直系后裔。那时完颜一族居住在鸭绿江上游及图们江流域，后迁至完达山。

完颜阿骨打像图

1068年，一个改变完颜、改变女真历史的人出生了，他就是完颜阿骨打。那时的“生女真”分了几十个部落，其中完颜一族独大，各部落间虽不至于兵刃既接，但也不太平。完颜阿骨打的爷爷完颜乌古乃任部长时，联合了十几个部落组成了部落联盟，他任部落联盟长；后面完颜阿骨打的父亲完颜劾里钵接过父亲的衣钵，让联盟扩大到了30个部落；等到完颜阿骨打即位时，整个联盟已经初见一个国家的雏形了。

从一个小部落到部落联盟，其中起到关键作用的就是女真独特的军事和社会组织单位——猛安谋克。它实际上就是脱胎于原始氏族制下的一种集体狩猎组织，最初是同氏族的人为了征掠和围猎的需要而设的以不定人数划分的编制组织，后期才发展成为固定的军事组织。其组织的成员大多是青壮年，他们平时与常人无异，但只要一有战争，他们就成了士兵。

组织里，首领大多由部长或族长世袭担任，首领和士兵的等级界限没有明显的区分，无论你是大元帅还是万户，抑或是百户，都需要自备武器、军马和粮草，没有任何特殊待遇。最初的时候，猛安谋克作为军事编制单位，其人数多少不定。《金史·兵志》中曾有记载“其部长曰孛堇，行兵则称曰猛安、谋克，从其多寡以为号。猛安者，千夫长也，谋克者，百夫长也”。直到1114年，完颜阿骨打为了能方便管理即将建立的金国，将猛安谋克规定为“三百户为谋克，十谋克为猛安”。

这样，猛安谋克的组织系统，实际上是包括行政组织系统的猛安谋克和军事组织系统的猛安谋克。作为地方行政组织的猛安谋克是在原始的猛安谋克的以血缘为纽带的部落氏族变为制度上的村寨组织的结合；由千夫长、百夫长变为千户长、百户长。并将地方系统设置为“京（相当于汉族系统的兵马都总管）——府（相当于汉族系统的兵马总管府）——猛安（相当于汉族系统的防御州）——谋克（相当于汉族系统的县）——村寨”。

而猛安谋克在属于地方军事系统的兵马都总管和兵马总管府之下，自成一个系统，与州、县互不归属统领，猛安的地位在节镇之下、刺史之上，相当于防御使，谋克相当于县令，寨使则相当于主首，这整个构成了金的一个整体的系统官制中的一个系统。至于猛安谋克的原本统领者们，则被纳入地方行政官制度的结构中，与地方官一般行使地方管理权力。

从1115年，完颜阿骨打建立金朝，随着金政府的不断完善，猛安谋克的官阶也被确定了下来，诸猛安从四品，诸谋克从五品。诸猛安的主要作用就是整顿军务，训练士兵、劝课农桑、防捍不虞和御制盗贼；而诸谋克的主要作用除了同样是训练士兵、劝课农桑和治安管理外，还多了抚辑军户、按察所部、宣导风化、平理狱讼、通检推排簿籍，总之无论是诸猛安还是诸谋克，他们在整个军事管理、社会生产中发挥了重要的作用。

至于军事组织系统的猛安谋克，不再像以前一样是地方的行政组织，而变成了一个独立的军事组织。在猛安之上置军帅，军帅之上置万户，万户之上置都统；在谋克以下的统属系统是蒲辇、正军、阿里喜。作为军事组织系统的猛安谋克最高统帅是都统，府称都统府。除了战时作为军队士兵出战外，平时的猛安谋克还要负责宫廷和城区的安全、驻防和防边等工作。

说白了，猛安谋克其实与清朝的八旗制度有着异曲同工之妙，甚至可以说它与八旗制度是本体和发展的关系。八旗是明朝后期努尔哈赤为了统一女真各部而推行的“民兵合一”的组织形式，是后来清军的力量核心。而猛安谋克与之类似，同样是“民兵合一”“军政合一”，唯一不同的是猛安谋克更像是一个防御组织。总之，在女真的统治中，分为行政与军事两个系统的猛安谋克构成了金代女真社会和军事最基础的特点，为女真建立的金国的100多年的统治打下了一定的基础。

在猛安谋克的框架下，女真整体的力量大大增加，也越来越不服辽国的统治。那时，契丹贵族对女真人并不看中，到了辽朝晚期，整个政坛混乱不堪，时任皇帝天祚帝昏庸无能，一味地剥削压榨其统治下的女真族，不断向女真人索取人参、貂皮等贡品。女真人民一直生活在水深火热之中，却敢怒不敢言。

1112年天祚帝赴长春州与女真各族的酋长聚会时，对各部酋长肆行侮辱，使得完颜阿骨打决意反抗辽廷。1114年，金国建立的前一年，完颜阿骨打率领女真各部落起兵反辽。经历了11年的征战，最终在1125年推翻了辽国，金国又在两年后南下灭了北宋。自此金国一路高歌直上，到完颜雍和完颜璟统治的时期达到高峰。

不过随着时间的推移，猛安谋克的弊端也渐渐显露了出来。它人员的成分过于多元，有纯正的女真人，也有战败被俘的契丹人、汉人等等，使得原本就是在地域关系的基础上维持的猛安谋克成员关系变得更为淡薄。再者，随着整体迁移，大量女真人被汉化，在中原地区不再需要以前的团体狩猎，而本身又不善于耕种，整日无所事事，渐渐地，许多青壮年战斗力大大减弱。其次，金国建立后，女真人不再需要像以前那样东征西战，加上政府给予猛安谋克的优厚待遇，使得不少猛安谋克变得懒散失志、安于现状。因此即便历代金国的统治者不断地对猛安谋克进行改革，但仍没有从实质上增强金国的战斗力。这也就是为什么当年能吞辽灭宋的大金，却在百年后毁于蒙古大军的铁蹄之下。

第六节　1500处驿站

从古至今，无论是在战火纷飞的乱世，还是在歌舞升平的盛世，信息都占据着极其重要的位置，那么由此衍生而来的信息传递也变得尤为重要。历朝历代的帝王在即位后无不大力建立自己的信息传递系统。其中，驿站是中国历代最重要的信息传递组织。中国古代的驿站，兼具军事和政治的功能，是整个封建系统集权的体现。

中国创立驿站制度由来已久，早在3000年前就已经有了。古时候的驿站，实际上就相当于一个招待所、小旅馆和邮局，供人休息、换马，还能寄取东西。秦汉时期规定，三十里设一驿站，每个驿站间相隔十里要设立一亭，五里就要设一邮。值得一提的是汉高祖刘邦就曾是亭长出身，或许也是由于这个原因，汉朝驿站的公文传递速度很快。据说从金城到长安，也就是今天从甘肃永靖到陕西西安，全程700多公里，来回最快只需要7天。

到了隋唐时期，整个驿站系统就更加完备了。唐朝的驿站系统分为驿和传，驿是日行六驿，180里左右；而传则是日行四驿，120里左右。杜牧诗作中经典的一句“一骑红尘妃子笑，无人知是荔枝来”，描写的就是驿站为杨贵妃送荔枝的事情。

宋朝初期，驿站由掌管军政的枢密院管辖，后期元丰年间，宋神宗将其改为兵部之下的一个驾部管理。此外宋朝时期的驿站已经将住店休息的招待所功能和寄取东西的邮局功能一分为二，前者改称驿馆，而后者则叫递铺。递铺专门传递皇家文书信件，分有步递、马递、急脚递、金字牌急脚递，紧急程度依次递增。金字牌急脚递，有个更为通俗的名字——“十二道金牌”，就是历史上宋高宗为了将岳飞召回朝廷而下达的十二道金牌。金字牌急脚递的传递方式就像是马拉松式的接力赛，因为十分紧急，所以不能在递铺里停留，于是每当要接近一个递铺时就要摇铃铛，铺里的人听到后就要立刻驾马做好准备，当人来了以后，两人在马背上交接传递便直接驾马飞奔，路上昼夜不停，直到到达下一个递铺。有意思的是，这个金字牌急脚递自设立之初就没使用过几次，而最重要的一次就是用在了大英雄岳飞身上，最后还间接导致了南宋的灭亡。

到宋朝以前，驿站的传递方式不外乎是步递或是马递，到了元朝则大大发生了变化。元朝的驿站制度也比以前朝代更为发达和完善，可以说元朝的驿站制度是当时世界最先进的信息传递方式之一。

元朝驿站遗址图

元朝，是由蒙古族建立的王朝，其前身是1206年成吉思汗建立的大蒙古国。从成吉思汗手中接过的大蒙古国，经历了32年的发展分裂成了大汗之国和四大汗国。四大汗国分别是金帐汗国（又称钦察汗国）、察合台汗国、窝阔台汗国和伊利汗国。大汗之国，也就是后来的元朝，是四大汗国的宗主国，名义上四大汗国要服从蒙古大汗，但实际上却是各自为政，互相斗争。1271年，忽必烈创建元朝，命国号为大元，取自于《周易》中的“大哉乾元，万物资始”。

蒙古帝国疆域辽阔是众所周知的事情，大汗之国和四大汗国的领土加起来约4000万平方公里，西到多瑙河、小亚细亚和两河流域，东到朝鲜半岛，南到西藏地区和中国南海，北面包括西伯利亚，占全球陆地面积四分之一。即便单算元朝统一全国后的疆域也有1372万平方公里，北到蒙古、西伯利亚，南到南海，西南包括今西藏、云南，西北至今新疆东部，东北至外兴安岭、鄂霍次克海。

统治这么一个幅员辽阔的疆土，通信变得更为艰难和重要，蒙古的统治者深知这一点，成吉思汗在征战的同时不断让人修筑驿站，窝阔台在刚即大汗之位时，也下令在全境内建驿站。但真正大规模地修筑驿站却是从忽必烈开始的。

1264年忽必烈迁都燕京，1271年设燕京为大都，建国号为元。同年，在宰相耶律楚材的主政下，颁布《站赤条划》，“站赤”就是由蒙古语中的驿站音译过来的。站赤下总分两大类陆站和水站，顾名思义陆站就是掌管陆地上的驿站，而水站则负责水上的。陆站下又分成了马站、牛站、车站、轿站、步站5个细项。驿站间的距离从五六十里至百数里不等，如果驿站间有距离较远的，中间会设置一个邀站，供使者休息。

元代的驿站除了接送各国使臣、提供食宿、传递信息外，还要负责运送贡品和行李。当战争时期，更要负责给部队运送军需的工作。在驿站工作的驿夫大多是出自民间，每个驿站都会有若干驿夫，他们最主要的工作是管理驿站里的交通工具。每站所备的马、牛、舟、车等交通工具的数目视其繁忙程度而定，从两三千户到百余户不一；如果是步站，还会有搬运夫，专门负责货物运送。此外，驿夫还要轮流充当驭手或水手，并为过往的使臣提供规定标准的饮食，在蒙古语称驿夫为“首思”，汉语则译为“祗应”。

和宋朝一样，元朝也设了一个专门传递朝廷和官府的紧急官文的组织——急递铺。元世祖规定，自燕京至开平府，复自开平府至京兆，每10里、15里或是20里，便设立一铺，里面的铺卒一般是5至16人，多匹好马。急递铺里的铺卒每天必须一人一马装备齐全，以备能够随时传递可能到来的公文。文书传递时每天要走400里，其间铺卒要悬铃、持枪、挟雨衣，到了夜里则是举着火炬，路上无论是车马还是行人，听到铃声便要立刻停下来避让，否则格杀勿论。据说，忽必烈很喜欢吃新鲜水果，于是每天就让急递铺的人从百里外给自己送水果，早上刚摘的水果，晚上就能送到忽必烈的寝宫里。对于在原本由汉人统治的土地建立驿站时，忽必烈“因地制宜”，规定“敕诸牛铺马站，每一百户置汉车一十具，各站俱置米仓。站户每年一牌内纳米一石，令百户一人掌之。北使臣每日支肉一斤、面一斤、米一升、酒一瓶”。

最初元朝的站赤归属于中书省右三部，经过几次更改，最后改由通政院统一掌管全国的站赤。而地方对站赤的管理则是由各路直接管理，任何州县官都不能加以干涉。每个站赤设有站官，大站是驿令或是提领；而小站则只有提领；如果是交通要塞还会设立“脱脱禾孙”来检查乘驿人员的真假和是否带有违禁品，相当于现代的安检员。当时乘驿的凭证分有圆牌、铺马圣旨和札子。圆牌专用于军情急务，因此带有圆牌的使者就拥有一定的特权，例如同等条件下， 持圆牌者优先择良马，当情况紧急时还可以抢夺官民的马作为已用。铺马圣旨也称御宝圣旨，用于一般差遣人员。铺马札子则是由各官府出具的乘驿证明。

13世纪中叶，马可·波罗游历中国时，就曾经惊叹于元朝的驿站制度“难以用语言来形容的”“十分奇异的制度”。在忽必烈的统治下，全国形成了以驿站为主体的马递网路和以急递铺为主体的步递网路，各类驿站共有1500多处，在驿站工作的驿夫更是达到了二三十万。元朝的驿站星罗密布，其规模之大、分布之广，远超历代，为促进整个元帝国的经济、文化的发展提供了最广阔和便利的基础，对元朝政治的集权统治有着重要的作用，也为明清两代的公文投递制度奠定了基础。

第七节　大都城内50坊

1279年，秋天，在这个寒风萧瑟的季节，一个民族悄然崛起，元世祖忽必烈消灭了南宋最后一支抵抗力量，建立了元朝。定都在北京。

元朝，它的前身位于我国西北的大蒙古国，由一代天骄成吉思汗建立。1206年，成吉思汗统一了漠北各部，在广袤辽阔的蒙古草原上建立了大蒙古国。这个新起的王朝如同草原上最凶猛的狼，它从未想过停下扩张的脚步。

在成吉思汗十四年（1219），10万蒙古主力军由成吉思汗亲自率领，向欧洲挺进，令世界为之战栗。蒙古的西征一共有3次，最远时攻打到了伏尔加河上游，一大片欧洲领土成为了大蒙古国的领土。骁勇善战的蒙古人在战争中出尽风头，也正是这三次西征，由此大蒙古国当时在欧亚大陆风头无二。

成吉思汗二十二年（1227），大蒙古国消灭西夏后，又马不停蹄地在元太宗六年（1234）覆灭了金朝，此时华北地区已经完全被蒙古国占领。

1260年，忽必烈即位，经过10年的政治斗争，他在1271年统一了中国，并改国号为“大元”，取的是《周易》中“大哉乾元”之意。次年，由刘秉忠设计规划的大都城坐落在了金国平原上。大都，突厥语称为“汗八里”，其意为“大汗的居所”。

“匠人营国，方九里，旁三门。国中九经九纬，经涂九轨，左祖右社，面朝后市。”大都在设计的时候参考了《周礼·考工记》，城市的整体观感宏伟壮观，规划严整。其中，11个城门，城门后有9条大道条条相交通，南北向称为“经”、东西向称为“纬”，且纵横交错，端方严整如棋盘，直待人落子。

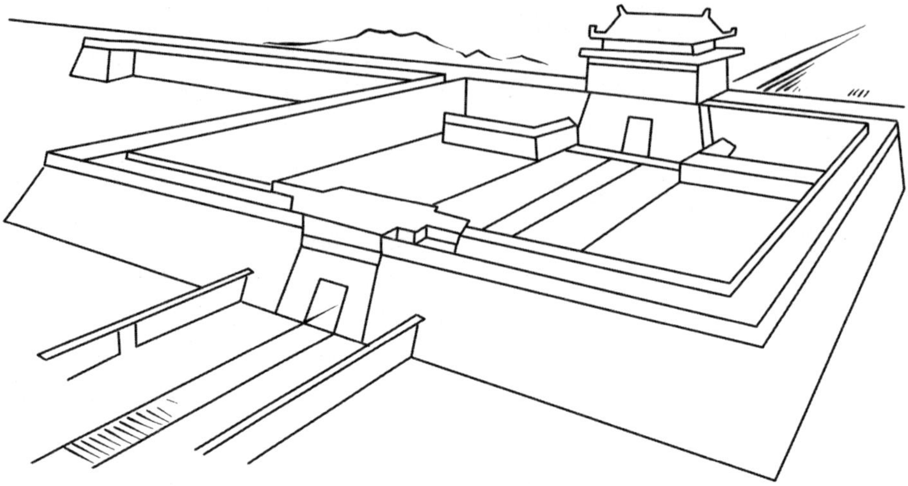

元大都部分复原图

《马可·波罗游记》中也有记载："全城的设计都用直线规划。大体上，所有街道全是笔直走向，直达城根。一个人若登城站在城门上，朝正前方远望，便可看见对面城墙的城门。城内公共街道两侧，有各种各样的商店和货摊，整个城市按四方形布置，便是一块棋盘了。"

大都由外城、皇城，宫城层层嵌套合而成，布局严密。城中央镇南是宫城，积水潭与太液池环绕着宫城，宫城外有太内宫、隆福宫和兴圣宫组成的皇城，这三城环绕着太液池。皇城外有一漕运河道，再外便是外城了，各类小作坊、小商铺如满天星辰般分布在大都各处，官署则按照天上的星宿来进行布局，零散在城中各个区域。大都位于现今北京的中心，它的格局排布传延明清，基本上就是现今北京的格局。

位于华北平原的大都自然比不上水源充足的烟雨江南，这便是一大难处。蒙古的游牧民族自古来便有"逐水草而居"的习惯，这样的干旱缺水的状况是无法让这个都城承担它的使命的。但智慧的古人很快想到了摆脱困境的方法，他们将水源作为规划的中心来确定城市的格局，使城市与水源紧紧贴合，形成家家有井、西郊引水的局面，这就在一定程度上解决了一部分水源的问题。

大都中有一渠，即从通州到大都的通惠河，用以运粮等漕运事项，所以又被称为运粮河。这条河正是大都中水资源现象的写照。因为承担了运输货物的重任，通惠河必须沿河设闸，待到货船开到，再将闸门打开，这就需要很大的水流量，相传元代科学家郭守敬为了增加通惠河的流量，便将京郊的泉水汇集，使它们汇集到通惠河中，用以增加运河水量。但这种方法却并非长久之计，因为通惠河上游有无数支流，而国家无法时时监控这些支流，支流的水资源总是被有权有势的地主、寺庙私占灌溉，导致支流流量减少，那么运河的漕运自然也受到了不小的影响。虽然国家不停地颁布禁令，惩罚也不断加重，但法难责众，层层腐败下也难以一一拔除毒瘤。元代大都的漕运便这样坎坷地发展下去，但无论如何，大都仍是当时世界上的国际性大城市。

关于大都，古籍有许多记载。元朝疆域辽阔，拥有着让人引以为傲的土地与战斗力，自亚洲到欧洲都有殖民地。大都乃是王朝京城，是政治文化的中心。是以大都人烟稠密，商品经济发达，熙熙攘攘，又常年与海外各国有经济文化交流，称其为国际性的大都市也不为过。

《析津志》有云："大街二十，四步阔，小街十二步阔。三百八十四火巷，二十九弄通。"这句话描述了大都的街道。根据今人考证，大都的"大街"约25米宽；"小街"13米宽；胡同这样的小路约6米宽。这样的宽阔街道，恐怕对比于现代都市的道路也不遑多让。

元朝建都时，是以一点为中心然后向四周散开的。这所谓的一点中心，便是建造的一个中心阁。《析津志》载，"齐政楼，都城之丽谯也。东中心阁"。此中心阁向南则为皇城；向东便是国子监、孔庙；往西处看便是钟楼、鼓楼；再往西追寻则是明代漕运的终点——积水潭。

作为运河的终点，积水潭一带商品经济十分繁荣，文献记载了此处盛况：“钟楼之东南转角街市俱是针铺。西斜街临海子，率多歌台酒馆，有望湖亭，昔日皆贵官游赏之地。楼之左右俱有果木饼面柴炭器用之属。”此地坊市众多，有米市、缎子市、皮帽市、鹅鸭市、沙剌市、柴炭市、铁器市等，来来往往，品类繁多，热闹无比。

海门大开后，“川陕豪商，吴楚大贾，飞帆一苇，径抵辇下”，又有无数海外商品也在这个城市传卖。这些珍奇异宝的购买者多为达官显贵，锦纨罗绮，玳瑁犀香，他们在这里挥金如土，自然相应地也出现了豪商巨贾，他们在大洲间巡游，贩卖珍玩。

马可·波罗是威尼斯13世纪的旅行家、商人，在17岁的时候，年纪轻轻的马可·波罗跟随着父亲与叔叔来到亚洲，来到中国的广袤土地上。他在1275年来到元朝的首都大都，并在中国游历了整整17年。

回到欧洲，他在他的著作《马可·波罗游记》中写道：“凡世界上最为稀奇珍贵的东西，都能在这座城市找到，特别是印度的商品，如宝石、珍珠、药材和香料。”货物之多、之杂，甚至“根据登记表明，用马车和驮马载运生丝到京城的，每日不下一千辆次”。这使人不由感叹“本朝富庶殷实莫盛于此”。

然而大都的繁荣并不仅仅体现在达官显贵、奇珍异宝上。皇城北面的钟大街是一个极繁华地段，令人奇怪的是，在钟鼓大街的附近有着一个著名的“穷汉市”，这个市集主要是城市中的穷人出卖劳动力的地方，无论多么繁华的城市都会有贫穷的存在，这正是大都的宽容之处。在城中的其他地方也有各种为穷人而形成的街市，有蒸饼市、穷汉市、果市、菜市、草市等。水陆交通的前三门也有很多商铺，工人、大商铺大富豪和运货工人的阶级对比造成了前三门城乡结合部式的繁荣又呈现出新旧二城的繁华市容，这种城乡结合的风貌并没有损伤大都的宏大气势，反而更加增添了大都的包容性。

在大都里，无论贫富，无论身份的高低贵贱，地下井水一样地滋润着他们，京郊的泉水一样地灌溉着他们的土地。大都中的五十坊，端贵方正，暗合天地方圆，不断吸引着来自世界各地的人们，即使繁华泯灭，仍然展现了一个盛世王朝的宽广胸襟和气度。

第八节　12气历沿用至今

我国历法的历史最早可追溯到夏朝，夏历是我们现有文字记载中的最古老汉族历法之一。夏历与黄帝历、颛顼历、殷历、周历、鲁历合称古六历。时至今日，我们依然能在古籍中找到夏历推断计算时间规律的记载，其他五个历法却没有。

夏历以冬至的月份作为第一个月份，在它的计算中一年大概是366天，这就与正规计算出现了一些偏差，所以机智的古人们就会采用减差法和正闰余来调整时差，这便是四年一闰的原因所在。庄子在《逍遥游》中写“朝菌不知晦朔，惠蛄不知春秋。”又有言称，“无月为朔，满月为望”。“朔”即指初一，“望”即指十五。夏历中采用的便是“定朔法”，即以朔日为初一，再将一年划分为二十四个节气，这一做法既反映了太阳运行对地球的影响，又反映了月亮对潮汐式、对地球的影响，这对那个科技落后的时代而言，实为难得。

虽然难得，但历史的脚步不会停止，我国的历法进程也不会停滞在这样的初级阶段，故而，随着科学和认知的进步，我国的历法也在不断地丰富和发展。大浪淘沙，经过一千多年的发展，历法的知识也在宋朝达到了一个高峰。北宋科学家沈括创造了十二气历。

沈括其人，乃是北宋著名的科学家、政治家、思想家。他在科学、技术、文学、艺术、历史、考古等诸多领域上都有所涉猎，可称全才。他最为人所熟知的就是他在科学上的成就。他的著作《梦溪笔谈》就是记载我国古代自然科学和社会文化成就的书籍，内容包罗万象、丰富无比，十二气历，就在其中。

沈括自幼受北宋儒学中的求理精神影响，他秉持一生的科学精神也由此得来，十二气历便是他在历法上的成就。十二气历与现在的阳历相似，而这些结论都是由他亲自观察揣摩得来。首先，他用了足足五年的时间来观察昼夜，观察日星月亮的变化，来寻找期间的变化规律和实验数据。在他长期的观察实验下，否定了“定朔法”，不用闰月。

闰月虽然有利于节气的观测和选择，但“定朔法”也有明显的缺陷，“定朔法”中闰月的存在使一年的时间有所混乱，如用“定朔法”，一年就变成了366天，十二月为一年，则春夏秋冬一季为3个月，可是如果这一年之中有闰月的话，一季就变成了4个月。夏历中的“定朔法”是以太阳运动的轨迹来制定节气，以月亮的运动轨迹来制定月份，这两者的关系却难以固定、和谐，容易造成一定范围的混乱。再有，从节气来看，古代农民是根据节气来干农活的，如用“定朔法”，节气在一年中的位置则难以固定，社会底层没有文化的农民难以随着历法来改变自己的生活，因此无法广泛推广。

思前想后，几经波折后沈括选择用节气来定月，这样，它不仅和二十四节气相吻合，正确地反映季节和寒暑交替的客观规律，更令人惊讶赞叹的是，它和天干地支竟然也能巧妙地吻合起来。沈括的十二气历既方便了农时，使农民更好更方便地掌握了劳动的时间，又体现了科学价值和实用意义。但是在传统氛围浓厚，尊崇夏历的时代，沈括的十二历法注定要被尘埃掩埋，直到历史的风烟散开，我们才会给他一个公平的答案。沈括却是一个浊世清明人，他预见了新历法的结局，说：“今此历论，尤当取怪怨攻骂，然异时必有用予之说者。”纵观整个人类历史，一切总是拨云见日的，时间会给这个世界一个答案。在20世纪30年代的英国，气象局使用“萧伯纳历”来计算农业生产的气候，它的原理与十二气历庶几相同。

时空变幻，岁月流转。在不断发展的世界里，没有一成不变的事物。

时间来到了元朝。我国的历法遇到了郭守敬。郭守敬自幼便聪明伶俐，他的外祖父郭荣是一位著名的学者，他不仅精通五经、算术，在天文学方面还有所成就。受外祖父影响，年幼的郭守敬也对天文学产生了浓厚的兴趣。时局动荡，虽然人们的思想有所开放，但研究天文学并不相当于现在人人称道的科学家，在一般人眼里，只有科举才是人生的正途。在外界的压力下，郭守敬只好暂时放下了他的梦想转而投身其他方向的研究。但他没有忘记曾经的坚持，《授时历》便是在这样的坚持下完成的。

1276年，元世祖忽必烈统一了中原，定都大都，同时采纳了刘秉忠的建议，决定颁布元朝自己的历法。但想要完成一部历法并不是容易的。首先是工具上的问题，大都中观测天文的仪器基本上都是金国遗留下来的。其中的大件浑仪更是北宋时代的产物，真让人哭笑不得，难以着手。其次，元朝的疆域辽阔，南北、东西的跨度都很大，各地的日升月落、昼夜时差差距亦是不小，这更增添了修订历法的难度。但郭守敬没有放弃，在这样的环境中，咬牙坚持是他唯一能做的。于是，在艰难的环境下，他组织了声势浩大的“四海观测”。几十个科学家们分赴各地，丈量各地的昼夜长短之间的差距、日月星辰等天体的位置等。郭守敬在全国共设立了27个观测站，足足覆盖了小半个亚欧，从朝鲜半岛到河西走廊，从西伯利亚到四川盆地。范围之广，人数之众，实乃罕见。据史书记载，这次“四海大观测”共“设监侯官一十四员，分道而出，东至高丽，西极滇池，南逾朱崖，北尽铁勒，四海测验，凡二十七所”。

结束了“四海观测”后，到了近知天命之年，郭守敬仍没有停下脚步，开始编纂《授时历》。历法的编纂周期长，又枯燥无味，工作人员换了一波又一波，只有郭守敬仍在坚持、仍在继续，默默无闻地坚守战线。直到1280年，《授时历》方才修订完成。后来元世祖根据《礼记》中“敬授民时”的古语，为这个历法赐名为《授时历》。

《授时历》比前代历法更胜一筹，它将一回归年的时间定为365.2425日，这个时间仅仅比地球绕太阳公转一周的真正时间差25.92秒。传奇的是，在《授时历》的推断中，1299年八月己酉朔巳时的时候，会有一场日食，记曰：“日食二分有奇。”可是等到了这一天，却没有看到日食。对于我们来看，这大概也只是一次技术不成熟下的失败的观察。但在1000年后的今天，现代天文学却推算出来，在1000年前的那天中午的确是发生了日食，但这只是一次很小的日环食。食分极小，更因为时近中午、阳光明亮，当时的天文设备无法观察到，因而才作为一次失误被记录下来。

无论是阴历还是阳历，或者是一年四季二十四个节气，在我们的骨血中仍然刻着“敬授民时”四个字。无论是在城市或者乡村都家喻户晓，而在春分和立秋的时分我们也都会有所感慨。蹚过了那么长的时间之河，我们仍不会放弃先人留下的珍宝，我们会将它捧在手心，走过一季春秋又一岁枯荣。

第九节　60个剧本的一生

关汉卿的一生是充满传奇的一生。虽然历史典籍对他生平的记载非常简短，但我们却依然能从他书写的杂剧故事中体会他生活里的艰难以及他周围普通百姓的生活气象，甚至连整个元朝的社会政治变革都能在从他编写的故事情节中得到体现。

元朝是中国历史上外族统治中国的一个失败案例，虽然蒙古人成功地将陆地面积1/3的亚欧大陆收入囊中，并且以元大都为中心开始了幅员辽阔的统治，但来自游牧民族的奴隶制习性却给元朝的封建制度带来倒退的趋势。

和康熙大帝满汉一家的政策不同，忽必烈在进入中原后，首先实行的是人群的划分和等级制度的设立。那时，整个中原大地的人被划分为蒙古人、色目人、汉人和南人四个等级。其中，汉人指的是南宋末年北方大地上被金人奴役的汉人，南人指的是南宋统治区域内归乡的汉人，而色目人则是来自除了汉人和南人之外的少数民族及外来民族的常住居民。

作为中原大地上土生土长的民族，汉族在历史上始终处于主导的地位。即便是“十六国”的魏晋南北朝时期，汉人最次的境地也是与外族划江而治。即便如此，汉人所在的东晋及南朝依然是整个时代的政治、经济中心，文化也处于领先的水平。

而在元朝，暴力却一反常态地变成了制伏文明的武器。在武力的威胁下，文化水平更具优势的汉人没有了用武之地，即便他们懂得更多的治国之道，蒙古族的统治者也没有为他们开放施展才华的平台。这种历史背景下，汉族人只能在流离失所中仓皇度日，原本积累多年的文化知识也只能转移到诗歌与文化创作中。

关汉卿像图

对于关汉卿来说，元杂剧构建的舞台和虚幻空间就是他针砭时弊的好地方。虽然在那里惩恶扬善的过程只是短暂的，但他却坚信来自灵魂深处的教育与撞击才能唤醒民族的反抗。

横亘在剧本角色身上的各种桎梏如现实中一般沉重，即便是在苍天的眼中，如此惨绝人寰的世道也令人无法接受。《窦娥冤》中，窦娥的父亲窦天章是一名穷困潦倒的书生，长期欠债无法偿还的困窘让他不得不同意将自己的女儿作为抵押送给了蔡婆婆当童养媳。窦娥无法选择自己的命运，而天生的顺从又让她选择了安于现状，使得她以自己最大的努力扮演好童养媳的角色。

可惜，世道的险恶却并不会因为顺从而有所收敛。丈夫的去世让窦娥尝到了离别的苦涩，而无赖张驴儿觊觎窦娥的美色，这让她吃尽了人间的苦难。另外，不同意张驴儿抢占自己儿媳的蔡婆婆又成了他下毒的对象，阴差阳错里，张驴儿将自己的爹杀害了，反诬陷是窦娥下的毒。

人心叵测里，窦娥唯一能指望的是官府的公正和官员的廉洁，可在昏庸的元朝管理制度中，"廉政"早已成了奢侈品，身无分文的窦娥又怎么能逃出屈打成招的黑色旋涡呢？

官府的严刑逼供让窦娥生不如死，不愿婆婆继续受苦的窦娥只好强忍悲痛承认莫须有的罪名。太守桃杌心满意足地结束了自己的审判，一纸诉状，窦娥被判处极刑。蔡婆婆伤心欲绝，控诉官员的昏庸至极，但区区百姓的指责又怎能撼动官员高高在上的地位。

行刑前，窦娥孝顺地与自己的婆母告别。上刑台后，她为了证明自己的清白更是指天立誓，说死后血溅白练而不沾地，六月飞霜三尺掩其尸且楚州将大旱三年。太守无视窦娥的誓言，即便后来这些话一一应验了，他也没有任何重新审查的觉悟。

三年后，窦娥的冤魂依然无法散去。她游荡到自己父亲担任廉访使的住宅告状，父亲这才知道了女儿的冤情，才重新派人审查女儿的案件，并最终还窦娥一个清白之身。

作为东方浪漫主义情节的代表，《窦娥冤》的故事多少有些幻想的成分，但作为关汉卿同情百姓遭遇、号召百姓们一同反抗的作品，这样求助于神鬼的设计却更体现了百姓状告无门的悲惨境地。人们庆幸窦娥有个担任廉访使的父亲，更高兴于她最后的平反昭雪。但喜极而泣之余，现实的凄惨却更似巨浪一般袭来。毕竟，并不是谁都能有这样的父亲，也并不是所有的冤魂都还能重新获得平反的机会。那些因为求助无门而草草结案的故事背后，草菅人命的真相让人想起来都觉得毛骨悚然、夜不能寐。

在关汉卿的作品里，除了朝廷和官吏的昏庸可以遭受质疑，被压迫的女性也可以拿起反抗的大棒改变自己的悲惨命运。他甚至相信只要拥有智慧和勇气，那些禁锢汉人脚步的重重压迫就不是打不破的魔咒。

《救风尘》中，妓女宋引章的命运可谓悲喜交加。一个风尘女子，能有情郎将自己赎出妓院自然是天大的幸事，但她怎么也没想到这样幸福的场面却因为情郎周舍的恶棍本性而变成了离开狼窝、又入虎穴的悲剧。

对周舍来说，他需要的并不是一个居家过日的妻子，而是一个可以给他发泄残暴本性的奴隶。嫁到周家后，宋引章过的日子连在妓院的时候都不如。鸨母因为要她赚钱还会给点好脸色，但周舍对宋引章却是非打即骂，连最普通的嘘寒问暖都未曾有过。

面对这样的生活，宋引章只能感叹自己命不好，但具有反抗意识的好姐妹、同为妓女出身的赵盼儿却无法接受这样残酷的现实。她劝说好姐妹逃离这样的生活，更是用聪明才智设计出一场逃离魔掌的好戏。

她浓妆艳抹地来到周舍家中，告诉他自己愿意嫁入周家，但前提是周舍必须将宋引章休掉。周舍被赵盼儿迷得神魂颠倒，答应了她的要求，并当场写下了一纸休书。赵盼儿高兴地带着休书和宋引章一同逃出了周家，周舍紧追不舍，并将宋引章手中的休书撕毁。

好在赵盼儿事先最好了准备，周舍撕毁的只是她背下的假休书。当周舍将宋引章拉去告官时，赵盼儿却拿出真的休书反告周舍强占有夫之妇，并找来对宋引章倾心已久的安秀才做证。一场官司下来，周舍不单没了妻子，反倒摊上了罪名。宋引章则顺利逃出了虎口，并与安秀才结为夫妻，伉俪情深地度过了一生。

和《窦娥冤》里的官府设定一样，《救风尘》的官员依然是不问是非的昏官，但有意思的是，这种浑浑噩噩的官场作风却因为赵盼儿的聪慧而变成了胜诉的“法宝”。因为官员没有对安秀才和宋引章的关系做仔细查问，所以周舍的状告无效，这样的结果是对百姓们好人有好报的劝导，更是对宋朝官场制度的无声讽刺。

用关汉卿自己的话讲，他就是“蒸不烂、煮不熟、捶不匾、炒不爆响当当一粒铜豌豆”，他固执地用自己批判性的视角审视自己所处的时代，更用自己的豪情壮志和聪明才智告诉人们该如何去反抗，如何去追求自己的生活。

在他之前，唐宋传奇的故事仅仅是说书人口中的引人入胜的段子；在他之后，那些取材与民间的故事成了戏曲舞台上亮丽夺目的折子戏，华丽的服饰和丝竹娇柔的声音让一切有了浪漫主义的色彩，可蕴含其中的深刻批判和社会反思更是让一切变得沉重而真实。

这就是元杂剧的魅力，同样也是关汉卿的魅力。尽管如今他的67个剧本流传下来的只有18部，但字字珠玑、句句血泪的精致剧本依然带给后世巨大的视觉震撼和精神冲击。而关汉卿用剧本堆砌起来的一生，也因此变得波澜壮阔、充满魅力。

第六章

明清：封建时代的余晖

第一节　日阅奏章200篇

话说天下大势，分久必合、合久必分。元朝统治下，政府对百姓的苛政、连年征战留下的疮痍、汉化滞后带来的社会倒退，统治者的频繁更替导致的统治不稳，无一不在将这个“马背上的王朝”推向落寞的深渊。有人说元朝统治下的中国是整个时代的倒退，但不能否认的是元朝有着中国历史上最辽阔的疆土、最善战的军队、最发达的交通、最繁盛的贸易。可叹的是这依旧抵挡不住“盛年而逝”的历史悲哀。

元朝末年，统治腐朽、经济崩溃，黄河决口、灾害连年，百姓苦元久已。有压迫就会有反抗，从明教最初的到处传教，到后期元朝灭亡的导火线——红巾军起义，整个社会都处在了反对元朝的躁动之中。乱世出英雄，时势造英雄，有一个人就在这兵荒马乱之际出世了，他就是朱元璋。

1328年，朱元璋生于濠州的一个贫苦人家，因父母死于瘟疫，很小他便成了孤儿。17岁的朱元璋来到濠州的皇觉寺当和尚，不久开始四处云游，如同一个乞丐风餐露宿。少年时期的困苦经历对朱元璋的影响深远，即便高居皇位也不忘经常回忆曾经的苦难岁月。

1351年，元政府征召大量农民治理黄河水患，这些人既要承受着繁重的工作，还要忍受饥饿，此外官兵动辄的打骂更是让百姓怨气横生。这帮农民里有两个人名叫韩山童、刘福通，他们受够了这种没日没夜、身心受尽摧残的日子，决定利用众人的不满和怨恨发动起义。因为韩山童是白莲教的传教士，于是便到处宣扬明王即将出世。百姓不知所以，既然有一个可以拯救自己于水火的人，那干吗不相信？于是很快这群头戴红巾的红巾军就吸引了一大帮人。

1352年，濠州的郭子兴为响应红巾军起义，倾尽家财在濠州聚集了一众百姓，组成了一个红巾军分支。当时朱元璋所在寺庙被元军所烧，于是朱元璋思前想后决定答应好友汤和的建议——投奔郭子兴的红巾军。有意思的是，当时朱元璋去投奔郭子兴时，还被士兵怀疑是元军奸细抓了起来，后来还是郭子兴让人放了他。两人在一起交谈许久，郭子兴发现朱元璋此人绝对不简单，于是便任他为十夫长。期间，朱元璋凭着过人的才智和骁勇善战的能力，让郭子兴更加赏识他。甚至还将自己的养女，也就是后来有名的“大脚马皇后”嫁给了他。

朱元璋像图

朱元璋知人善用，手下有一批能人，文有明初的左丞相李善长、诚意伯刘伯温，武有明初右丞相徐达、中书平章军国重事常遇春。郭子兴去世后，韩山童的儿子韩林儿，也就是当时的小明王任命郭子兴的儿子郭天叙为都元帅，妻弟张天佑为右副元帅，朱元璋为左副元帅。名义上，都元帅是军中之主，右副元帅的地位和权势也比左副元帅高。但是军队里大部分的士兵都是响应朱元璋的号召而入伍的，另外无论是从军事还是用人，朱元璋的实力都比前两者高，因此朱元璋反倒成了这支队伍的主事。

经过一段时期的发展，朱元璋在众人的帮助下成为了威震一方的将帅。1356年，朱元璋率兵攻打集庆和周边的军事要地，将其改名为应天府。此时，以应天为中心，上有陈友谅，下有张士诚，东南临方国珍，南近陈友定，这些起义军中以陈友谅为最强。而朱元璋孤军独守，远及不上其他的起义军，于是朱元璋听从朱升的建议“高筑墙，广积粮，缓称王”，大大提升了军事力量，积攒粮食，壮大实力。即没有锋芒毕露的危险，又没有等闲视之的无用，只等待时机成熟，打一场漂亮的翻身仗。

1360年，陈友谅的起义军挟持徐寿辉，攻占了太平、采石，在采石称帝，国号汉，改元大义。陈友谅本想一鼓作气灭了应天，分了朱元璋的领地，却不想这是朱元璋、刘伯温的计谋：派陈友谅的好友写信诱敌深入，然后朱元璋等人在江东桥伏兵击之。等到陈友谅到达决战之地，才发现自己被骗了，等到再想逃已经来不及了，因此这一战陈友谅大败。1363年，陈友谅卷土重来，制造了数百艘大船，进攻朱元璋堂侄朱文正所统领的南昌。朱元璋连忙率军援助，两军在鄱阳湖相遇，连打了3天难分胜负，两军进退维谷。这时，天刮起了东北风，朱元璋连忙转变计策，决定要火烧陈友谅。最后，陈友谅的弟弟陈友仁被烧死，两个儿子被俘，而陈友谅则被乱箭贯穿头颅当场死亡。

陈友谅死后，朱元璋的起义军势力更胜。1367年，朱元璋歼灭张士诚和方国珍的起义军队伍。次年，1368年朱元璋在应天称帝，建立了大明王朝。同年，朱元璋借着“驱逐胡虏，恢复中华，立纲陈纪，救济斯民”的旗号，进攻元朝都城大都，元顺帝北逃，统治了中国99年的元朝覆灭。而后，朱元璋又平定云南，征战东北，基本上统一了全中国。

朱元璋统治的时期被称为“洪武之治”。他鼓励农民耕种，下令奖赏垦荒，提倡种植桑、麻等经济作物，减免税赋，严惩贪官……这一项项利国利民的举措似乎与大多人印象中的朱元璋不大相同。据说他是长着满脸麻子的“鞋拔子脸”的人，在第一印象上似乎就已大打折扣。其实，到底是不是“鞋拔子脸”还是有待商榷的。不过单就看胡惟庸案和蓝玉案里杀了3万多人的朱元璋，也难以让人将他和上面那个爱民如子的形象联系到一起。

然而，即便他有着再多的不足之处，我们也不能忽视他的功绩。如果为历朝皇帝评选勤政爱民之最，朱元璋绝对榜上有名。即位后的朱元璋身体力行地践行着“事必躬亲”的原则。在吴晗的《朱元璋传》中曾统计“朱元璋每天要看或听200多件奏折，要处理400多件国事”，《明实录》中也曾记载：“朱元璋曾经在连续8天里，处理各种奏折1600件。每一本奏折他都认真批阅，而且还总结主要内容，从1600件奏折里，一共提炼总结出3200件所言之事。明朝奏折的格式，一份奏折如果要单独成章，至少要有1000字。也就是说，朱元璋8天里，总共看了至少160万字，平均到每天少说20万字。”这些任务量相当于现代的高三或者是考研学生，每天要做总篇幅加起来20多万字的论述题，并加以自己的分析和解答，且不能出错。可以说朱元璋从登基到去世30多年，几乎没有休息过一天。据说，他每天将想到的事情都临时记在一张纸上，然后贴在身上或是其他自己看得见的地方，处理完一件便撕掉一张。虽然朱元璋如此的勤政有“自作自受”之嫌，但毕竟他废除了相位，将权力集中于自己手中，这也难怪会比以前的皇帝更忙碌。话虽如此，我们也不能堂而皇之地就认为他“活该”，毕竟皇帝勤政总好过宦官奸佞“勤政”好吧！

有人说“培养一个富翁只需要一代人，培养一个贵族却需要三代人”，也许就是因为如此，成为皇帝的朱元璋还是没改原本的农民气。朱元璋的早餐，只有蔬菜和豆腐，睡的床“与中人之家卧榻无异”，平时的饮食用具，就连坐的轿子所有要用金的地方，也都用铜替换了。据说朱元璋给自己的马皇后过生日时，也只有四菜一汤——红萝卜、韭菜，青菜两碗，小葱豆腐汤，使得朱元璋的故乡凤阳流传着“皇帝请客，四菜一汤，萝卜韭菜，着实甜香；小葱豆腐，意义深长，一清二白，贪官心慌”的童谣。

或许“日长则昃，月满盈亏”才是亘古不变的规律，明太祖朱元璋与后面的明成祖都是勤勉至极的皇帝，因此物极必反，明朝中后期的皇帝，就开始走向懒惰懈政之流。例如那养了一堆动物，天天找人玩Cosplay的明武宗朱厚照；那罢朝30年的明神宗朱翊钧；还有那“不爱江山，爱木工”的木匠皇帝明熹宗朱由校。想想如果朱元璋在天有灵，估计都会被气得“活过来”。

第二节　6000公里明长城

如今的中国在国际上被称为“China”，大多数人认为是因为当年中国的瓷器贸易的繁盛，使得外国人将瓷器的英文China定为中国的英文名称，意为瓷器之乡。但是对于如今的外国人，瓷器早已经不再是中国最具代表性的物品，而是那个耸立千年，见证历史的长城。

在大多数人的记忆中长城是秦始皇修建的，但事实上，长城的修建起源于春秋战国时期。在齐、楚、秦、燕、赵、魏、韩七国不断强盛的同时，周边的少数民族如义渠、匈奴、胡人等等也开始活跃了起来。大的战役不敢发动，小的骚扰却时常不断，不管吧，还闹心；管吧，大军进攻不值得。再加上人家搞的是游击战，连个影都找不到，弄个几千大军打谁去啊？因此，周围的国家常常是苦不堪言。

于是为了抵抗少数民族的骚扰。公元前332年，由秦惠文王带头，赵武灵王、燕昭王紧随其后，纷纷在自己的边疆地区修筑长城并常年派遣军队驻扎。秦长城建于陇西、北地、上郡北部等地；赵长城自代并阴山（今内蒙古大青山、乌拉特山）而西，直抵大河（今内蒙古乌加河），设置了代郡、雁门、云中郡来抵御匈奴；而燕长城则是自造阳（今河北康保县与内蒙古太仆寺旗）至襄平，设置上谷、渔阳、右北平、辽西、辽东郡来对抗胡人。长城除了有抵御侵扰的作用，还可以维护边疆地区的统治，防止外敌的入侵，例如楚长城、齐长城的修建就是为了防止邻国的进攻，这种长城被称为“互防长城”。

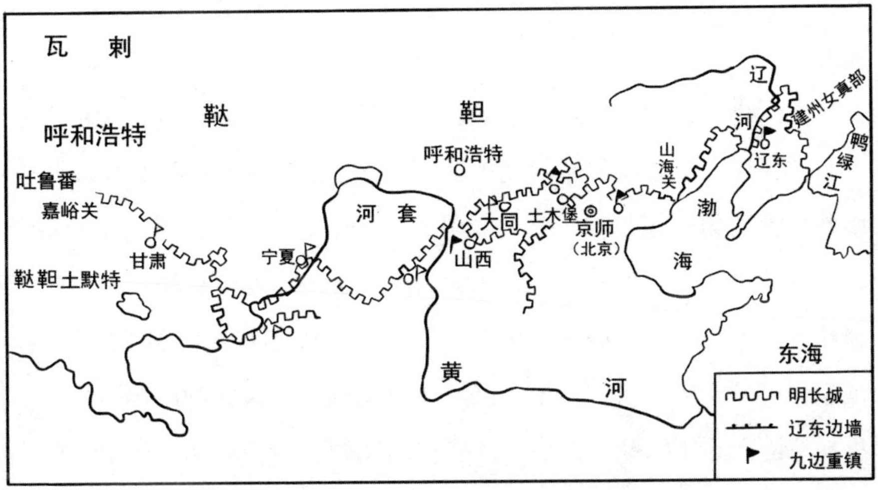

明长城图

公元前221年，秦始皇统一六国后拆除了原先六国建立的互防长城，修缮加固了原先防御匈奴的长城，同时在此基础上增扩，形成了一条横贯秦王朝整个北部边境的长城。这条长城西起甘肃省岷县，沿洮河向北；又沿黄河南岸经永靖、兰州、靖远等县市，抵宁夏中宁县境；然后越过黄河，循贺兰山北上，在高阙附近与原赵长城相接；又向东北至多伦附近与原燕长城相接，直达今朝鲜清川江岸上。总长度共有5000余里，远远望去如同一条巨龙盘卧在边疆，十分气派。

这条卧龙，在经历了常年的风吹日晒和连天炮火，到了汉朝时期早已经“风烛残年”，即便如此，它也为汉初边界的安定发挥着微弱的光和热。到了汉朝时期，北方的匈奴经过几十年的经营，在冒顿单于的治理下，早已经不再是以前那个被秦将蒙恬击退到漠北、只会玩“游击战”的小不点了。突袭东胡，赶走月氏，征服楼兰、乌孙和呼揭，成为了北方少数民族之霸。匈奴问题也成了汉初皇帝最为头疼的边疆隐患，冒顿单于多次带兵南下越过蒙恬所筑长城，侵犯汉朝边境。西汉打不赢又挡不住，不得不采取和亲的政策来安抚匈奴，但即便如此汉朝边境战火仍是未断。

早期的皇帝，为了恢复社会的经济、巩固统治，并没有花大精力和金钱去修缮长城。到了汉武帝时期，国力繁盛，政府决定修缮长城。政府不仅维修了秦长城，还加修了塞外长城，使西汉长城的总长度在10000里以上，远远超过了秦长城的一半，成为名副其实的“万里长城”。后来，西汉朝廷与匈奴一战，长城帮了很大的忙，汉将制定军事策略时大多以长城为进攻退守的主要据点。到了东汉，政府又修建了长城的内部防线，使长城更加稳固。除了汉朝，西晋、东晋、南北朝、隋朝时期，统治者都曾下令修缮长城预防外敌。

至于明朝，上一节曾提过，朱元璋曾听从谋士朱升的建议“高筑墙，广积粮，缓称王”，最后一举登顶。即位后的朱元璋更是牢记这个建议，由于明朝推翻了蒙古人的元朝统治，因此为了抵御退守到蒙古高原的蒙古势力，修缮长城变得更为紧迫和重要了。于是即位后不久，朱元璋就下令要修建和修缮长城。注意，这里朱元璋是修建和修缮，而不再是像以前的朝代单单只修缮。从秦到明，共1865年，即便中间朝代几乎没断了修缮，秦长城整体的使用性和安全性也早已变得岌岌可危，于是朱元璋决定以修建明长城为主，修缮秦长城为辅。

据统计，明长城东起鸭绿江畔辽宁虎山，西至祁连山东麓甘肃嘉峪关，从东向西行经辽宁、河北、天津、北京、山西、内蒙古、陕西、宁夏、甘肃、青海十个省（自治区、直辖市）的156个县域，总长度8851.8公里。明长城在原来的“外边”长城之外，还加修了“内边”长城和“内三关”长城。明朝统治的200多年间，修筑长城这个工作就没有停止过，大规模的修筑就多达18次，小范围的修缮更是不计其数。单就朱元璋时期就大修古北口、老龙头，小河口的长城。

如此大修长城，除了要依靠大量的人力外，还需要物力的支持，其中最主要的就是城砖。因为应天（今南京）处于雨水丰沛的江南地区，地质或山石嶙峋、或低洼松软，于是朱元璋决定改变以前的夯土或土石混合方式，采用砖石结合的方式来修建。这就出现问题了，长城需要的城砖数量可不是一两个制砖厂加班加点加人手就能供应得上的。为了解决城砖的供给问题，朱元璋下令，长江中、下游的江苏、江西、安徽甚至湖南、湖北等32府148个州县，加上军队卫、所和工部营缮司共同承担城砖的制坯、烧造的任务。

因为长城是抵御外敌最主要的防线，因此质量的好坏尤为重要。为了防止有人偷工减料，朱元璋下令各地府、州、县地方官员以及县以下里、甲的基层组织负责人（总甲、甲首、小甲），甚至造砖人夫、烧砖窑匠都要在砖上留下姓名，以便验收时对不合格的城砖追究制砖人的责任，情况严重的杀无赦。朱元璋的脾气，那可不是说说而已。因此大到官员，小到工人，没有一个人敢随意对待一块砖。时至今日，明长城依然坚挺，就连砖上的很多名字都还清晰可见，因此今人看到的长城大多是明长城而不再是秦长城，而秦长城早就随着日月的更替，成了一堆废墟。不得不说，朱元璋苛刻的“责任制”为后代、尤其是今人的历史研究留下了珍贵的物质资料。如果，今人有古人一半的责任心或者是“狠心”，那现代社会也就没有那么多建好一个月、半年就倒塌的“豆腐渣”工程了。

除了修建明长城，政府还派兵守卫长城沿线，因为明朝称长城为“边墙”，所以时任政府就设立了九边驻扎在长城，也就相当于隔一定的距离设置一个军事重地。因为最初只设立了辽东镇、蓟州镇、宣府镇、大同镇、太原镇（也称山西镇或三关镇）、延绥镇（也称榆林镇）、宁夏镇、固原镇（也称陕西镇）、甘肃镇9个军事地，故称为“九边”。到了嘉靖年间朝廷在北京西北地区增设了昌平镇和真保镇，万历年间又从蓟州镇分出山海镇，从固原镇分出临洮镇，至此共有13个镇，所以统称为“九边十三镇”。

“依山傍水旧边塞，铁马金戈古战场。至今故垒残垣上，犹有野花带血开。”整个明长城与之前的长城相比似乎更命苦一些，它随着山脉曲折、河流弯曲，绵延于大明王朝的四周，绵延于那个风沙弥漫、干旱荒芜的边境。与始建它的皇帝一样，经历了艰辛困苦，坚持不懈地守卫着。

第三节　1700年丞相的终结

1792年，雍正皇帝为了更好地处理西北战争的事务，改变了康熙皇帝留下来的议事机构及议事制度，并通过设立军机处这样一个类似“皇帝秘书处”的组织来实现对国家事务的全部决策。

在长达2000多年的封建社会中，组织机构的调整并不算新鲜事，但值得一提的是，军机处这个一直以“临时机构”的名义存在的部门虽“名不正，言不顺”，但它是清朝中后期最高的权力机构。而且因为它的出现，从战国开始就存在的丞相制度正式终结了它1700年的历史，“一人之下，万人之上”的地位和权威从那以后也不再是某个人独自享用的无上荣耀了。

在很多古装电视剧里，丞相都是一个王朝里必不可少的角色。虽然他们在不同的朝代有不同的叫法，但作为整个朝廷里除了皇帝之外最重要的行政官职，丞相在管理国家事务、协调外交事宜、部署人才配置，甚至是下一任皇帝的任免方面，都有着绝对的决策权。他们的一举一动都会在朝廷引起牵一发而动全身的影响，甚至在昏君当道的年代里丞相还能决定整个朝堂的风向和整个国家的走势。

那么这样一个官职是如何产生的，它在漫长的1700年里经历了怎样的变革？到最后，又是因为什么缘故而被迫取消呢？

和基于血缘关系而跻身位高权重者行列的皇亲国戚不同，丞相向来由外姓人担当。战国时，最早的丞相其实称之为“宰相”。那时，各国征战不断，为了找到合适的人才辅助君王成就霸业，诸侯国通过选贤任能的方式在朝廷官员中选拔出最有才能或最值得信赖的一员，充当为诸侯王分忧的角色。

因为皇帝的信任，宰相的权力得到了放大。他们拿着国王的权威，将国家命令执行到底，纵使其他官员有其他想法，国王权威却不可违抗。在以家族为核心的封建王权社会里，赐予一个外姓人如此巨大的权力听上去有些不可思议，但正是因为这样无条件的信任，让宰相的能力得到了最大的释放，国家也因为他们的积极参与和励精图治而变得强大起来。

那个年代，宰相层出不穷，最有名的当属齐国的管仲、秦国的李斯等。他们将自己的主子推到天下霸主的位置，也把自己刻在了历史的记忆里。

李斯像

管仲像

随着统一脚步的前进，秦朝统一天下后，7个诸侯王被一个“始皇帝”所取代。在缩减官职的过程中，皇帝的辅助者也被精简化了。原先，7个国家有7个宰相，到秦始皇后，李斯成了秦王朝的宰相。又因为官职名称须与先前的朝代有所区别，由此秦始皇完成机构及管理调整后便正式发布政令将最新的规定落到实处。而“宰相”这个称呼也因为秦朝政令的颁布正式更名为“丞相”，其职责依然是辅助皇帝做决策，至高无上的地位也没有因为改革而有所改变。

秦王朝是毋庸置疑的暴力王朝，但不可否认的是，它的机构设置和官职设立却符合了大一统的历史发展趋势，并具有十分重要的借鉴意义。

西汉成立后，汉高祖鉴于起义时天下百姓“恢复诸侯”的口号而恢复了诸侯国的制度，但他却没有放弃秦王朝的行省制，反而将它作为国家的新制度留了下来。在官位设置上，刘邦也对秦朝做出了模仿，他保留了丞相的职位并更名为“相国”。为了防止李斯这样的一人独大的奸臣出现，他还设立了御史大夫作为其副职，以便牵制丞相的绝对权力，防止相国将朝堂变成自己的一言堂。

到汉献帝任命曹操作为一国丞相时，丞相这个职位在汉朝经历了多次废立的变革。虽然汉武帝时丞相曾一度被大司徒所取代，但在汉室衰微的历史背景下，丞相一职的重出江湖却让整个历史有了新的走向。

因为曹操的“挟天子以令诸侯”，袁绍的大军在官渡溃败，从此群雄逐鹿，最终形成三足鼎立的局面。在这段历史中，丞相这个职位上的人物虽然不太讨喜，但他却一定程度上促成了新一轮对峙的出现，中国的历史也才因此再一次在“合久必分、分久必合”的趋势和规律下向前发展，并迎来了又一次的民族融合。

到魏晋南北朝，丞相的名称因为国家林立的政局而新现了很多花样。宰相、中书监、中书令、侍中、尚书令、仆射、录尚书事等等都是对一国丞相的称谓。然而，尽管名目不同，但丞相抢班夺权的局面并没有得到很好的改善。

表面上看，这是权臣当道的腐败局面，实际上确是不同姓氏的臣子篡位夺权的手段。权臣说一不二，一言不合便将皇帝卸任并另立门户。整个魏晋南北朝时期，大一统王朝的出现十分短暂。在长达百年的时光里，百姓们都是在改朝换代的政治风波中度过的，朝令夕改也成了他们习以为常的场面。

这种混乱的局面在给当时的百姓带来沉痛苦难的同时，也为后世王朝的建立者提供了宝贵的历史经验。隋朝成立后，三省制成了朝廷中最主要的机构设置制度。门下省、内史省、尚书省三省长官分权而治，门下省的纳言、内史省的内史令和尚书省的尚书令都是国家的丞相，他们对皇帝的作用十分重要，对国家命运的影响程度也相当大。后来，唐朝延续了三省的制度，只将内史省改名为中书省，内史令也因此被称为中书令。唐高宗后，为了加强皇帝的权威，朝廷对丞相的资格做出了更加严格的限制。三省长官虽然都可以辅助朝政，但只有获得皇帝赐予的“同中书门下三品”

或者“同中书门下平章事”的称谓才能称为宰相。武则天时期的狄仁杰，唐玄宗时期的姚崇、宋璟都是因为获得了同平章事的称谓才成为真正意义上的大国丞相。

到了宋朝，原先只做定语用的“同中书门下平章事”正是成为宋朝宰相的官名，其副职则称为参知政事。宋太祖在原来对丞相保持恭敬的态度上，废除“坐论”之礼，丞相的地位因此大降，由朝堂内的核心人物降为朝堂里的主要人物。

明朝时，丞相的职位开始衰败。朱元璋罢中书省，废丞相，一切国家事务由皇帝亲自解决。清朝沿用明朝制度，皇帝授予大臣们大学士职位时，通常称为“拜相”。明珠虽为武英殿大学士，但人们还是习惯以“明相”称呼他。尽管国家制度没有赋予他们绝对的权力，但掌握国家机密又对皇帝决策产生重大影响的大学士们，还是拥有成为权臣的机会和可能的。

康熙后期，以权臣为首的党政几乎耗尽了这个强盛王朝的全部元气。康熙对党政背后的争斗和腐败痛心疾首，更希望继承人雍正能改革吏制，以此扭转国家因为内耗而出现的衰退现象。

出于对父亲的夙愿的理解，雍正登基后，大清王朝的政治、经济军事制度发生了巨大的变化。而这其中，最令大臣们感到意外的是将以大学士为主的内阁定为闲职。

丞相被取缔，辅助皇帝决策的人从原来的一两人变成了七八人，权力的分散让曾经集中的宰相权力变成虚无。从那以后，朝堂上再也没有可以称为“相”的官员，延续了1700年的丞相制度在经过了历史的风吹雨打后，最终悄无声息地消逝在封建社会的回光返照里。

可惜的是，和西方资本主义国家同一时期的改革相比，丞相制度的变革并不算彻底、先进，因为清朝取消的是权臣的职位和相对权力，而新兴资本主义国家取消的却是皇帝的职位和绝对权力。

如果说对皇帝职权的解除是资本主义制度对封建制度的“正向”挑战，那么对权臣职权的解除却是对封建制度的“反向”加强。尽管它们的出现与那个时代世界范围内改变独权泛滥的趋势相统一，但当资本主义的船坚炮利刺穿中国的故步自封时，正反两种变化趋势最终导致的历史结局却相去甚远、截然不同。

第四节　12亲卫军

亲卫军，顾名思义就是在皇帝身边负责守卫的军队。中国历史上著名的亲卫军有很多，包括御林军、千牛卫在内的皇家专属卫兵都曾在历史上留下赫赫威名。汉武帝时，大破匈奴的卫青和霍去病就是从上林苑的御林军成长起来的。而明太祖朱元璋主政的洪武年间，亲卫军更是扩张到了12支，而由此发展起来的锦衣卫更是为后人所熟知。

当时，皇帝亲自为锦衣卫设立了亲军都尉府，其任务是统领中、左、右、前、后五卫，并专事负责皇城的安全保卫工作。在皇帝死后，这些守卫军会有对应的石刻雕像耸立在皇帝陵墓的神道旁边，从南向北依次是石雕华表一对、石兽六对和大望柱一对。这12根柱子或雕像代表的就是皇帝生前的12亲卫军，象征的更是皇帝生前死后无上的荣耀和绝对的权力。

朱元璋设立亲军都尉府后，12亲卫军成为皇帝的专属队伍。他们在保障宫廷与皇帝个人安全的同时，更是一个刺探政治与军师情报的特务机构。

一开始，朱元璋曾对锦衣卫的做法提出质疑。在他看来，锦衣卫更重要的职责是维护皇帝的安全，那些附加其上的非法凌辱和虐待囚犯的行为并不应该成为锦衣卫的作为。

想到这一层，朱元璋下令焚毁了锦衣卫的刑具，并亲自在裁军过程中将锦衣卫做了裁减，使这支队伍重新恢复亲卫军的本色。然而，到了明成祖时，朱棣篡权的愧疚和担忧却让锦衣卫这个特务机关有了死灰复燃的机会。

整个明朝，顶着亲卫军名号从事情报刺探工作的锦衣卫达到了96万，虽然这与对外作战的部队数量相比不算太多，但是将这支军队的力量分散到全国各地负责监听，其威慑力也令人恐惧。

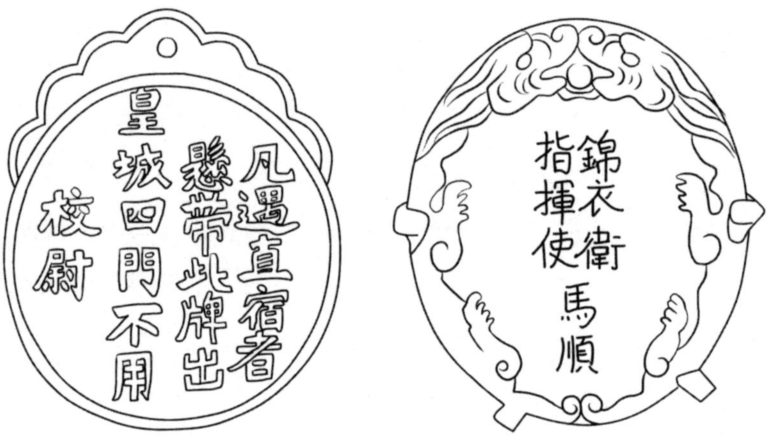

锦衣卫令牌图

与汉代的“大谁何”、唐代的“不良人”不同，锦衣卫监视的范围和空间显然大得多。锦衣卫的主要监听对象除了君王时刻警惕的臣子外，升斗小民和寻常百姓也都因为皇帝的谨慎不安而成为笼中鸟。有人说，明成祖之所以如此害怕被人抢班夺权，是因为他的侄子、理应成为朱元璋继承人的朱允文还活在世上。尽管这种说法多少有杜撰的成分，但朱棣的恐惧却是显而易见的。

按照他的设定，锦衣卫的主要职能不但是掌直驾侍卫，还要负责全国范围内的巡查缉捕。在没有东厂和西厂之前，锦衣卫的首领指挥使是皇帝最信任、最肯定的人物。他上可对王公大臣、皇亲国戚的一举一动了如指掌，下可对寻常百姓的日常生活洞若观火。只要皇帝想知道，锦衣卫都能以最快的时间给出答案。

通过下设的镇府司，他们可以对任何案件的嫌疑犯进行侦查，对有怀疑的嫌犯也可以随时逮捕、审问。即便刺探行为给百姓带来了沉重的恐惧和负担，甚至屈打成招、先斩后奏，锦衣卫也不会受到法律的惩治，因为在一人独大的封建王朝里，满足皇帝的“好奇心”比什么都重要。

当然，锦衣卫不公开审讯的作风也并非一无是处。他们通过在民间广布眼线的方式收集了大量的军情情报，这些信息也在一定程度上为国家战争提供了有力的资源。万历朝鲜战争时，锦衣卫就曾经获得了大量日军军情，为战争的胜利奠定了基础。

但这样偶然得到的好处并不能掩盖锦衣卫内部存在的黑暗。在高压态势下，整个明朝社会处于万马齐喑的环境里，明朝政治、经济的繁荣受到抑制，中国社会的发展也受到了巨大的影响。这种情况在明中后期东西厂设立后更加严重，即便锦衣卫的势力受到了抑制和打压，但遍布各地的监视政策仍愈演愈烈。

严格意义上来说，东厂与锦衣卫并没有隶属关系，但是它们同样都是特务机构。明成祖永乐十八年（1420），东厂成立，地点位于京师东安门，它的监听范围从京城一直扩散到朝鲜半岛，即便在偏远荒野，仅是一句对朝廷的诽谤都能传到皇帝的耳中，东厂的势力有多么可怕可想而知。

随着东厂势力的扩大，皇帝对于这个机构的倚重也越来越明显。到明中期以后，东厂的权力凌驾于锦衣卫之上，甚至连锦衣卫都成为了东厂监听的对象。后来，皇帝觉得东厂还不足以满足自己的窥探欲，便要重新设立西厂，虽然后者只存在了一小段时间，但是这两个只对皇帝负责、不需要通过司法机关批准就可随意缉拿臣民的机构，却成了明朝宦官干政的源头。

锦衣卫是明朝留给中国历史特有的词汇，一提到它，人们想到的便是它残酷的刑罚和无处不在的耳目，但锦衣卫却并非像东西厂一样臭名昭著。虽然锦衣卫也是窃取情报的机构，但它“亲卫军”的本色让锦衣卫的指挥使不像东西厂的掌权太监那样恶贯满盈。这其中值得一提的是英宗时期的指挥使袁彬。

袁彬生于侍卫家庭，他的父亲原本就是锦衣卫队伍中的一名校尉。39岁时，袁彬承袭了父亲的职务。“土木之变”时，他与英宗一同上了战场，并在明军大败、英宗被俘时不离不弃、忠心耿耿。后来，英宗复位，袁彬又在皇帝的授意下平定了曹吉祥和石亨的叛乱，到了宪宗时期，袁彬因为出色的战绩和为国为君的忠心被授予锦衣卫指挥使的职权。

在他任职的12年里，锦衣卫一改招权纳贿、欺罔官民的形象，成为难能可贵的、忠君爱民的队伍。

1644年，李自成率领农民军攻破了北京城，明思宗朱由检在起义军队的逼迫下吊死于煤山上。一个汉人王朝就这样结束了自己200多年的历史，而作为王朝附属品的锦衣卫也因此结束了它的历史进程。

或许，“矛盾”一词能更准确描绘锦衣卫这一职位。作为皇帝加强中央集权的机构，锦衣卫的存在给国家带来了重要的情报，又让整个国家陷入了前所未有的恐慌之中；他们对贪官污吏严刑拷问，也对无辜百姓造成了极大的威胁。

那些冤假错案和人人自危的时期还在停留在旧王朝的记忆里，新时代的制度与机构是亟待设立的。清军入关后，爱新觉罗的皇室成员曾经仿效明朝制度在宫廷中设立了锦衣卫。顺治二年（1645），清朝政府又将锦衣卫改名为銮仪卫，其职责重新回到亲卫军的定位，只担任皇帝的个人卫兵。至于刺探军情或是民间情报的任务则彻底从守卫者的身份中抽离。

这之后，亲卫军重新蜕变成单纯的护卫，而那种因为皇帝的个人喜好而附上的、以守护为名而广设耳目的恐怖组织也从此一去不复返。

第五节　三成政府大裁员

明朝，或许是中国历朝历代中最具争议性，也最具奇幻性的一个朝代。276年间，共有16个皇帝，10多个都不靠谱，即使是这样它仍残喘着活了下来，可以说它是一个很好的时代，也是一个很坏的时代。好，经济上，市场经济空前繁荣，白银货币化，货币财政体制形成，可以说明朝是最接近现代社会的一个朝代；文化上，王夫之、顾炎武、黄宗羲的民主启蒙思想为思想的开化提供了土壤；政治上，“明终其一朝276年，不和亲、不赔款、不割地、不纳贡、天子守国门、君王死社稷”，能做到这些已是不易，或许期间朝廷内部的贪污腐败、党争内斗严重，但终其一句，那都是国民内部的不消停引致的，明朝政府对外自始至终始终有那么一个天朝的傲气。

坏，那就更简单了，我相信学过一点历史的人随随便便就能列出好几条明政府的黑暗之处。它创下的中国历史之最，怕是至今难以“超越”。杀人之最，朱元璋时期仅仅胡惟庸案和蓝玉案就杀了3万多人；酷刑之最，胡惟庸被刮了2000多刀，刘瑾3357刀，袁崇焕3000多刀，这是历朝历代中绝无仅有的；特务数量之最，建立东厂西厂，特务遍布各地……可以说，与其说明朝的没落是外敌的影响，倒不如说是自己造成的，自上到下皇帝、官员、太监都有责任，最后将明朝推到了灭亡的边境悬而未掉。之所以未掉，不得不感激一个人，那就是明朝的最后一位皇帝——崇祯皇帝朱由检。

作为一个亡国之帝，世人对他的评价与其他的亡国之君不同，例如汉献帝刘协的软弱无能、隋炀帝杨广的残暴昏庸、南唐后主李煜的妇人之仁。崇祯似乎是亡国之君中最无辜的，他勤政用功，却猜疑心重；他心系朝政，却往往适得其反，但不能否认的是崇祯的即位让原本就濒临灭国的大明王朝又向前走了十几年。

1627年，明熹宗朱由校病危，由于没有子嗣，他按照 “帝崩无子，兄终弟及”的传统将皇位传给了自己的弟弟朱由检，也就是后来的明思宗崇祯皇帝。由于前几任皇帝的玩忽职守，尤其是“木匠皇帝”朱由校完全将国家大权都交给了宦官集团和内阁，此时交到崇祯手里的大明王朝早已经是一个破洞百出的空架子，宦官专权、土地兼并剧烈、苛捐杂税繁重，各种社会矛盾空前激化。当时，年仅16岁的崇祯决心要解救大明于水火之中。

崇祯皇帝像图

崇祯即位的第一年，便大刀阔斧地清算阉党。宦官干政，可以说是大明王朝的一个标志性事件。当初明太祖朱元璋以汉唐宦官专权为鉴，在门口树立了一个铁牌“内臣不得干预政事，犯者斩”，为的是警戒自己也提点后人。可是，越不想它发生的事情往往就越是容易发生。而一个大的改变，往往是从一个个不知不觉的小改变开始的。明宣宗朱瞻基在宫里设立了内书房，专门教小太监读书识字，甚至让大学士去教太监识字，完全打破了朱元璋规定的“宦官不许读书识字”。一个口子既然开了，那么就再也拦不住了，从那块“消失”的铁牌，到后来在政事上的“批红”，宦官从一步步把持皇帝逐渐发展到把持整个朝廷。

当时的宦官势力以魏忠贤为首。魏忠贤从明熹宗时期起就把持朝政，长达8年之久。宦官势力盘根错节，作为新上任的崇祯，要想彻底铲除他们绝非易事。崇祯为人果断专行，他先是将矛头对准了魏忠贤的得力助手——兵部尚书崔呈秀，利用宦官内部的矛盾，斩断崔呈秀的势力。深受宦官之害的官员瞅准苗头，连连上书揭发魏忠贤的罪行，谏臣杨涟立下“二十四大罪”公开弹劾魏忠贤。此时的魏忠贤见情形不对，便称病辞职，本是一招以退为进的计策，却被崇祯“将计就计”直接调他去白虎殿为明熹宗守灵。魏忠贤下台后，弹劾他的人更多了，见时机成熟，崇祯公开魏忠贤的罪行，将他发配到了凤阳祖陵，魏忠贤后自杀身亡。魏忠贤死了，崇祯还不解气，抱着“宁肯错杀一千，绝不放走一个”的偏激想法，崇祯下令逮捕诛杀所有与阉党有关的人，因此受连的人多达1000多人，就连明将袁崇焕都曾被人诬赖成是魏忠贤的同伙。

阉党倒台了，取而代之的是东林党。东林党以江南一代的士大夫居多，在宦官专政的时候一直处于被欺压的状态。当崇祯决定要清算阉党时，东林党的成员贡献了许多力量，由此东林党也成了继阉党之后的第二大集团势力。阉党倒台后，东林党为了防止阉党势力死灰复燃，向崇祯谏言要废除之前魏忠贤建立的矿监税，称它为恶政。崇祯皇帝采纳了他们的建议。

原本因为战争而造成的财政和军需问题，因魏忠贤向商人们征召的矿监税和盐税而有了可以喘息的余地。矿监税废除后，明朝政府的财政的状况就像脱去了华丽外衣的黑洞，财政紧缺赤字的状况昭然若揭。既然煤老板不交税，商人不交税，那就只剩下面朝黄土背朝天的农民百姓了。于是崇祯皇帝听信东林党官员的建议，向农民加征辽饷、剿饷和练饷，使得百姓原本就不好过的生活变得更加艰难。

为了能平衡财政和军事上的赤字，崇祯皇帝甚至将自己的“小金库”拿来做了军饷，皇宫里的金银珠宝、陶瓷器皿、珍贵药材都变卖了凑成军饷或者填充国库。后来东林党的刑部官员刘懋向皇帝谏言称可以取消各地的驿馆，裁去大量的驿夫，减少开支。崇祯一听认为确实是个好主意。此时一个叫申用懋的兵部官员站出来反对，称不应该直接裁掉，可以循序渐进，并且给被裁掉的驿夫一些银两补助，可以直接送年轻力壮的去当兵。崇祯不以为意，一心只想着省钱。于是崇祯三年（1630），皇帝下令整顿驿站，裁掉了8万的驿夫，为朝廷省下了68万两白银。

说到这驿站裁员，其实还有个小前因。当时有个叫毛羽健的御史，一次趁着妻子温氏回娘家，便私自纳了个小妾。没想到两人正在家中温存之际，温氏突然回家，将两人捉奸在床。原来温氏听到了丈夫纳妾的消息后，气急之下利用驿站的“快速通道”赶回了家。于是毛羽健将自己受的罪全部加到了驿站头上，很快他就上书给皇帝建议废除驿站制度，崇祯认为此举有违祖制因而没有批准他的要求。而毛羽健的建议被当时的刑部官员刘懋知道了，刘懋很是同意他的建议。原来，明朝的驿站早已经由原来的迎送使臣、送达信件公文、运输军需，发展成了大小官员享受公费外出旅游的一种免费服务，驿站制度为贪污的官员大开了方便之门，于是他也

上书向崇祯建议废除驿站制度，然后就发生了上一段的裁员8万的事情，

其实，无论是省钱还是裁员本都是一件无可厚非的行为。但是糟糕就糟糕在崇祯不仅将对象弄错了，还太过着急。他不榨取那些富得流油的官员商人的金钱，反倒大刀阔斧地向百姓开刀，他这一裁员倒是给政府省钱了，那些被裁的百姓可就失业了，农民被沉重的赋税压得喘不过气，大批百姓被政府的裁员弄得难以为继。占人口总数最大的两批人你不安抚好了，那他们就只能反你罢了！于是当年被裁掉的一个驿夫就站了出来，他就是后来推翻大明王朝276年统治的——闯王李自成。

第六节　金占辽东70城

1622年，山海关外一片刀光剑影。人们知道关外这段时间以来战事不断，但却没有料想，短短四个月的时间，原本以为固若金汤的辽东地区竟然被一个从未被人察觉出野心的异族人所击溃。

到此时，已经有70座城落入他们原先最看不起的游牧民族的手里。这个以迅雷不及掩耳之势席卷辽东地区的民族，就是山海关外迅速崛起的女真族，而率领他们的便是已经在关外名震各族的女真首领，努尔哈赤。

在过去的数十年里，如果不是因为努尔哈赤的话，也许女真族这个本来并不被统治者视为威胁的部落就真的会朝着衰退的方向无声无息地沦为历史的过客。

然而，努尔哈赤却改变了整个建州女真的走向。因此，努尔哈赤的崛起不仅仅是自身的崛起，从某种程度上来讲，他承担了整个民族，甚至整个中国历史崛起的使命。在动荡不定、摇摇欲坠的明代晚期，一颗新星

以及他所带来的始料未及的冲击正在一个叫赫图阿拉的地方慢慢地酝酿开来。

在一个小部酋长的家里，努尔哈赤出生了。有关他成长的历史，在相关的史料里并没有过多绚丽的描述，这与女真族在介绍它们的祖先时加入了美轮美奂的想象有所不同。

传说中女真人的始祖是因为一位常年居住在长白山布勒湖、长得极为美丽动人的仙女误食仙果的缘故而诞生的，这样的描述唯美多彩得很，与后来女真族在血雨腥风中夺取政权的现实风格多少有些截然不同。

不过，努尔哈赤的成长并没有沿袭这样美好的画面。明朝末年，努尔哈赤所处的家族中，有不少人曾因为明军的残酷征剿而命丧黄泉。对于尚处在童年时期的努尔哈赤而言，原本应该听进书声琅琅的耳朵里传来的却满是家人被杀害的噩耗。

努尔哈赤像图

长到10岁时，努尔哈赤的亲生母亲去世了，取而代之的是继母的苛刻和刁难。正因为如此，努尔哈赤在19岁分家时才仅仅分到一份少得可怜的家产。对于一个胸怀大志的人来讲，一切艰辛和跋涉才刚刚开始。

为了让自己能够更好地生活下去，努尔哈赤开始靠着自己的力量独立经营起自己的人生。挖人参、拾蘑菇、捡木耳、在马市上学着做生意……这样下层而简单的工作，是此时的他仅所能够驾驭的生活技能。

然而，努尔哈赤并非池中之物。生活的起色只是让自己不至于在最孱弱的时期被迫放弃梦想而已，真正能让他不断地提升自己气度和雄才大略的，是他一生中从未放弃过的、在典籍中获取智慧和谋略的爱好和习惯。

后世很多人都知道，努尔哈赤喜欢读《三国演义》和《水浒传》，而且深得其中的要义。可以想象，一个在马市上做贩卖生意的年轻人，手里捧着一本古朴的典籍时，在其他人的眼中会是多么不合时宜的一个画面。

但是，努尔哈赤似乎并不介意别人怎么看他，书中那些精彩绝伦的桥段、义薄云天的气度以及智敏过人的谋略……对于他而言，才是真正值得关注的重点。

所谓“天将降大任于是人也，必先苦其心志”。在努尔哈赤完成人生的蜕变时，施加于他身上的代价是惨痛而血腥的。

努尔哈赤的外祖父王杲那里曾是努尔哈赤19岁分家后的跻身之所。作为建州女真的头领，王杲从没有想过要一辈子这样卑躬屈膝地臣服于明朝的统治之下。建州三卫虽为藩属，但他们各自都拥有强将精兵，经济实力也不可同日而语，于是王杲的不臣之心日益显露。

借着在抚顺互通马市的举措，一场蓄谋已久的诱杀行动正带着可怕的气息蔓延开来。

王杲与大明朝这场刀兵相见的战役是如何发动的，我们并没有看到确切的史料记载。传说得最多的一个版本，便是王杲在自己的辖区内将前来寻找逃犯的明朝备御裴承祖剖腹惨杀，这才引发了明朝著名将领李成梁领兵讨伐的事情。

王杲想要凭借一己之力对付当时仍有一些气息的明朝自然是寡不敌众，这是王杲被迅速就地正法的因素之一。另一个关键的因素，就是努尔哈赤的祖父、父亲在此时继续承认着自己藩属的地位，故而认同了大明朝名正言顺的出兵。因此，他们转而成为明军的向导，这才让明军得以不费吹灰之力，取下王杲的项上人头。

然而，努尔哈赤的祖父和父亲这样忠心耿耿地臣服并没有为自己的安危带来预期的保证。李成梁大军压境之际，他们的作用突出而有效，但当大军旌旗遍布之时，努尔哈赤和他的另一位表兄弟却意料之外地成了明军的俘虏。

幸好李成梁有爱才之心，故而没有将他们杀害，只是收留了他们，让他们顺势入了自己的麾下充当一名低微的仆从。

不过，事情的发展还远没有这么简单。万历皇帝似乎对王杲死于非命的这个结果不甚满意，故而胡乱寻了一个什么理由，让李成梁再次率兵讨伐建州女真，唯一不同的是，这一次的目标不是王杲，而是他的儿子阿台。

努尔哈赤的祖父和父亲也因此再一次成为明军的向导，然而，明军并没有把他们的安危放在心上，在他们的眼里，这对背叛了亲家前来助威的父子似乎是没有资格获得保护的。于是，在乱箭四射的战场上，努尔哈赤的祖父和父亲均没有任何征兆地死于乱箭之下。

这个噩耗对于努尔哈赤而言，是致命的一击。

在号称统治天下的明朝统治者眼中，藩属之人的性命竟然如同蝼蚁一般被轻视和践踏。在这场彰显明朝统治权威的战役里，努尔哈赤一时间失去了三个亲人。无论是反叛的还是顺从的，他们均无法保全自己的性命，这样的朝廷又有何继续拥护的必要？

于是，努尔哈赤从李成梁的军营里逃脱了出来，满脸风霜地回到了建州，在祖父和父亲旧部的拥戴下，凭借祖、父留下的13副甲胄，努尔哈赤毅然起兵。从征服建州各部、统一女真开始，他以勇猛的士气和锐不可当的兵力，开启了一场势如破竹的崛起。

此时的努尔哈赤只有25岁。

万历四十四年（1616），努尔哈赤的势力已然壮大，他的威名也在邻近的各国中日益响彻起来。如果说刚刚起兵时，他以及他所率领的军队只是一只略带有攻击性的野狼的话，那么此时的女真便已经是可以独占一方沃土、威慑八方的一头雄狮。

可笑的是，对于努尔哈赤的野心，大明朝竟无一人有所察觉，甚至于在他建立了国号为“大金”政权的前一年，负责这一辖区的总督还在满怀诚恳地报告着他“唯命是从”的模样。

天命三年（1618），努尔哈赤在盛京宣布了著名的“七大恨”，言辞愤恨激昂地细数与大明朝的七大仇恨。讨伐的檄文一出，努尔哈赤与大明朝彻底划清了界限。

一方是势不可当、旌旗招展；一方是节节败退、溃不成军。当抚顺等地接连失守，明朝的士卒仓皇逃亡之际，明神宗才意识到问题的严重性，只不过此时反应过来为时已晚了。

第七节　7次航海的壮举

在2000多年的封建社会里，无论是中原逐鹿还是金戈铁马，在众多统治者的眼中，对陆地上领地的占有意识永远是强烈而执着的。而对于浩瀚无垠的海洋领域而言，这么些年下来，并没有太多的统治者愿意花费心力去经营。

直到明成祖朱棣继位称帝，改元“永乐”之后，关于海洋主权的意识才第一次以隆重的姿态正式出现在历史的画卷上。

关于郑和为何下西洋，说法有很多。民间有传言朱棣发起“靖难之变”后，建文帝并没有在那场战火中丧命，而是在旧部的掩护下流亡海外。为了巩固自己的政权，防止建文帝卷土重来，明成祖特意派了身边才干超群、信任有加的郑和下西洋找寻，以绝后患。

听上去似乎有板有眼的，也颇有些合情合理，但细想想，却并不那么完美无缺。若当真是为了找寻且计划杀之而后快，又为何每次出海都浩浩荡荡、宣扬得天下人尽皆知？如果是出于武力的目的，又为何这么多次下西洋，带的大多数是使臣、工匠、技师，还有满仓的丝绸、茶叶和瓷器？

如此看来，追杀建文帝的说法并不那么坚实。

还有传说，认为郑和奉旨下西洋是为了通过武力控制当时存在于中南亚附近的帖木儿帝国，从而解除明朝初期所面临的领土威胁。

不过，这样的说法很快就被否定了，因为帖木儿帝国的可汗在永乐年初已然过世，对明朝的威胁也已降至最低，如真是消除该国的威胁，又何故在此后近30年的时间里数次重整行装出发？而且在后来的7次航海经历中，只有1次是因着被人陷害而出去自卫才动武，其余时间里，郑和的航海大军都是和平的化身，从未有剑拔弩张的境况。

因此，对付帖木儿帝国的说法也不见得是可信无误的。

那么，明朝建立之初，明成祖到底是出于何种原因命郑和下西洋，且次数多达7次之多、历时多达28年之久呢？

郑和，作为下西洋这场浩浩壮举中最直接的当事人，对于永乐年间明成祖的用意自然是最清楚不过了。永乐大帝花费了大量的心力苦心经营了20多年的航海壮举，并非所有人都知其深意所在，也不是所有人都毫无保留地支持到底，更多的人看到的是它耗费财政、劳师动众的一面。

因此，在明成祖死后，他的继承者便不客气地斩断了对下西洋的政治和经济支持，要求“废船队、绝海洋”。此时，垂垂老矣的郑和掷地有声地说出了这样一番话：

“欲国家富强，不可置海洋于不顾。财富取之于海，危险亦来自于海。……一旦他国之君夺得南洋，华夏危矣。我国船队战无不胜，可用之扩大经商，制伏异域，使其不敢觊觎南洋也。”

这一番话，让人们看到明成祖深谋远虑的政治理念，如今听起来仍旧觉得意义非凡。

郑和下西洋图

然而，封建君主统治就是如此，一朝天子一朝臣。郑和如此认同明成祖的战略理念并以命护之，却并不代表着有远见的政治意图会顺理成章地被下一任统治者认可。于是，明仁宗把好不容易打开的海洋之门又给重新关上了，禁海闭关的嗜好被奇迹般地保留了下来，直到几百年后，西方的船坚炮利袭来才被再次迫打开。

说起郑和下西洋的壮举，第一次整装出发可以追溯到永乐三年，也就是1405年的夏天。那年6月，季风与往年一样如期而至。为了这一场远洋之旅，郑和无论是在心理准备上、整体谋划上还是技术物资支持上已然做足了准备，只待季风一到，便可顺风南下，开启这场计划已久的战略出航。

本想着第一次探路多少能有些收获，结果不仅出师不利，还赔上了170多个将士的性命，这对于郑和以及他身后的明成祖而言，是一个不小的打击。

那时，郑和率领航队沿着海洋南下，在到达爪哇岛上的麻喏八歇国时停下休整。这里所提及的爪哇岛在以前被人们称为阇婆，它是为南洋出了名的要冲之地，人口众多，物产也丰富，因而商业还算得上发达。郑和选择这里，一来是为了休整军队；二来是看重这里商贸发达，于是便带着船员上了岸，在集市上做起了生意。

然而，事情并没有那么简单。离开故土前往此地的异乡人，自然不得不面对当地天翻地覆的政治风波带来的影响，哪怕这个影响可能是致命的。

此时的爪哇国正面临混乱的内战，所谓的东王和西王正在忙着割据自己的势力。这场仗据说已经打了数年，最终以东王的惨败告结，东王原有的属地被西王的军队悉数占了去，而西王尚未从胜利的欢喜中回过神来，就开始有点担惊受怕了。

西王不相信东王会就此罢休，他认定东王会卷土重来，并带着这样的情绪仇视一切外来的人们。而郑和便在此时来到了爪哇。

于是，西王麻喏八歇王便自说自话地将郑和一队人马视为援助东王的救兵，还不由分说地将郑和手下人员，共计170人悉数斩了头颅。这一场误杀，着实血腥得很。

将士们自然不愿被如此欺辱，于是他们纷纷请愿出兵，要求大明王朝派出天将，踏平这一方不辨是非之地，以此来祭奠那些被莫名杀害的兄弟们。

来自大明朝的宣战让爪哇国的西王开始感到惶恐。如果他仅仅是在自己国内为所欲为、或是犯下某些致命的糊涂，也许大明朝也不至于会如此劳师动众地前去宣战。可如今，他已然越了界，而且理由还是如此荒唐，这样的情形自然躲不过大明王朝上下的群情激愤。

于是，诚惶诚恐、满心惧怕的西王赶紧派了使臣前去请罪，并且诚恳地提出愿意就此给予6万两黄金以赎罪。于情于理，郑和如果真的请命出兵，明成祖定然会给他一个满意的答复，但现如今，这场大规模的报复行动能否应允，却成了困扰郑和以及明成祖的一个棘手的问题。

不可否认，那170名将士的性命确实丢得冤枉，但郑和带着船队下西洋的目的却并不是为了聚集仇恨，而是如郑和所说的那样，为了维护属于大明王朝的海洋主权，即消除这其中带来的危险又从中获得前所未有的收益。从这个角度出发，如果此时明成祖顺应群情贸然出兵，胜算自然是有的，但影响却甚重甚远。

可想而知，一旦明成祖大开杀戒，沿途各国便会认为明朝使者是前来侵略的。因此这样的出兵对于此后的航海而言，无疑是一个饮鸩止渴的做法。加上西王是误杀明朝士兵，事后态度又极为恳切，并且主动请罪受罚，因此郑和奏请明成祖，希望可以和平处理此事。

最终，明成祖听取了郑和的建议，两国终于化干戈为玉帛，和睦相处了下来。

在此之后，郑和在明成祖的授意下，累计完成了7次大规模的航海行程，几乎每一次都是带着重要的任务出行的。不仅有护送各国使臣回国的任务，还肩负着传播文化、互通商贸的任务。下西洋的航线从西太平洋直接穿过了印度洋，最远处可以到达西亚以及遥远的非洲东岸。

据统计，郑和的七次航海之旅总共经过了30多个国家和地区，从当时仅有的航海水平和技术角度出发，这些旅程均可以称得上是空前的壮举。

始于600多年前的这些航行，在后人看来是一次伟大而恢弘的国家行动。28年间，郑和所率的航船多达200余艘，沿途各国均留下了大明王朝造访的印记。更有学者推断出，在1420年中国明朝所拥有的船只数量应该不下3800艘。在那个时代里，这个数字甚至比整个欧洲地区的船只加起来总的数字还要大。

而郑和所带领的发现之旅，毫无争议地在世界上处于领先地位，被认为对人类航海史乃至人类历史有重大而深远的影响。许多著名航海事件，有不少都发生在郑和下西洋之后。比如哥伦布发现新大陆就比郑和下西洋晚了将近90年，而麦哲伦的航海大发现更是比他晚了100多年。

然而，明成祖和郑和关于海洋主权的超前统治理念却没有因为率先迈出的这一大步而得到长足的发展。相反，失去了明成祖的支持，郑和乃至整个大明朝的海航事业便无可奈何地戛然而止。人们刚从航海事业中收获的利益也不得不被截断，那些随着航海的船队而带来的“充溢库市，贫民承令博买，或多致富，而国勇亦羡裕矣”的盛况也不复存在。

可以设想一下，如果当时郑和下西洋的成果可以得到巩固和拓展的话，也许后来的我们也不至于屈服于外国的船坚炮利，又或许到最后，我们的历史也会跟着被改写。当然，这一切如今只能停留在想象的层面上。

无论如何，在那个时代里，中国的舰队能够进行这永垂青史的7次航海，其意义都是积极而深远的。上面我们所提及的，便是这7次航海壮举所创下的历史，也是历史留下的关于这7次航海壮举的珍贵记忆。

第八节　300艘军舰到台湾

明清交替之际，中国大地上动荡不安的政治局势不仅让众多身处中原大地的人民面临着颠沛流离的境况，也让那些远在边陲之地的人民受到了极为不利的影响。

当时的台湾便是如此。

由于朝廷统治监管不力，台湾在此前就已经成了荷兰侵略者以及他们所创立的荷兰东印度公司侵占蚕食的地方。

在荷兰人的眼里，台湾虽然不大，但其战略意义却非同一般。因此，把台湾占为己有，对于他们而言自然是一件值得庆祝的事情。鉴于中原地区正在忙着争夺政权，荷兰人得意地认为，此时取台湾自然可以不费吹灰之力。毕竟，这个离着中原千万里远的地方，统治者尚且自顾不暇，更是没空顾及这里。

然而，他们万万没想到，有一个叫郑成功的人会突然登上台湾岛，并在几个战役之后将台湾岛收复，而他们企图以此为据点的东亚发财梦也因此被彻底地断送了。

郑成功如何成功地收复台湾？这个过程至今仍被人们津津乐道。

对于郑成功而言，在收复台湾以前，抗击的重心并不是外来侵略者，而是与明朝争夺统治权的女真族。虽然他的父亲为了保命舍弃了明朝，郑成功却一直心系大明。即使后来清廷拿着他父亲张芝龙的安危相要挟，企图将他收于麾下，也并未改变他“一臣不事二主”的忠心。

说到台湾，对于郑成功来讲并不陌生。少年时期，他曾经追随父亲前往台湾，亲眼见过当地百姓生活的艰辛和不堪。当他在福建受到清军多方围剿时，便萌生转战台湾的想法。除了通过此举积攒实力以外，郑成功还带着另一个目的，那就是赶走侵略者，解救台湾百姓于水火之中。

1661年2月，郑成功做出了出兵攻台的决定，并传令大修船只，随时准备横渡台湾海峡直取台湾。

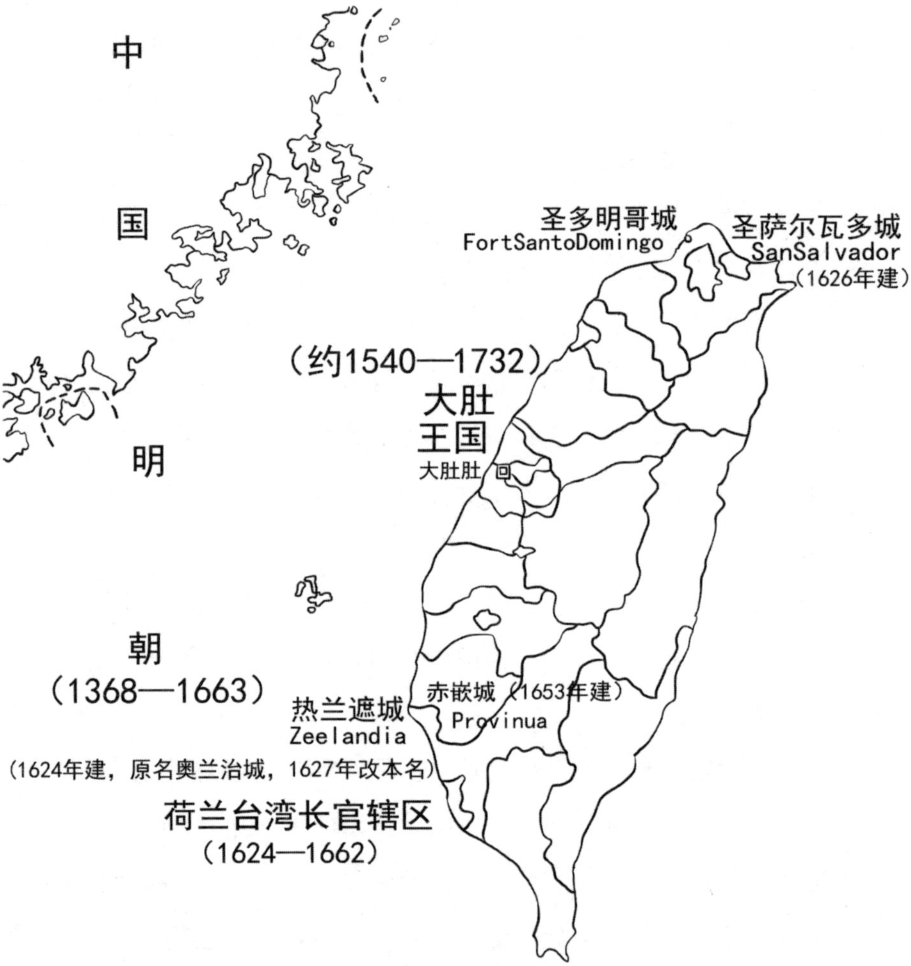

明朝台湾地图

早在一年前，荷兰军便强势占领了台湾，并由政府出面派出了他们的司令官范德兰，带着1500多人前往台湾驻守，企图“巩固”他们进犯的新成果。

几乎所有人都料定不会有人跋山涉水地前来收复这个地方，于是，他们信心满满地筹划着下一步进攻澳门的计划。基于这样的判断，范德兰在完成了部署以后便带着若干战舰和随行军官返回了巴达维亚，只剩下4艘船和将近600人的士兵留守台湾。

这给士气高昂的郑军带来了极大的利好。郑军于金门水边的料罗湾，祭拜过天地之后，誓师出发。

25000名将士、300艘战船径直地向东挺进，经过一天的时间，郑军顺利地渡过了台湾海峡，陆陆续续地进入了澎湖列岛。按照此前的计划，下一步，郑军要从这里出发前往52海里以外的台湾岛，登陆后方与侵略者正面抗衡。

然而，事情往往不能完全按照人们意愿去发展。此时，海面狂风骤起，纵然全军上下都抱着激昂的斗志，但天公却不予作美，海上起了季候风，船只随时都有被海浪吞没的危险。郑军只得携带着军火和粮食返回澎湖列岛，待到季候风过去后，方能继续前进。

只是，这样一来军心便会受到不利的影响。所谓“一鼓作气，再而衰，三而竭”。如果不想出一个好的办法来摆脱这种现状，而是任由大批军队漫无期限地留守原地等候，那么即使季候风过了，再行登岛作战之时，军队的战斗力也会因此而极度锐减。

有时候将领的出色并不在于他带领了多少士兵、也不在于他攻下了几座城池，而在于他是否能够在最为危险的紧要关头做出正确的抉择。

在出兵横渡之前，郑成功已经做了充足的准备。要想省时省力地登上台湾岛，鹿耳门港是一个极佳的选择。但如何才能顺利地通过鹿耳门港，天时之利尤为重要。每逢初一或十五，受潮汐效应会带来大潮，这就是郑军可以利用的一个契机。

此时，大潮将至，然而海面依旧大风不止。鉴于此，属下纷纷谏言，希望郑成功能暂缓航行，如若此时开进，损失的便不止是那300艘船舰，还有随行2万多将士的性命。

不过，郑成功认为，若此番错过时机，将对战事极为不利。一来需要将行程安排至半月之后，迟则生变；二来，此时风大浪大，敌军自然料想不到郑军会冒死前来征讨，这样一来反倒给了他们一个措手不及的打击。

于是，郑成功亲率舰队强令渡洋，并在与风浪搏斗了大半夜之后，于次日天明时，顺利到达了鹿耳门港。

荷兰军错以为郑军会从东平、台南这两个地方登陆，因此将主要的兵力都集中在了这两个地方。面对突然登陆鹿耳门港的郑军，荷兰军慌了阵脚。

荷兰军本身兵力部署有限，加上不擅长近距离搏斗，于是他们将最后的希望都寄托在了最大的一艘军舰“赫克托”号上。结果，这艘船被郑成功用60艘小船一齐发炮，打沉在台湾海峡里。

荷兰军遭受惨败，但依旧顽固地不肯投降，躲在两座城里不敢出来。期间有一两个胆子大点的，前往郑军帐中求和，称愿以10万两白银请郑成功退出台湾。

结果可想而知。郑成功不仅色厉词严地将他们呵斥回去，还让手下断了这两座城的水源，不过3日的光景，荷兰军队就被迫将白旗升上了城门，以示投降。侵略军的头目前往郑军大帐，在降书上签下了名字，随后带军离开了台湾。

至此，郑成功顺利收复了台湾，也因此成了后世至今依旧交口称赞的民族英雄。

收复台湾事件可见，在领土和主权完整面前，并不存在讨价还价的余地，任何侵略者只要起了进犯之心，那么等待他的就必然是比掠夺更加惨痛的代价。

第九节　7000张药方

在中国历史上，始终伴随着时间向前流淌的，除了那些或璀璨或昏暗的过往以外，还有那些或精致或隽永的事物，即使斗转星移、流光飞逝也依旧被留存了下来，比如质地坚硬的钻石，比如蕴含生命奥妙的本草。

中医药是一个神奇的存在。与如今注重成分、元素和化学反应的西药相比，它们更注重运用生物本身的力量，遵循着自然的规律来解读生命里最深邃的密码。

虽然中医药的重要载体之一本草，在中国历史上存在的时间并不算短。但是，在很长一段时间里，关于它的记载和著述其实并不全面，不仅缺乏系统的归纳甚至还有不少记录错误的地方。在很多人看来，它们是散落在各个典籍中，显得凌乱而分散的。

然而，李时珍却改变了它们的排列分布。他整整花了27年的时间，耗费平生之心力，著成了在中国医药史上乃至世界医药史上都举足轻重的医学巨著《本草纲目》。

在中国，几乎所有人都知道李时珍是何人。他的名声之远、医术影响之深，直至今日依旧有不少人受益于此。然而，在他初长成人的时候，其实他的父亲李言闻并不愿意让他踏入医术界。

在那个时代里，伴随草木为生的平民医生，其实生活境况并不如意。虽然不至于流落街头，但生活也是艰辛得很，多半是捉襟见肘的状态。虽然李言闻在当时已经是名扬一方的医生，还在太医院担任例目，但身份和地位依旧十分低微。

按照父亲的意思，李时珍小的时候便把大量的精力花在科举上，希望能通过科举取得个一官半职，从而改变自己的身份和地位。于是才有了后来李时珍前往黄州府应试、中了秀才的故事。

不过，自小就泡在药香里的李时珍对于科举一事却并不热衷。他自小就十分喜爱医学，常常对于医书爱不释手。也许是因为这个原因，李时珍在随后几年的应试中并没有取得什么实质性的进展，连续三次考试都未曾高中。

于是，李时珍决定弃儒从医，名正言顺地随着父亲出诊。或许李言闻当初是为了让儿子有个维持生计的法子，这才不得已答应了李时珍，让他拾起自己的兴趣，随着自己当了一名医生。

李时珍像图

但让他出乎意料的是，23岁的李时珍虽然在医学领域里尚且属于新人，但医术却不乏高明之处，名声更是日益胜过了自己。据说，李时珍刚随父亲出诊的时候，就曾在父亲出门无暇之际，为前来诊治的人开方抓药。听闻此事的李言闻心中十分没底，害怕自己的儿子医术不精反倒害了人家的性命。

于是他取来李时珍的药方再次核对，见其用药恰如其分且第二日病人痊愈前来答谢，这才安下了心。然而，真正让李时珍扬名大明朝的，是他在太医们都束手无策的情况下，竟能开出药方，治好皇亲国戚的顽疾。

嘉靖三十年（1551），38岁的李时珍依旧如同往常一样为乡里们看病诊治。此时富顺王朱厚焜正在四下搜访名医进京，为他身染顽疾、躺于床上动弹不得的儿子看病。

按理说，皇亲国戚自有太医诊治，远远轮不上这些乡野郎中来出手，但此番大张旗鼓地张榜招医，可见太医们也是束手无策了。

李时珍本着医者父母的那份职责，接下了这个榜，并随后跟着进了京、入了王府，开始为这个看上去命悬一线的小公子诊病。

不承想，这个太医们眼中的乡野郎中居然真的治好了小公子的病，也正因为如此，李时珍开始医名大显，并被位于武昌的楚王朱英裣聘为“奉祠正”，专门负责医药事务。

随后，李时珍凭借高超而独到的医术被举荐进了太医院，并在那里担任“太医院判”的职务。然而，李时珍在太医院仅仅待了短短的一年，就辞了官，回到乡野，开起了一家名为“东璧堂”的医馆，坐堂行医起来。

这一番辞官却在无意间成就了中国历史上地位显著的《本草纲目》。

李时珍之所以会想着著述这样一本书，最直接的原因，就是他在行医数十年的时间里，常常在阅读医学典籍的时候发现隐藏其中的错漏，而且为数不少，甚至到了“不胜枚举”的程度。

医者的技艺固然重要，但本草的功效则更为关键。对于谬误百出的古代典籍，李时珍决心用自己的研究和亲身体验，还原出它们本来的面目。

其实，早在李时珍初入太医院之前，他就已经开始着手写《本草纲目》了。但在当时，他并没有将全部重心都放在这件事情上头，而是在诊疗之余忙着校对勘误。离开太医院之后，他便潜心著起书来。

800多部书籍、52卷书稿、7000张药方……这本前后经历了3次易稿、总字数高达190万字的《本草纲目》凝聚了李时珍对本草炽热的爱和身为医者的最崇高的品德。

他创造性地打破了《神农本草经》的著作成就，延续了近千年的上、中、下三品分类的方法，把药物分为水、火、土、金石等16部。整书纲目清晰，系统地记录下了各种药物的知识以及研究方法。

前人留下的医书虽然众多，但多存在说法不一的问题。比如有一味药叫远志，著名医者陶景弘说它长得如同小草，并与麻黄相类似。但到了宋代，医者马志却认为它其实长着一副大青的模样，并不是前朝的麻黄。

事实上，这样的不一致和错误还有很多。为了让自己的著述真切属实，也为了解开医学典籍中留下的种种疑问，李时珍多次离开家，带着学生和儿子行走于名山大川之间，考察各种药物的生存环境、真实的样子，并且如实详尽地记录了下来，还针对它们的样貌画下了插图，以便后人查阅。

李时珍耗尽心力写成的《本草纲目》，不仅对中国的医药学有着重要的贡献，对于当时世界自然科学的发展更是巨大的推动力，连达尔文都曾受益于这本东方医药巨典，并将它称为“中国古代百科全书”。

如今，《本草纲目》依旧发挥着它的作用，在很多学医学的人看来，它仍然是千金不换的医学经典。作为一个医者，李时珍在他所处的那个年代已经出色地完成了自己的职责，与此同时，作为中华医药的传承者，他同样出色完成了自己承上启下的使命。

因此，《本草纲目》留给我们的，不仅仅是那些记载于其中浩瀚的中医药世界，还有它的作者李时珍，那份精研医学、持之以恒、坚韧不拔的学术精神。

第十节 7.7亿字的鸿篇巨制

在中国炫彩纷呈的文化史上，有一部书非同一般。它是在皇帝的授意下由360多位官员统一编纂的、耗费了逾4000人力、在中国乃至世界出版史上都堪称巨制的，这部书就是《四库全书》。

曾有人说，《四库全书》的出现从某种意义上讲是康乾盛世的光芒投射于文化领域而泛出的光彩。的确，文化繁荣与整体社会经济水平有着密不可分的关系。

当年，执政进入巅峰时代的乾隆皇帝在听到安徽学政朱筠提出有关《永乐大典》的辑佚的问题时甚为认可。在他的心目中，身为万藩来朝的泱泱大国，文明在博大和精致上自然应当身为表率。

于是，乾隆皇帝开始将这件事情列为自己主持的一个大项目来抓，随即集结了朝中300多位高官和学者参与其中，并将这部巨著命名为《四库全书》，所指的“四库”便是经、史、子、集这四个部分。

统筹这样一个宏大的工程并不是一件容易的事情。关于它的编纂，首要的一步，便是要在全国范围内广泛地征集图书。单是这一项工作便持续了7年的时间。

要在全国范围内集结数量可观的书籍，并且质量还不能太过于参差，这就须要统筹的人提出一个积极鼓励的措施。在这一点上，《四库全书》的编纂们可是煞费苦心。

为了鼓励并且表彰进书踊跃之人，清廷制定了不少的奖励办法，比如奖书、记名、题咏，等等。这其中，所谓的记名，就是在书籍的编纂过程中，将进书之人的姓名记录在提要里，让世人都知道此人献出了此书；而所谓的题咏，便是挑选出那些进书逾上百种之人，在精心挑选的书籍上，有乾隆皇帝亲自题咏简端，以此来作为一种奖励。

显然，这样的鼓励方式对于那些崇尚万世留名或是渴望被皇帝青睐的文人墨客们来讲，尤其受用。文人们争相进书，积极响应，整书的工作进展得十分顺利。其中，还有不少义薄云天的大藏书家，并非为了名利而来，只为文化的传承和延续，也毫不吝啬地将自己的珍藏献于朝廷。

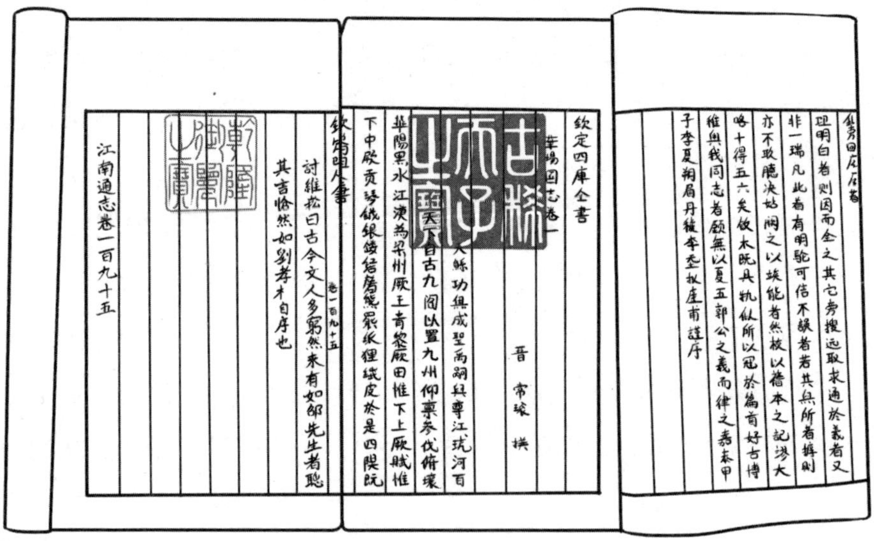

四库全书原本图

比如浙江藏书世家鲍士恭便以藏书而闻名。他的父亲流传下来的“知不足斋”曾经是名扬江南的藏书楼，鲍士恭在父亲的影响下亦是有丰富的藏书。范懋柱同样出身于藏书世家，他的家中亦藏有先祖流传下来的数万书卷，世人皆知范氏藏书名不虚传。他们在中华文明大义的面前，选择了将自己珍藏的书籍进献给朝廷，用自己的方式成就了《四库全书》的珍贵和全面。

最终，朝廷在这次征书行动里一共征集了超过12000种的图书，书种之全、数量之多，比起前朝的《永乐大典》都是有过之而无不及的。

对于收集起来的这些书籍，在编写进《四库全书》之前，它们都要经历一个必要的筛选过程。四库馆臣们将这些书籍的整理标准分成了“应刻”“应抄”“应存”三个维度。

所谓“应刻”，即是那些内容上乘、意义不凡的书籍。对于这部分书籍的处理，除了应当将它们抄写入《四库全书》里，还应当被刻印出来，广为流传。

所谓“应抄”，即是那些内容合格的书籍，因为它们符合《四库全书》编纂的要求，因此可以将他们抄写进去，如若其中有精品，则将这些精品转入“应刻”的行列。

而所谓“应存”，就是指那些内容其实并不合格，但也不算低俗，故而将这部分书籍的名称保留在了《四库全书总目》里，仅存其名。

此外，对于这些书籍的品质核定，还安排了分校官进行校对。他们往往会在卷内贴上一些校对的纸条，上边标志着他们校对的意见以及某些错误的字样等等，然后送由编纂官认可，再送至总纂官三审。三审过后，便可呈至皇帝面前御览。

如此精细的过程，尚且不是编纂《四库全书》时耗费人力最多的环节，真正耗费人力的，是在整理图书之后抄写底本的安排。

当这些书籍被列为“应抄”“应刻”的等级后，它们就会被安排给专门的人员进行抄写，这些人在整个成书的过程中，就只做一件事情，那就是将那些经典的著作抄写于纸上。而担任这份工作的，则是四库馆员从乡试落第生徒中挑选出来的3800余人。

这是一件看似简单，做好了却并不容易的事情。

这些书生大多数字迹清秀、书写匀净，故而被选上了这个职位。他们在抄写《四库全书》时，还有定质定量的任务在身。比如每人每天抄写的字数不得少于1000字；一年下来，他们至少也要抄写35万字等等，以此类推。

对于他们的工作，还设定了明确的奖罚标准，比如如果字体写得潦草的话，那便要罚他多抄写1万字；如果抄写尽心尽力且经年日久地抄写下来累计抄到了200万字，那么这些徒生则可以被列为第一等。

就这样，在整个《四库全书 》的编纂过程中，从未出现因为抄写速度跟不上而工程进度被拖延的情况。可见，在整个抄写过程中馆员们所采取的措施还是十分有效的。

到了这一步，《四库全书》的编纂便进入到了最为关键的一环，那便是校订。整个校对的团队被分出了分校、复校等多个职位，他们各自有自己的校对方向，也同样被设立了严格的赏罚之策，最严苛的地方甚至到了“每错一字记过一次”的程度。如此要求管理之下，《四库全书》的质量又怎么可能保证不了呢?

于是，当这部集结了几千人心血的《四库全书》问世时，为何如此多人为之欢呼雀跃、为之感慨万千，也就不难理解了。

不可否认，《四库全书》是一部当之无愧的编著巨制，翻开这样一部内容犹如星海般浩瀚的巨著时，人们甚至都变得渺小了。当我们慨叹它的精绝时，有些瑕疵却并不会因为它的光芒而被忽略掉。

这部书并非是十全十美的，在它的身上也有缺点。其中最为后人诟病的，就是当初在编纂这些书籍时，编纂官们有意无意对某些内容进行了篡改甚至是删除，关于这一点，已经是一个公开的秘密了。

虽然时至今日，人们对于这部书的评价依旧褒贬不一，但总体而言，溢美之词还是占了上风。应该说，《四库全书》依旧是一部给后世带来深刻影响的书籍，毕竟，在中华灿烂文化的承前启后上，它的确承担起了继承及传播中国传统文化的责任。

后记

穿过岁月幽邃的长廊，我们见证了中国五千年的璀璨与繁盛；借助历史的深沉眼眸，我们读懂了中国这部鸿篇巨制的睿智和宽容；站在现代耸立的肩膀上，我们眺望到了中国这段绵长岁月，感受到了他的刻骨和深沉。

我们习惯了踏着时间的穿梭机，站在后人这“第三者”的身份上对历史指手画脚，却忘了历史不过也是人的经历。在本书中，我们以客观的态度，以历史朝代为纵坐标，以数字为每个历史事件的节点，画出一幅专属于中国的历史轴。

数字的现代感，配上历史的厚重感，使得历史能够穿破时间的层层封印，以最本真的状态呈现在读者面前。无论是875千克大方鼎展现的古人智慧，是460个被活埋的儒生显露的帝王之“气”，抑或是那每天200篇奏章的坚持，都是历史最真实的存在。数字，无论是历史繁荣的象征，还是历史冷血的证据，都是现代文明进程中不可缺少的经历。

中国五千年的历史，经历了跌跌撞撞的懵懂，迈过了风起云涌的冲动，享过了繁荣盛世的荣耀，也挺过了坎坷落寞的低谷。如今的中国既有着历史带来的底蕴和温润，更有着以前所没有的稳健和积极。翻开本书，借着数字解读历史，希望能带给读者一种新奇的阅读体验，不再是以前那种机械的纯历史书，而是一种全新的更容易理解的数字历史。